思维风暴

22 种黄金思维 + 200 道世界思维名题

白虹 编著

图书在版编目（CIP）数据

思维风暴 / 白虹编著 . — 杭州 : 浙江工商大学出版社 , 2018.9（2021.6 重印）

ISBN 978-7-5178-2230-1

Ⅰ . ①思… Ⅱ . ①白… Ⅲ . ①思维科学 Ⅳ . ① B80

中国版本图书馆 CIP 数据核字（2017）第 141386 号

思维风暴

白虹 编著

责任编辑 周栩宇 沈明珠 李相玲

封面设计 思梵星尚

责任印制 包建辉

出版发行 浙江工商大学出版社

（杭州市教工路 198 号 邮政编码 310012）

（E-mail: zjgsupress@163.com）

（网址：http: //www.zjgsupress.com）

电话：0571-88904980，88831806（传真）

排 版 北京东方视点数据技术有限公司

印 刷 唐山富达印务有限公司

开 本 710mm × 1000mm 1/16

印 张 18

字 数 300 千

版 印 次 2018 年 9 月第 1 版 2021 年 6 月第 2 次印刷

书 号 ISBN 978-7-5178-2230-1

定 价 78.00 元

浙江工商大学出版社营销部邮购电话 0571-88904970

前言

思维是人类最本质的一种资源，是一种复杂的心理现象，心理学家与哲学家都认为思维是人脑经过长期进化而形成的一种特有的机能，并把思维定义为：人脑对客观事物的本质属性和事物之间内在联系的规律性所做出的概括与间接的反应。我们所说的思维方法就是思考问题的方法，是将思维运用到日常生活中，用于解决问题的具体思考模式。

思维是人类最本质的资源，又是足以影响人成败的关键因素，它就像蕴藏在大脑中的石油，只要合理地发掘和利用，就能够帮助我们创造出越来越多的奇迹和美好篇章；反之，若开掘无度、无章可循，只能造成资源的浪费与一生成就的湮没。

恩格斯曾把“思维着的精神”誉为“地球上最美的花朵”，人类为了使这最美的花朵开得更加灿烂，试图通过不同的渠道，用不同的方法、不同的形式去培育它。人们在解决问题的过程中，不断总结思维的规律，把那些能够更快更好地解决问题的方法归纳起来，以备下次遇到类似的问题时能够快速找到解决办法，从而形成了帮助人们解决问题、辨别真伪、开拓创新的思维知识体系，而黄金思维和思维名题就是其中最重要、最有价值的部分。黄金思维和思维名题揭示了人类思维的特点和规律，为人们提供了更为准确、更为开阔的视角，能够帮助人们洞察问题的本质，把握成功的先机。

黄金思维是一种正面、积极、多角度观察思考事物，创造性地分析、处理、解决问题和矛盾的思维方式。黄金思维具有神奇的威力，能够准确揭示问题的本质，迅速揭开问题的核心，高效地解决问题。创新思维为我们打开创造力的闸门；发散思维使我们的思维触角向四周辐射扩散；逆向思维犹如一条反向游泳的鱼，带着我们在思维的逆转中寻找突破；系统思维使我们具有了全局的视角，不致思考问题时有所偏颇；类比思维使人们将陌生的、不熟悉的问题与已经解决的熟悉问题或其他事物进行比较解决问题；换位思维让人们站在对方的立场看问题从而更清楚问题的关键；形象思维可以使抽象的东西形象化，找到问题的突破口。

思维名题是通过语句、图形、符号的设计用来考察人的思维水平的思维形式，涵盖了分析、综合、比较、抽象、概括等操作手段。思维名题把发展人的思维能力、培养正确的思维方式放在中心位置，它专门用来解决思维定型导致头脑僵化的问题，使思维摆脱定势的束缚，从更高的位置俯视自己的思维活动。

为帮助读者了解人类思维的发展历程和内容概貌，学习掌握相关的思维方法和技巧，我们精心编撰了《思维风暴》一书。全书分为“10 种黄金思维”和“200 道世界思维名题”上、下两篇。上篇介绍了创新、发散、逆向、系统、类比、灵感、换位、逻辑、形象等 10 种黄金思维，帮助读者发掘出头脑中的资源，打开洞察世界的窗口。每一种思维向读者提供了一种思考问题的方式和角度，这些思维方法的有机结合，为我们构建了全方位的视角，为各种问题的解决和思考维度的延伸提供了行之有效的指导。下篇介绍了 200 道古今中外著名的思维名题，包括文字推理名题、数学思维名题、图案推理名题、逻辑推理名题、算术谜题等，难易有度，形式活泼，问题多元，题材多样，充满趣味和启发性。这些精彩纷呈的名题，不仅让你领略人类不同时期的思维弧光和智慧，也使你在享受乐趣的同时彻底带动你的思维高速运转，帮助你强化左脑和右脑的交互运用，在娱乐中提高你的观察力、注意力、记忆力、判断力、推理力、逻辑性，开拓思维，提升思维的敏捷性、深刻性、灵活性，提高你的想象力、创造力和解决问题的能力。

目 录

上篇　改变人生的22种黄金思维

下篇　200 道世界顶级思维名题

上篇

改变人生的22种黄金思维

绪论

改变思维，改变人生

思维：人类最本质的资源

鲁迅先生曾说过这样一段话："外国用火药制造子弹来打敌人，中国却用它做爆竹敬神；外国用罗盘来航海，中国却用它来测风水；外国用鸦片来医病，中国却拿它当饭吃。"我们在回味鲁迅先生的这番尖锐的评论时，不应只将其作为揭露国人悲哀的样板，更应当思考其中蕴涵的更深层的意义：面对同样的事物，中国人与外国人为什么会采取不同的态度？为什么会有截然不同的用途？

难道说中国人没有外国人聪明？但事实却是中国人发明火药、指南针的时间比外国人早了几百年。难道说中国人不思进取、甘愿落后？这恐怕也不符合事实。中国人一向以自强不息、积极向上的面孔示人。那么，我们只能将其归结为思维方法的不同。

思维是人类最本质的一种资源，是一种复杂的心理现象，心理学家与哲学家都认为思维是人脑经过长期进化而形成的一种特有的机能，并把思维定义为"人脑对客观事物的本质属性和事物之间内在联系的规律性所作出的概括与间接的反映"。我们所说的思维方法就是思考问题的方法，是将思维运用到日常生活中，用于解决问题的具体思考模式。

我们说，思路决定出路。因为思维方法不同，看问题的角度与方式就不同；因为思维方法不同，我们所采取的行动方案就不同；因为思维方法不同，我们面对机遇进行的选择就不同；因为思维方法不同，我们在人生路上收获的成果就不同。

有这样一个小故事，希望能对大家有所启发。

两个乡下人外出打工，一个打算去上海，一个打算去北京。可是在候车厅等车时，又都改变了主意，因为他们听邻座的人议论说，上海人精明，外地人问路都收费；北京人质朴，见吃不上饭的人，不仅给馒头，还送旧衣服。去上海的人想，还是北京好，赚不到钱也饿不死，幸亏车还没到，不然真是掉进了火坑。去北京的人想，还是上海好，给人带路都挣钱，还有什么不能赚钱的呢？我幸好还没上车，不然就失去了一次致富的机会。

于是他们在退票处相遇了。原来要去北京的得到了去上海的票，去上海的得到了去北京的票。去北京的人发现，北京果然好，他初到北京的一个月，什么都没干，竟然没有饿着。不仅银行大厅的太空水可以白喝，而且商场里欢迎品尝的点心也可以白吃。去上海的人发现，上海果然是一个可以发财的城市，干什么都可以赚钱，带路可以赚钱，开厕所可以赚钱，弄盆凉水让人洗脸也可以赚钱。只要想办法，花点力气就可以赚钱。

凭着乡下人对泥土的感情和认识，他从郊外装了10包含有沙子和树叶的土，以“花盆土”的名义，向不见泥土又爱花的上海人出售。当天他在城郊间往返6次，净赚了50元钱。一年后，凭“花盆土”，他竟然在大上海拥有了一间小小的门面房。在长年的走街串巷中，他又有一个新发现：一些商店楼面亮丽而招牌较黑，一打听才知道是清洗公司只负责洗楼而不负责洗招牌的结果。他立即抓住这一空当，买了梯子、水桶和抹布，办起了一个小型清洗公司，专门负责清洗招牌。如今他的公司已有150多名员工，业务也由上海发展到了杭州和南京。

前不久，他坐火车去北京考察清洗市场。在北京站，一个捡破烂的人把头伸进卧铺车厢，向他要一个啤酒瓶，就在递瓶时，两人都愣住了，因为5年前他们曾经交换过一次车票。

我们常常感叹：面对相同的境遇，拥有相近的出身背景，持有相同的学历文凭，付出相近的努力，为什么有的人能够脱颖而出，而有的人只能流于平庸？为什么有的人能够飞黄腾达、演绎完美人生，而有的人只能一败涂地、满怀怨恨而终？

我们不得不说，这些区别和差距的产生往往源于思维方法的不同。

成功者之所以成功，是因为他们掌握并运用了正确的思维方法。正确的思维方法可以为人们提供更为准确、更为开阔的视角，能够帮助人们洞穿问题的本质，把握成功的先机。而失败的人之所以失败，是因为他们不善于改变思维方法，陷入了思维的误区和解决问题的困境，就像一位工匠雕琢一件艺术品时选错了工具，最后得到的必然不会是精品。

为什么从苹果落地的简单事件中，只有牛顿能够引发万有引力的联想？为什么看到风吹吊灯的摆动，只有伽利略能够发现单摆的规律？为什么看到开水沸腾的景象，只有瓦特能够将其原理运用到蒸汽机的创造之中？因为他们运用了正确的思维方法，所以他们才能走在时代的最前沿。

思维是人类最本质的资源，又是足以影响人成败的关键因素，它就像蕴藏在大脑中的石油，只要合理地发掘和利用，就能够帮助我们创造出越来越多的奇迹和美好篇章；反之，若开掘无度、无章可循，只能造成资源的浪费与一生成就的湮没。

启迪思维是提升智慧的途径

我们一直都深信“知识就是力量”，并将其奉为金科玉律，认为只要有了文凭，有了知识，自身的能力就无可限量了。事实却不完全如此，下面这个小故事也许能够给你带来一些启示。

在很久以前的希腊，一位年轻人不远万里四处拜师求学，为的是能得到真才实学。他很幸运，一路上遇到了许多学识渊博者，他们感动于年轻人的诚心，将毕生的学识毫无保留地传授给了年轻人。可是让年轻人感到苦恼的是，他学到的知识越多，就越觉得自己无知和浅薄。

他感到极度困惑，这种苦恼时刻折磨着他，使他寝食难安。于是，他决定去拜访远方的一位智者，据说这位智者能够帮助人们解决任何难题。他见到了智者，便向他倾诉了自己的苦恼，并请求智者想一个办法，让他从苦恼当中解脱出来。

智者听完了他的诉说之后，静静地想了一会儿，接着慢慢地问道：“你求学的目的是为了求知识还是求智慧？”年轻人听后大为惊诧，不解地问道：“求知识和求智慧有什么不同吗？”那位智者笑道：“这两者当然不同了，求知识是求之于外，当你对外在世界了解得越深越广，你所遇到的问题也就越多越难，这样你自然会感到学到的越多就越无知和浅薄。而求智慧则不然，求智慧是求之于内，当你对自己的内心世界了解得越多越深时，你的心智就越圆融无缺，你就会感到一股来自于内在的智性和力量，也就不会有这么多的烦恼了。”

年轻人听后还是不明白，继续问道：“智者，请您讲得更简单一点好吗？”智者就打了一个比喻：“有两个人要上山去打柴，一个早早地就出发了，来到山上后却发现自己忘了磨砍柴刀，只好用钝刀劈柴。另一个人则没有急于上山，而是先在家把刀磨快后才上山，你说这两个人谁打的柴更多呢？”年轻人听后恍然大悟，对智者说：“您的意思是，我就是那个只顾砍柴而忘记磨刀的人吧！”智者笑而不答。

人们往往把知识与智慧混为一谈，其实这是一种错误的观念。知识与智慧并不是一回事，一个人知识的多少，是指他对外在客观世界的了解程度，而智慧水平的高低不仅在于他拥有多少知识，还在于他驾驭知识、运用知识的能力。其中，思维能力的强弱对其具有举足轻重的作用。

人们对客观事物的认识过程，第一步是接触外界事物，产生感觉、知觉和印象，这属于感性认识阶段；第二步是将综合感觉的材料加以整理和改造，逐渐把握事物的本质、规律，产生认识过程的飞跃，进而构成判断和推理，这属于理性认识阶段。我们说的思维指的就是这一阶段。

在现实生活中，我们常常看到有的人知识、理论一大堆，谈论起来引经据典、头头是道，可一旦面对实际问题，却束手束脚不知如何是好。这是因为他们虽然掌握了知识，却不善于通过开启思维运用知识。另有一些人，他们的知识不多，但他们的思维活跃、思路敏捷，能够把有限的知识举一反三，将之灵活地应用到实践当中。

南北朝的贾思勰，读了荀子《劝学篇》中“蓬生麻中，不扶而直”的话，他想：细长的蓬生长在粗壮的麻中会长得很直，那么，细弱的槐树苗种在麻田里，也会这样吗？于是他开始做试验，由于阳光被麻遮住，槐树为了争夺阳光只能拼命地向上长。三年过后，槐树果然长得又高又直。由此，贾思勰发现植物生长的一种普遍现象，并总结出了一套规律。

古希腊的哲学家赫拉克利特说：知识不等于智慧。掌握知识和拥有智慧是人的两种不同层次的素质。对于它们的关系，我们可以打这样一个比方：智慧好比人体吸收的营养，而知识是人体摄取的食物，思维能力是人体消化的功能。人体能吸收多少营养，不仅在于食物品质的好坏，也在于消化功能的优劣。如果一味地贪求知识的增加，而运用知识的思维能力一直在原地踏步，那么他掌握的知识就会在他的头脑当中处于僵化状态，反而会对他实践能力的发挥形成束缚和障碍。这就像消化不良的人吃了过多的食物，多余的营养无法吸收，反倒对身体有害。

我们一再强调思维的意义，绝非贬低知识的价值。我们知道，思维是围绕知识而存在的，没有了知识的积累，思维的灵活运用也会存在障碍。因此，学习知识和启迪思维是提升自身智慧不可偏废的两个方面。没有知识的支撑，智慧也就成了无源之水，无本之木；没有思维的驾驭，知识就像一潭死水，波澜不兴，智慧也就更无从谈起了。

环境不是失败的借口

有些人回首往昔的时候，不免满是悔恨与感叹：努力了，却没有得到应有的回报；拼搏了，却没有得到应有的成功。他们抱怨，抱怨自己的出身背景没有别人好，抱怨自己的生长环境没有别人优越，抱怨自己拥有的资源没有别人丰富。总之，外界的一切都成了他们抱怨的对象。在他们的眼里，环境的不尽如人意是导致失败的关键因素。

然而，他们错了。环境并不能成为失败的借口。环境也许恶劣，资源也许匮乏，但只要积极地改变自己的思维，一定会有更好的解决问题的办法，一定会得到“柳暗花明又一村”的效果。

我们身边的许多人，就是通过灵活地运用自己的思维，改变了不利的环境，使有限的资源发挥出了最大的效益。

广州有一家礼品店，在以报纸做图案的包装纸的启发下，通过联系一些单位低价收下大量发黄的旧报纸，推出用旧报纸免费包装所售礼品的服务。店主特地从报纸中挑选出特殊日子的或有特别图案的，并分类命名，使顾客可以根据自己的个性和爱好选择相应的报纸。这种服务推出后，礼品店的生意很快就火了起来。

这家礼品店的老板不见得比我们聪明，他可以利用的资源也不比别的礼品店经营者的多，但他却成功了。因为他转变了思维，寻找到了一个新方法。

我们在做事过程中经常会遇到资源匮乏的问题，但只要我们肯动脑筋，善于打通自己的思维网络，激发脑中的无限创意，就一定能够将问题圆满解决。

总是有人抱怨手中的资源太少，无法做成大事。而一流的人才根本不看资源的多少，而是凡事都讲思维的运用。只要有了创造性思维，即使资源少一些又有什么

关系呢?

1972 年新加坡旅游局给总理李光耀打了一份报告说:

“新加坡不像埃及有金字塔，不像中国有长城，不像日本有富士山，不像夏威夷有十几米高的海浪。我们除了一年四季直射的阳光，什么名胜古迹都没有。要发展旅游事业，实在是巧妇难为无米之炊。”

李光耀看过报告后，在报告上批下这么一行文字:

“你还想让上帝给我们多少东西?上帝给了我们最好的阳光，只要有阳光就够了!”

后来，新加坡利用一年四季直射的阳光，大量种植奇花异草、名树修竹，在很短的时间内就发展成为世界上著名的“花园城市”，连续多年旅游业收入位列亚洲第二。

是啊，只要有阳光就够了。充分地利用这“有限”的资源，将其赋予“无限”的创意思维，即使只具备一两点与众不同之处，也是可以取得巨大成功的。

每一件事情都是一个资源整合的过程，不要指望别人将所需资源全部准备妥当，只等你来“拼装”;也不要指望你所处的环境是多么的尽如人意。任何事情都需要你开启自己的智慧，改变自己的思维，积极地去寻找资源，没有资源也要努力创造资源。只有这样，才能渐渐踏上成功之路。

正确的思维为成功加速

思维是一种心境，是一种妙不可言的感悟。在伴随人们实践行动的过程中，正确的思维方法、良好的思路是化解疑难问题、开拓成功道路的重要动力源。一个成功的人，首先是一个积极的思考者，经常积极地想方设法运用各种思维方法，去应对各种挑战和应付各种困难。因此，这种人也较容易体味到成功的欣喜。

美国船王丹尼尔·洛维格就是一个典型的成功例子。

他获得自己的第一桶金，乃至他后来拥有数十亿美元的资产，都和他善于运用思维，善于变通地寻找方法的特点息息相关。

当洛维格第一次跨进银行的大门，人家看了看他那磨破了的衬衫领子，又见他没有什么可作抵押的东西，很自然地拒绝了他的贷款申请。

他又来到大通银行，千方百计总算见到了该银行的总裁。他对总裁说，他把货轮买到后，立即改装成油轮，他已把这艘尚未买下的船租给了一家石油公司。石油公司每月付给的租金，就用来分期还他要借的这笔贷款。他说他可以把租契交给银行，由银行去跟那家石油公司收租金，这样就等于在分期付款了。

大通银行的总裁想：洛维格一文不名，也许没有什么信用可言，但是那家石油公司的信用却是可靠的。拿着租契去石油公司按月收钱，这自然是十分稳妥的。

洛维格终于贷到了第一笔款。他买下了他所要的旧货轮，把它改成油轮，租给了石油公司。然后又利用这艘船作抵押，借了另一笔款，又买了一艘船。

洛维格能够克服困难，最终达到自己的目的，他的成功与精明之处，就在于能够变通思维，用巧妙的方法使对方忽略他的一文不名，而看到他的背后有一家石油公司的可靠信用为他做支撑，从而成功地借到了钱。

和洛维格相仿，委内瑞拉人拉菲尔·杜德拉也是凭借积极的思维方法，不断找到好机会进行投资而成功的。在不到 20 年的时间里，他就建立了投资额达 10 亿美元的事业。

在 20 世纪 60 年代中期，杜德拉在委内瑞拉的首都拥有一家很小的玻璃制造公司。可是，他并不满足于干这个行当，他学过石油工程，他认为石油是个能赚大钱且更能施展自己才干的行业，他一心想跻身于石油界。

有一天，他从朋友那里得到一则信息，说是阿根廷打算从国际市场上采购价值 2000 万美元的丁烷气。得此信息，他充满了希望，认为跻身于石油界的良机已到，于是立即前往阿根廷活动，想争取到这笔合同。

去后，他才知道早已有英国石油公司和壳牌石油公司两个老牌大企业在频繁活动了。这是两家十分难以对付的竞争对手，更何况自己对石油业并不熟悉，资本又不雄厚，要成交这笔生意难度很大。但他并没有就此罢休，他决定采取迂回战术。

一天，他从一个朋友处了解到阿根廷的牛肉过剩，急于找门路出口外销。他灵机一动，感到幸运之神到来了，这等于向他提供了同英国石油公司及壳牌公司同等竞争的机会，对此他充满了必胜的信心。

他旋即去找阿根廷政府。当时他虽然还没有掌握丁烷气，但他确信自己能够弄到，他对阿根廷政府说：“如果你们向我买 2000 万美元的丁烷气，我便买你 2000 万美元的牛肉。”当时，阿根廷政府想赶紧把牛肉推销出去，便把购买丁烷气的投标

给了杜德拉，他终于战胜了两个强大的竞争对手。

投标争取到后，他立即筹办丁烷气。他随即飞往西班牙，当时西班牙有一家大船厂，由于缺少订货而濒临倒闭。西班牙政府对这家船厂的命运十分关切，想挽救这家船厂。

这一则消息，对杜德拉来说，又是一个可以把握的好机会。他便去找西班牙政府商谈，杜德拉说："假如你们向我买2000万美元的牛肉，我便向你们的船厂订制一艘价值2000万美元的超级油轮。"西班牙政府官员对此求之不得，当即拍板成交，马上通过西班牙驻阿根廷使馆，与阿根廷政府联络，请阿根廷政府将杜德拉所订购的2000万美元的牛肉，直接运到西班牙来。

杜德拉把2000万美元的牛肉转销出去之后，继续寻找丁烷气。他到了美国费城，找到太阳石油公司，他对太阳石油公司说："如果你们能出2000万美元租用我这条油轮，我就向你们购买2000万美元的丁烷气。"太阳石油公司接受了杜德拉的建议。从此，他便打进了石油业，实现了跻身于石油界的愿望。经过苦心经营，他终于成为委内瑞拉石油界的巨子。

洛维格与杜德拉都是具有大智慧、大胆魄的商业奇才。他们能够在困境中积极灵活地运用自己的思维，变通地寻找方法，创造机会，将难题转化为有利的条件，创造更多可以利用的资源。

这两个人的事例告诉我们：影响我们人生的绝不仅仅是环境，在很大程度上，思维控制了个人的行动和思想。同时，思维也决定了自己的视野、事业和成就。美国一位著名的商业人士在总结自己的成功经验时说，他的成功就在于他善于运用思维、改变思维，他能根据不同的困难，采取不同的方法，最终克服困难。

思维决定着一个人的行为，决定着一个人的学习、工作和处世的态度。正确的思维可以为成功加速，只有明白了这个道理，才能够较好地把握自己，才能够从容地化解生活中的难题，才能够顺利地到达智慧的最高境界。

改变思维，改变人生

马尔比·D.巴布科克说："最常见同时也是代价最高昂的一个错误，就是认为成功依赖于某种天才、某种魔力，某些我们不具备的东西。"成功的要素其实掌握在我们自己手中，那就是正确的思维。一个人能飞多高，并非由人的其他因素所束缚，而是由他自己的思维所制约。

下面有这样一个故事，相信对大家会有启发。

一对老夫妻结婚50周年之际，他们的儿女为了感谢他们的养育之恩，送给他们一张世界上最豪华客轮的头等舱船票。老夫妻非常高兴，登上了豪华游轮。他们大开眼界，游轮上可以容纳几千人的豪华餐厅、歌舞厅、游泳池、赌厅等应有尽有。唯一遗憾的是，这些设施的价格非常昂贵，老夫妻一向很节省，舍不得去消费，只好待在豪华的头等舱里，或者到甲板上吹吹风，还好来的时候他们怕吃不惯船上的食物，带了一箱泡面。

转眼游轮的旅程要结束了，老夫妻商量，回去以后如果邻居们问起来船上的饮食娱乐怎么样，他们都无法回答，所以决定最后一晚的晚餐到豪华餐厅里吃一顿，反正最后一次了，奢侈一次也无所谓。他们到了豪华的餐厅，烛光晚餐、精美的食物，他们吃得很开心，仿佛找到了初恋时候的感觉。晚餐结束后，丈夫叫来服务员要结账。服务员非常有礼貌地说："请出示一下您的船票。"丈夫很生气："难道你以为我们是偷渡上来的吗？"说着把船票丢给了服务员，服务员接过船票，在船票背面的很多空栏里划去了一格，并且十分惊讶地说："二位上船以后没有任何消费吗？这是头等舱船票，船上所有的饮食、娱乐，包括赌博筹码都已经包含在船票里了。"

这对老夫妇为什么不能够尽情享受？是他们的思维禁锢了他们的行为，他们没有想到将船票翻到背面看一看。我们每一个人都会遇到类似的经历，总是死守着现状而不愿改变。就像我们头脑中的思维方式，一旦哪一种观念占据了上风，便很难改变或不愿去改变，导致做事风格与方法没有半点变通的余地，最终只能将自己逼入"死胡同"。

如果我们能够像下面故事中的比尔一样，适时地转换自己的思维方法，就会使自己的思路更加清晰，视野更加开阔，做事的方法也会灵活转变，自然就会取得更优秀的成就。从某种程度上讲，改变了思维，人生的轨迹也会随之改变。

从前有一个村庄严重缺少饮用水，为了根本性地解决这个问题，村里的长者决定对外签订一份送水合同，以便每天都能有人把水送到村子里。艾德和比尔两个人愿意接受这份工作，于是村里的长者把这份合同同时给了这两个人，因为他们知道

一定的竞争将既有益于保持价格低廉，又能确保水的供应。

获得合同后，比尔就奇怪地消失了，艾德立即行动了起来。没有了竞争使他很高兴，他每日奔波于相距 1 公里的湖泊和村庄之间，用水桶从湖中打水并运回村庄，再把打来的水倒在由村民们修建的一个结实的大蓄水池中。每天早晨他都必须起得比其他村民早，以便当村民需要用水时，蓄水池中已有足够的水供他们使用。这是一项相当艰苦的工作，但艾德很高兴，因为他能不断地挣到钱。

几个月后，比尔带着一个施工队和一笔投资回到了村庄。原来，比尔做了一份详细的商业计划，并凭借这份计划书找到了 4 位投资者，和他们一起开了一家公司，并雇用了一位职业经理。比尔的公司花了整整一年时间，修建了从村庄通往湖泊的输水管道。

在隆重的贯通典礼上，比尔宣布他的水比艾德的水更干净，因为比尔知道有许多人抱怨艾德的水中有灰尘。比尔还宣称，他能够每天 24 小时、一星期 7 天不间断地为村民提供用水，而艾德却只能在工作日里送水，因为他在周末同样需要休息。同时比尔还宣布，对这种质量更高、供应更为可靠的水，他收取的价格却是艾德的 75%。于是村民们欢呼雀跃、奔走相告，并立刻要求从比尔的管道上接水龙头。

为了与比尔竞争，艾德也立刻将他的水价降低到 75%，并且又多买了几个水桶，以便每次多运送几桶水。为了减少灰尘，他还给每个桶都加上了盖子。用水需求越来越大，艾德一个人已经难以应付，他不得已雇用了员工，可又遇到了令他头痛的工会问题。工会要求他付更高的工资、提供更好的福利，并要求降低劳动强度，允许工会成员每次只运送一桶水。

此时，比尔又在想，这个村庄需要水，其他有类似环境的村庄一定也需要水。于是他重新制订了他的商业计划，开始向其他的村庄推销他的快速、大容量、低成本并且卫生的送水系统。每送出一桶水他只赚 1 便士，但是每天他能送几十万桶水。无论他是否工作，几十万人都要消费这几十万桶的水，而所有的这些钱最后都流入到比尔的银行账户中。显然，比尔不但开发了使水流向村庄的管道，而且还开发了一个使钱流向自己钱包的管道。

从此以后，比尔幸福地生活着，而艾德在他的余生里仍拼命地工作，最终还是陷入了“永久”的财务问题中。

比尔之所以能获得成功，就在于他懂得及时转变思维。当得到送水合同时，他并没有立即投入挑水的队伍中，而是运用他的系统思维将送水工程变成了一个体系，在这个体系中的人物各有分工，通力协作。当这一送水模式在本村庄获得成功后，比尔又运用他的联想思维与类比思维，考虑到其他的村庄也需要这种安全、卫生、方便的送水服务，开拓了他的业务范围。比尔正是运用了巧妙的思维达到了“巧干”的结果。

思路决定出路，思维改变人生。拥有正确的思维，运用正确的思维，灵活改变自己的思维，才能使自己的路越走越宽，才能使自己的成就越来越显著，才能演绎出更加精彩的人生画卷。

第一章

创新思维——想到才能做到

创新思维始于一种意念

事实上，我们每天都会产生创新思维。因为我们时时刻刻都在更新我们所持有的对世界的看法。

有人说，创新行为是一种偶然行为。不可否认，创新有其偶然性，但更多的创新实践者在创新的过程中是意识到他们的行为的意义与价值的。也就是说，他们知道自己是在创新，而且，他们有创新的欲望，创新思维已经深入他们的头脑，成为他们的一种意念。

有人称赞牛顿思路灵活、思维具有创造性，为人类做出了重大的贡献。牛顿说:“我只是整天想着去发现而已。”牛顿的“整天想着去发现”就是一种创新的意念。

可以说，创新思维就始于创新的意念。在生活和工作中，如果我们能够像牛顿一样，具有强烈的创新意念，就一定会发现别人发现不了的东西。

王伟在一家广告公司做创意文案。一次，一个著名的洗衣粉制造商委托王伟所在的公司做广告宣传，负责这个广告创意的好几位文案创意人员拿出的东西都不能令制造商满意。没办法，经理让王伟把手中的事务先搁置几天，专心完成这个创意文案。

接连几天，王伟在办公室里抚弄着一整袋的洗衣粉，想:“这个产品在市场上已经非常畅销了，人家以前的许多广告词也非常富有创意。那么，我该怎么下手才能重新找到一个点，做出既与众不同、又令人满意的广告创意呢？”

有一天，他在苦思之余，把手中的洗衣粉袋放在办公桌上，又翻来覆去地看了几遍，突然间灵光闪现，他想把这袋洗衣粉打开看一看。于是他找了一张报纸铺在桌面上，然后，撕开洗衣粉袋，倒出了一些洗衣粉，一边用手揉搓着这些粉末，一边轻轻嗅着它的味道，寻找感觉。

突然，在射进办公室的阳光下，他发现了洗衣粉的粉末间遍布着一些特别微小的蓝色晶体。审视了一番后，证实的确不是自己看花了眼，他便立刻起身，亲自跑到制造商那儿问这到底是什么东西，得知这些蓝色小晶体是一些“活力去污因子”。因为有了它们，这一次新推出的洗衣粉才具有了超强洁白的效果。

明白了这些情况后，王伟回去便从这一点下手，绞尽脑汁，寻找最好的文字创意，因此推出了非常成功的广告。

正因为整天都想着去发现、去创造，王伟才能够瞬间找到创作的灵感。同样，也正由于整天想着去发现，蒙牛的杨文俊才能想出方便消费者的好办法。

2002 年 2 月，时值春节，蒙牛液体奶事业本部总经理杨文俊在深圳沃尔玛超市购物时，发现人们购买整箱牛奶搬运起来非常困难。

由于当时是购物高峰，很多汽车无法开进超市的停车场，而商场停车管理员又不允许将购物手推车推出停车场，消费者只有来回好几次才能将购买的牛奶及其他商品搬上车，这一细节引起了杨文俊的重视。

此后，杨文俊就不断在思考这件事情，想着怎么样才能方便搬运整箱的牛奶。

一次偶然的机会，杨文俊购买了一台 VCD，往家拎时，拎出了灵感：

一台 VCD 比一箱牛奶要轻，厂家都能想到在箱子上安一个提手，我们为什么不能在牛奶包装箱上也装一个提手，使消费者在购物时更加便利呢？

这一想法在会上一经提出，就得到了大家的认同，并马上得以实施。

这个创意使蒙牛当年的液体奶销售量大幅度增长，同行也纷纷效仿。

现在看来，这一创意很简单。可为什么杨文俊能够提出来，而其他人却提不出来呢？原因就在于是否有创新的意识，是否能做到“整天想着去发现”。

我们常说“心想事成”，而“心想”是前提。如果没有“心想”的意念，自然不会产生“事成”的结果。创新思维的开启同样始于创新的意念。有了创新的意念，才能将创新更好地付诸行动。创新思维是可以培养的，只要拥有创新的意念，整天想着去发现，创新的念头和思路就会源源不断地涌现出来。

有创意就会有机会

我们常说“机遇只偏爱有准备的头脑”，何谓有准备呢？

过去，“有准备”指的是知识储备；但在以创新制胜的今天，光有知识储备是远远不够的，还需要创新思维与创新能力。运用创新思维产生了好的创意，就能够比别人更好地把握住机会，甚至可以创造机会。

所谓创意，就是拓宽思路，不断创造新点子，想人之所未想，为人之所不能为，从而以新、以奇取胜，用常规思维逻辑之外的想法赢得成功和收获！

下面这个故事的主人翁就是利用独特的创意在竞争中赢得机会的。

有家大型广告公司招聘高级广告设计师，面试的题目是要求每个应聘者在一张白纸上设计出一个自己认为是最好的方案，没有主题和内容的限制，然后把自己的方案扔到窗外。谁的方案最先设计完成，并且第一个被路人捡起来看，谁就会被录用。

设计师们开始了忙碌的工作，他们绞尽脑汁地描绘着精美的图案，甚至有的人费尽心思画出诱人的裸体美女。

就在其他人正手忙脚乱的时候，只有一个设计师非常迅速、非常从容地把自己的方案扔到了窗外，并引起路人的哄抢。

他的方案是什么呢？原来，他只是在那张白纸上贴上了一张面值 100 美元的钞票，其他的什么也没画。就在其他人还疲于奔命的时候，他就已经稳坐钓鱼台了。

彼得也是靠自己的创意得到加薪的机会的。

彼得和查理一起进入一家快餐店，当上了服务员。他俩的年龄一般大，也拿着同样的薪水，可是工作时间不长，彼得就得到老板的嘉奖，很快加了薪，而查理仍然在原地踏步。面对查理和周围人的牢骚与不解，老板让他们站在一旁，看看彼得是如何完成服务工作的。

在冷饮柜台前，顾客走过来要一杯麦乳混合饮料。

彼得微笑着对顾客说：“先生，您愿意在饮料中加入 1 个还是 2 个鸡蛋呢？”

顾客说：“哦，1 个就够了。”

这样快餐店就多卖出 1 个鸡蛋，在麦乳饮料中加 1 个鸡蛋通常是要额外收钱的。

看完彼得的工作后，经理说道：“据我观察，我们大多数服务员是这样提问的：‘先生，您愿意在您的饮料中加 1 个鸡蛋吗？’而这时顾客的回答通常是：‘哦，不，谢谢。’对于一个能够在工作中积极主动地发现问题、带着创意工作的员工，我没有理由不给他加薪。”

运用创新思维，可以克服工作中的困难，提升工作效率，为企业实现最大化的经济效益；同时，也为自己提供了更为广阔的发展空间，为实现自己的人生规划扣上了重要的一环。

世界很多知名企业都很尊重与欣赏员工的创意，并且设置了价值丰厚的奖励，3M 公司就是其中一家。3M 公司鼓励每一个员工都要具备这样一些品质：坚持不懈、从失败中学习、好奇心、耐心、个人主观能动性、合作小组、发挥好主意的威力等。

西门子公司也构建了一种遵循“无边界”的原则创新体系。西门子的创新体系不仅仅局限于研发部门，对内，西门子公司通过一个“3i 计划”来收集所有部门员工的创新建议，并为提出建议的员工颁发奖金。3 个“i”字母分别来自 3 个单词：点子（ideas）、激情（impulses）、积极性（initiatives）。“3i 计划”的目标是让每个员工不断挖掘自身的潜能。那么，它的成效如何呢？西门子的每个财政年度，员工提出的“金点子”超过 10 万个，当中有 85% 得到采纳并得到嘉奖。同时，提供金点子的员工们也能为此得到总价值高达 2 千万欧元的红利奖金，获最高奖的员工能得到十几万欧元的奖金。

西门子在德国的一个工厂车间工作的 3 位普通工人提出了把电子元件安装到印刷电路板上的新方法，从而降低了由操作造成的产品不良率，立即为公司降低了 12.3 万欧元的成本。这 3 位员工也因此分别获得了 2 万欧元的奖金。

美国著名的企业家哈默说：“天下没有坏买卖，只有蹩脚的买卖人。”在工作中能够创造多少价值，就在于能够融入多少智慧。在工作中加入创新思维，也许可以产生意想不到的价值。

创新思维就是有这样非凡的作用与威力，创新思维的巧妙运用可以产生绝妙的创意。许多企业就是凭一个好的创意发达的，许多人就是靠奇妙的创意致富的。好的创意不仅能创造财富，更是财富的化身。也有人专门靠创意来赚钱，这就是大家

耳熟能详的“点子公司”或“咨询公司”。

创新思维会陪伴人的一生。随时都会有很多好的创意产生，关键是要认识到它的价值，抓住机会，让创意付诸实践，成为财富增长的源泉。不要放弃任何一个好的创意，好的创意就是取得财富的机会。如果你具有这种能力，就应该把握生活与工作的最佳时机，用创新思维、用创意，为自己开辟一片崭新的天地。

打破思维的定式

曾经有一位专家设计过这样一个游戏：

十几个学员平均分为两队，要把放在地上的两串钥匙捡起来，从队首传到队尾。规则是必须按照顺序，并使钥匙接触到每个人的手。

比赛开始并计时。两队的第一反应都是按专家做过的示范：捡起一串，传递完毕，再传另一串，结果都用了15秒左右。

专家提示道：“再想想，时间还可以再缩短。”

其中一队似乎“悟”到了，把两串钥匙拴在一起同时传，这次只用了5秒。

专家说：“时间还可以再减半，你们再好好想想！”

“怎么可能？！”学员们面面相觑，左右四顾，不太相信。

这时，场外突然有一个声音提醒道：“只是要求按顺序从手上经过，不一定非得传啊！”

另一队恍然大悟，他们完全抛开了传递方式，每个人都伸出一只手扣成圆桶状，摞在一起，形成一个通道，让钥匙像自由落体一样从上落下来，既按照了顺序，同时也接触了每个人的手，所花的时间仅仅是0.5秒！

美国心理学家邓克尔通过研究发现，人们的心理活动常常会受到一种所谓“功能固着心理”的束缚，即我们的头脑在筛选信息、分析问题、做出决策的时候，总是自觉或不自觉地沿着以前所熟悉的方向和路径进行思考，而不善于另辟新路。这种熟悉的方向和路径就是“思维的定式”。

人一旦陷入思维的定式，他的潜能便被抹杀了，离创新之路也就越来越远了。下面这个小实验也许可以说明这一点。

有一只长方形的容器，里面装了5千克的水。如何想个最简单的办法，让容器里的水去掉一半，使之剩下 2.5 千克。

有人说，把水冻成冰，切去一半；还有人说，用另一容器量出一半。但是最简便的方法，是把容器倾斜成一定的角度。相当于将一块长方形木块，从对角线锯成两块。如果是固体，人们很自然会从这方面去想；如果是液体，就要靠思维去分析。

这个例子说明，看问题既要看到事物的这一面，又要想到事物的另一面；平面可以看成立体，液体可以想象成固体，反之亦然。这属于平面几何学的范畴。平面几何学成功地把三维中的一些问题抽象成了二维，使许多问题得以简化；而在生活中，应避免将三维简化为二维的思维定式。

在荒无人烟的河边停着一只小船，这只小船只能容纳一个人。有两个人同时来到河边，两个人都乘这只船过了河。请问，他们是怎样过河的？很简单，两人是分别处在河的两岸，先是一个渡过河来，然后另一个渡过去。

对于这道题，有些人大概“绞尽了脑汁”。的确，小船只能坐一人，如果他们是处在同一河岸，对面又没有人，他们无论如何也不能都渡过河去。当然，你可能也设想了许多方法，如一个人先过去，然后再用什么方法让小船空着回来等。但你为什么始终要想到这两个人是在同一个岸边呢？题目本身并没有这样的意思呀！这样一看，你还是从习惯出发，从而形成了“思维栓塞”。

思维定式是人们从事某项活动的一种预先准备的心理状态，它能够影响后续活动的趋势、走向和结果。构成思维定式的因素有以下几种。一是有目的地注意。猎人能够在一位旅游者毫无察觉的情况下，发现潜伏在草丛中的野兽，就是定式的作用。二是刚刚发生的感知经验。在人多次感知两个重量不相等的钢球后，对两个重量相等的钢球也会感知为不相等。三是认知的固定倾向。如果给你看两张照片，一张照片上的人英俊、文雅，另一照片上的人凶恶、丑陋，然后对你说，这两人中有一个是全国通缉的罪犯，要你指出谁是罪犯，你大概不会犹豫吧！先前形成的经验、习惯、知识等都会使人们形成认知的固定倾向，影响后来的分析、判断，形成“思维栓塞”——即思维总是摆脱不了已有“框框”的束缚，从而表现出消极的思维定式。

对于创新思维的培养来说，思维的定式是比较可怕的，创新思维的缺乏也往往是由于自我设限造成的。随着时间的推移，我们所看到的、听到的、感受到的、亲

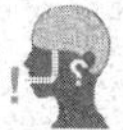

身经历的各种现象和事件，一个个都进入我们的头脑中而构成了思维模式。这种模式一方面指引我们快速而有效地应对和处理日常生活中的各种小问题，然而另一方面，它却无法摆脱时间和空间所造成的局限性，让人难以走出那无形的边框，而始终在这个模式的范围内打转转。

要想培养创新思维，必先打破这种"功能固着心理"，勇敢地冲破传统的看事物、想问题的模式，从全新的思路来考察和分析面对的问题，进而才有可能产生大的突破。

拆掉"霍布森之门"

何谓"霍布森之门"？

这源于一个"霍布森选择"的故事。关于"霍布森选择"的故事版本有很多，这里讲述比较通用的一个版本。

1631 年，英国剑桥有一个名叫霍布森的马匹生意商人，对前来买马的人承诺：只要给一个低廉的价格，就可以在他的马匹中随意挑选。但他附加了一个条件：只允许挑选能牵出圈门的那匹马。

这显然是一个圈套，因为好马的身形都比较大，而圈门很小，只有身形瘦小的马才能通过。实际上这是限定了范围的选择，虽然表面看起来选择面很广。那扇门即所谓的"霍布森之门"。

那么，"霍布森之门"与创新思维有关联吗？

当然有。因为我们的头脑中都存在一个或大或小的"霍布森之门"。它就是我们对事物的固有判断。

在工作与生活中，我们常会遇到这样的情况，一方面是广泛地学习和接受新事物，也决定从中选择一些好的方向或建议，但最终都通不过一些固有的观念所造成的小门，只不过这扇门存在于自己的心中，不易被我们察觉。而正是这扇小门，成了我们迈向成功的障碍，甚至会使我们丧失解决问题的自信。

就像在我们的固有的观念中，推销一把斧子给当今美国总统简直是天方夜谭，但一位名叫乔治・赫伯特的推销员却成功地做到了。

布鲁金斯学会得知乔治把斧子推销给了当今美国总统这一消息，立即把刻有

“最伟大推销员”的一只金靴子赠予了他。这是自1975年以来，该学会的一名学员成功地把一台微型录音机卖给尼克松后，又一学员登上如此高的门槛。

布鲁金斯学会以培养世界上最杰出的推销员著称于世。它有一个传统，在每期学员毕业时，设计一道最能体现推销员能力的实习题，让学生去完成。克林顿当政期间，他们出了这么一个题目：请把一条三角裤推销给现任总统。8年间，有无数个学员为此绞尽脑汁，可是最后都无功而返。克林顿卸任后，布鲁金斯学会把题目换成：请把一把斧子推销给小布什总统。

鉴于前8年的失败与教训，许多学员知难而退，个别学员甚至认为，这道毕业实习题会和克林顿当政期间一样毫无结果，因为现在的总统什么都不缺少，再说即使缺少，也用不着他亲自购买。即便他亲自购买，也不一定赶上正是你去推销。

然而，乔治·赫伯特却做到了，并且没有花多少工夫。一位记者在采访他的时候，他是这样说的：“我认为，把一把斧子推销给小布什总统是完全可能的，因为布什总统在得克萨斯州有一农场，里面长着许多树。于是我给他写了一封信，说：‘有一次，我有幸参观你的农场，发现里面长着许多矢菊树，有些已经死掉，木质已变得松软。我想，你一定需要一把小斧头，但是从你现在的体质来看，一些新小斧头显然太轻，因此你仍然需要一把不甚锋利的老斧头。现在我这儿正好有一把这样的斧头，很适合砍伐枯树。假若你有兴趣的话，请按这封信所留的信箱，给予回复……’最后他就给我汇来了15美元。”

事后，很多人发出感叹：啊，原来这么简单！可为什么那些人没有去尝试呢？因为他们头脑中已经有了一道“霍布森之门”，除了“向总统推销东西不可能成功”这一观念外，没有任何观念能够通过这道门。这道门，已经封锁了他们的前进之路。

“霍布森之门”在企业创新中的影响也极为显著。有的企业准备上一个新项目，经多方论证后，已经没有什么问题了，最后却因为决策者的保守观念而放弃。

2004年底，IBM公司宣布将把个人电脑部门出售给联想的时候，很多人就觉得不可思议。IBM出售个人电脑部门的原因很复杂，但从全球计算机行业的发展来看，个人电脑业务已经过了高速增长的阶段，难以再像以前那样创造高额的利润。所以IBM计划把未来的发展战略进一步向纵深发展，涉足技术服务、咨询业务、软件业务、大型计算机网络和互联网等领域。

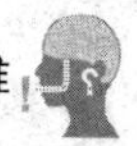

这些领域远远比个人电脑业务更有利润可图。尽管大家都知道 IBM 出售个人电脑业务是出于发展战略调整的需要，但在很多人眼中，IBM 就是曾经的电脑代名词，觉得卖掉起家时的支柱在情感上难以接受。

既然是一桩合情合理的生意，为什么不能做？可见，我们在心中对一个企业的所谓定位就是一扇“霍布森之门”，纵有再多的创新想法，在遇到这些前提或限定的时候，也只能让位于情感上的保守。

要培养自己的创新思维，就必须找出我们心中的那扇“霍布森之门”，并鼓起勇气拆掉它。这样，你才能敢于放手去做你想做的事情，去开拓一片更加广阔的天地，进行更加丰富的选择。

超越一切常规

谁也不能揪着自己的头发离开地面，唯有一种突破常规的超越力量，唯有基于解放思想束缚后所产生的巨大能量释放，才能有柳暗花明的惊喜和峰回路转的开阔。

培养创新思维，首先就要做好思想上的准备——敢于超越常规，超越传统，不被任何条条框框所束缚，不被任何经验习惯所制约。只有这样，才能产生更宽广的思绪与触觉。

1813 年，曾以成功进行人工合成尿素实验而享誉世界的德国著名化学家维勒，收到老师贝里齐乌斯教授寄给他的一封信。

信是这样写的：

从前，一个名叫钒娜蒂丝的既美丽又温柔的女神住在遥远的北方。她究竟在那里住了多久，没有人知道。

突然有一天，钒娜蒂丝听到了敲门声。这位一向喜欢幽静的女神，一时懒得起身开门，心想，等他再敲门时再开吧。谁知等了好长时间仍听不见动静，女神感到非常奇怪，往窗外一看：原来是维勒。女神望着维勒渐渐远去的背影，叹气道：这人也真是的，从窗户往里看看不就知道有人在，不就可以进来了吗？就让他白跑一趟吧。

过了几天，女神又听到敲门声，依旧没有开门。

门外的人继续敲。

这位名叫肖夫斯唐姆的客人非常有耐心，直到那位漂亮可爱的女神打开门为止。

女神和他一见倾心，婚后生了个儿子叫“钒”。

维勒读罢老师的信，唯一能做的就是一脸苦笑地摇了摇头。

原来，在1830年，维勒研究墨西哥出产的一种褐色矿石时，发现一些五彩斑斓的金属化合物，它的一些特征和以前发现的化学元素“铬”非常相似。对于铬，维勒见得多了，当时觉得没有什么与众不同的，就没有深入研究下去。

一年后，瑞典化学家肖夫斯唐姆在本国的矿石中，也发现了类似“铬”的金属化合物。他并不是像维勒那样把它扔在一边，而是经过无数次实验，证实了这是前人从没发现的新元素——钒。

维勒因一时疏忽而把一次大好时机拱手让给了别人。

种种习惯与常规随时间的沉淀，会演变成一种定式、枷锁，阻碍人们的突破和超越。生活中常规的层层禁锢所产生的连锁效应不止于此，我们要做的工作就是打破一切规则，只有敢于超越，才能赢得创造。

现在市场上的罐装饮料，很重要的一种是茶饮料。罐装茶饮料始于罐装乌龙茶，它的开发者是日本的本庄正则。

千百年来，人们习惯于用开水在茶壶中泡茶，用茶杯等茶具饮茶，或是品尝，或是社交，或是寓情于茶。而易拉罐茶饮料则是提供凉茶水，作用是解渴、促进消化、满足人体的种种需求。将凉茶水装罐出售是违反常识的，它抛开了茶文化的重要内涵，取其“解渴、促进消化”的功能。将乌龙茶开发成罐装饮料的成功创意，产生了经营上“出奇制胜”的效果。在公司经营上，这种看似违反常规的行为，却成为一种不错的经营之道。

本庄正则从20世纪60年代中期开始涉足茶叶流通业，他购买了一个古老的茶叶商号——伊藤园，并把它作为自己公司的名称。

伊藤园发展成茶叶流通业第一大公司，本庄正则投资建设了茶叶加工厂，把公司的业务从销售扩大到加工。1977年，伊藤园开始试销中国乌龙茶，并在短时间内获得畅销。但到了20世纪80年代，乌龙茶的销售达到了巅峰并开始出现降温倾向。

在这种情况下，本庄正则必须思变，否则事业将遭受沉重的打击。乌龙茶不好销了，茶叶的新商机在哪里呢？

早在20世纪70年代初茶叶风靡日本时，本庄正则就萌生了开发罐装茶的创意，但当时的技术人员遭遇到了“不喝隔夜茶”这一拦路虎，因为茶水长时期放置会发生氧化、变质现象，不再适宜饮用。因此，罐装乌龙茶的创意暂时不可能实现。

要使罐装乌龙茶具有商机，必须攻克茶水氧化的难关，从创造的角度上讲，这也是主攻方向。

于是，本庄正则投资聘请科研人员研究防止茶水氧化的课题。时隔一年，防止氧化的难题解决了，本庄正则当机立断开发罐装乌龙茶。

在讨论这项计划时，12名公司董事中有10名表示反对，因为把凉茶水装罐出售是违反常识的。然而，长期销售茶叶的经验告诉本庄正则，每到盛夏季节，茶叶销量就要剧减，而各种清凉饮料的销量则猛增。他坚信，如果在夏季推出易拉罐乌龙茶清凉饮料，一定会大有市场。在本庄正则的坚持下，伊藤园开发的易拉罐乌龙茶清凉饮料于1988年夏季首次上市，大受消费者欢迎。乌龙茶销售又再现高潮，而且经久不衰，直到今天。

试想，如果不是本庄正则有超越常规的创新思维，敢于不按常理出牌，也就不会有乌龙茶销售的再一次热潮，更不会有茶饮料丰富样式的出现。

这也说明了，进行创新性活动切不可把创造的方向确定在某一样式上，而应不拘一格，超越常规也未尝不可，这样反而能出奇制胜，开创佳绩。

独立思考是创新思维的助手

有一天晚上，卢瑟福走进实验室，当时已经很晚了，见一个学生仍俯身在工作台上，便问道：“这么晚了，你还在干什么呢？”

学生回答说：“我在工作。”

“那你白天干什么呢？”

“我也工作。”

“那么你早上也在工作吗？”

“是的，教授，早上我也工作。”

于是，卢瑟福向他提出了一个问题：“那么这样一来，你用什么时间思考呢？”

思考？这个学生之前显然没有意识到这个问题，做学问还要思考！

后来，这个学生通过仔细观察发现，每天傍晚，不管实验工作进行得顺利还是不顺利，卢瑟福总是在走廊里散步，那种神情表明他正在思考。

卢瑟福经常对学生说：“不要死记硬背，也不要满足于实验，而要学会思考。只有勤于和善于思考的人，才能获得知识，取得成就。”做研究如此，做任何事情都是如此。思考是我们的思路通往外界的一扇窗，通过思考，我们的思维才能够在知识的天空翱翔，取得出众的成果。

思考的方法有很多种，其中又以独立思考为最重要。因为，独立的思考能力是现代创造性活动的基本要求。具体来说，独立的思考能力是针对具体问题进行深入分析而提出自已的独创见解的能力，它也是一种运用已经掌握的理论知识和已经积累的经验教训，独立地、创造性地分析和解决实际问题的综合能力。

我们在创造性活动中，要善于根据实际情况进行独立的分析和思考，对问题的认识和解决有独创见解，不受他人暗示的影响，不依赖于他人的结论，努力防止思想的依赖性。

从某种程度来讲，工作就是一个思考的过程；工作取得进步，就是一个思考深入的过程。思考得多了，想到的方法自然就多了。当一个猎人打了一只兔子时，他就会想办法去猎一只鹿；当他猎到一只鹿时，他就会想如何去打一只熊。只有这样不断地思考，不断地寻找更好更有效的办法，才有可能成为一名优秀的猎人。工作何尝不是一个猎人的思考过程呢？

很多成功的创新人士和发明专家都是十分重视独立思考的力量的。

我国有一个小学三年级的学生，一次随他爸爸去宾馆，迎面看见墙上并列排着7座大钟，分别显示世界各地当时的准确时间。可为什么要挂那么多钟？

不能仅用一座钟来表示各地的时间吗？他坚持认为挂钟多，既占地方又费钱。他年纪虽小，但善于独立思考，经过多次试验，发明出“新式世界钟”，这种钟可代替那7座钟的功能，被评为全国青少年发明创新一等奖。

一位智者强调，要培养你的创新思维，一定要养成独立思考、刻苦钻研的良好习惯，千万不要人云亦云，读死书，死读书。

人性中普遍存在着两个相反的特质，这两个特质都是积极思考的绊脚石。

轻信（不凭证据或只凭很少的证据就相信）是人类的一大缺点，独立思考者的脑子里永远有一个问号，你必须质疑企图影响正确思考的每一个人和每一件事。

这并不是缺乏信心的表现。事实上，它是尊重造物主的最佳表现，因为你已了解到你的思想，是从造物主那儿得到的唯一可由你完全控制的东西，而你应该珍惜这份福气。

如果你是一位独立的思考者，你就是你思维的主人，而非奴隶。你不应给予任何人控制你思想的机会，你必须拒绝错误的倾向。

人们往往会接受那些一再出现在脑海中的观念——无论它是好的或是坏的，是正确的或是错误的。

人类另一项共同的弱点，就是不相信他们不了解的事物。

当莱特兄弟宣布他们发明了一种会飞的机器，并且邀请记者亲自来观看时，没有人接受他们的邀请。当马可尼宣布他发明了一种不需要电线就可传递信息的方法时，他的亲戚甚至把他送到精神病院去检查，他们还以为他失去了理智呢！

在没有弄清楚之前，就采取鄙视的态度，只会限制你的机会、信心、热忱以及创造力。不要认为未经证实的事情和任何新的事物都是不可能的。独立思考的目的，在于帮助你了解新观念或不寻常的事情，而不是阻止你去研究它们。

爱因斯坦对为他写传记的作家塞利希说："我没有什么特别才能，不过喜欢寻根究底地追求问题罢了。"在这个寻根究底的过程中，最常用的方法就是思考。他自己深有体会地说："学习知识要善于思考、思考、再思考，我就是靠这个学习方法成为科学家的。""数字化教父"尼葛洛·庞蒂说："我不做具体研究工作，只是在思考。"达尔文说："我耐心地回想或思考任何悬而未决的问题，甚至连费数年亦在所不惜。"牛顿说："思索，持续不断地思索，以待天曙，渐渐地见得光明。如果说我对世界有些微薄贡献，那不是由于别的，只是由于我的辛勤耐久的思索所致。"他甚至这样评价思考："我的成功当归功于精心的思索。"

从这些名言中，我们不难得出这样一个道理：思考是一个人有所创造最重要、最基本的心理品质，独立思考是创新思维的助手。所以，养成独立思考的习惯，是要成大事的人必备的条件。

第二章

发散思维——一个问题有多种答案

从曲别针的用途想到的

一支曲别针（回形针）究竟有多少种用途？你能说出几种？十种？几十种？还是几百种？

也许你会说一支曲别针不可能有如此多的用途，那么，这只能够说明你的思维不够开阔，不够发散。下面这个关于曲别针的故事告诉你的不只是曲别针的用途，更是一种思维方法。

在一次有许多中外学者参加的如何开发创造力的研讨会上，日本一位创造力研究专家应邀出席了这次研讨活动。

面对这些创造性思维能力很强的学者同人，风度翩翩的村上幸雄先生捧来一把曲别针，说道："请诸位朋友动一动脑筋，打破框框，看谁能说出这些曲别针的更多种用途，看谁创造性思维开发得好、多而奇特！"

片刻，一些代表踊跃回答：

"曲别针可以别相片，可以用来夹稿件、讲义。"

"纽扣掉了，可以用曲别针临时钩起……"

七嘴八舌，大约说了十多种，其中较奇特的是把曲别针磨成鱼钩，引来一阵笑声。

村上对大家在不长时间内讲出10多种曲别针的用途，很是称道。

人们问："村上您能讲多少种？"

村上一笑，伸出3个指头。

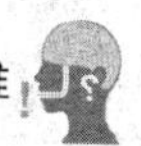

“30种？”村上摇头。

“300种？”村上点头。

人们惊异，不由得佩服这人聪慧敏捷的思维。也有人怀疑。

村上紧了紧领带，扫视了一眼台下那些透着不信任的眼睛，用幻灯片映出了曲别针的用途……这时只见中国的一位以“思维魔王”著称的怪才许国泰先生向台上递了一张纸条。

“对于曲别针的用途，我能说出3000种，甚至3万种！”

邻座对他侧目：“吹牛不罚款，真狂！”

第二天上午11点，他“揭榜应战”，走上了讲台，他拿着一支粉笔，在黑板上写了一行字：村上幸雄曲别针用途求解。原先不以为然的听众一下子被吸引过来了。

“昨天，大家和村上讲的用途可用4个字概括，这就是钩、挂、别、联。要启发思路，使思维突破这种格局，最好的办法是借助于简单的形式思维工具——信息标与信息反应场。”

他把曲别针的总体信息分解成重量、体积、长度、截面、弹性、直线、银白色等10多个要素。再把这些要素，用根标线连接起来，形成一根信息标。然后，再把与曲别针有关的人类实践活动要素相分析，连成信息标，最后形成信息反应场。这时，现代思维之光，射入了这枚平常的曲别针，它马上变成了孙悟空手中神奇变幻的金箍棒。他从容地将信息反应场的坐标，不停地组切交合。

通过两轴推出一系列曲别针在数学中的用途，如，曲别针分别做成1，2，3，4，5，6，7，8，9，0，再做成+−×÷的符号，用来进行四则运算，运算出数量，就有1000万、1亿……在音乐上可创作曲谱；曲别针可做成英、俄、希腊等外文字母，用来进行拼读；曲别针可以与硫酸反应生成氢气；可以用曲别针做指南针；可以把曲别针串起来导电；曲别针是铁元素构成，铁与铜化合是青铜，铁与不同比例的几十种金属元素分别化合，生成的化合物则是成千上万种……实际上，曲别针的用途，几乎近于无穷！他在台上讲着，台下一片寂静。与会的人们被“思维魔王”深深地吸引着。

许国泰先生运用的方法就是发散思维法。

发散思维的概念，是美国心理学家吉尔福特在1950年以《创造力》为题的演讲中首先提出的，半个多世纪以来，引起了普遍重视，促进了创造性思维的研究工作。发散思维法又称求异思维、扩散思维、辐射思维等，它是一种从不同的方向、不同的途径和不同的角度去设想的展开型思考方法，是从同一来源材料、从一个思维出发点探求多种不同答案的思维过程，它能使人产生大量的创造性设想，摆脱习惯性思维的束缚，使人的思维趋于灵活多样。

发散思维要求人们的思维向四方扩散，无拘无束，海阔天空，甚至异想天开。通过思维的发散，要求打破原有的思维格局，提供新的结构、新的点子、新的思路、新的发现、新的创造，提供一切新的东西，特别是对于创造者可提供一种全新的思考方式。

许多发明创造者都是借助于发散思维获得成功的。可以说多数的科学家、思想家和艺术家的一生都十分注意运用发散思维进行思考。许多优秀的学生，在学习活动中也很重视发散思维的学习运用，因此获得了较佳的学习效果。

具有发散思维的人，在观察一个事物时，往往通过联想与想象，将思路扩展开来，而不仅仅局限于事物本身，也就常常能够发现别人发现不了的事物与规律。

正确答案并不只有一个

曾有这样一则故事，一位老师要为一个学生答的一道物理题打零分，而他的学生则声称他应得满分，双方争执不下，便请校长来做仲裁人。

试题是："试证明怎样利用一个气压计测定一栋楼的高度。"

学生的答案是："把气压计拿到高楼顶部，用一根长绳子系住气压计，然后把气压计从楼顶向楼下坠，直到坠到街面为止，然后把气压计拉上楼顶，测量绳子放下的长度，这长度即为楼的高度。"

这是一个有趣的答案，但是这学生应该获得称赞吗？校长知道，一方面这位学生应该得到高度评价，因为他的答案完全正确。另一方面，如果高度评价这个学生，就可以为他的物理课程的考试打高分；而高分就证明这个学生知道一些物理知识，但他的回答又不能证明这一点……

校长让这个学生用 6 分钟回答同一个问题，但必须在回答中表现出他懂一些物理知识……在最后一分钟里，他赶忙写出他的答案，它们是：把气压计拿到楼顶，让它斜靠在屋顶边缘，让气压计从屋顶落下，用秒表记下它落下的时间，然后用落

下时间中经过的距离等于重力加速度乘下落时间平方的一半算出建筑高度。

看了这个答案之后，校长问那位老师是否让步。老师让步了，于是校长给了这个学生几乎是最高的评价。正当校长准备离开办公室时，他记得那位学生说他还有另一个答案，于是校长问他是什么样的答案。学生回答说："啊，利用气压计测出一个建筑物的高度有许多办法，例如，你可以在有太阳的日子记下楼顶上气压计的高度及影子的长度，再测出建筑物影子的长度，就可以利用简单的比例关系，算出建筑物的高度。""很好，"校长说，"还有什么答案？""有啊，"那个学生说，"还有一个你会喜欢的最基本的测量方法。你拿那气压计，从一楼登梯而上，当你登梯时，用符号标出气压计上的水银高度，这样你可利用气压计的单位得到这栋楼的高度。这个办法最直接。当然，如果你还想得到更精确的答案，你可以用一根线的一段系住气压计，把它像一个摆那样摆动，然后测出街面g值和楼顶的。从两个g值之差，在原则上就可以算出楼顶高度。"最后他又说："如果不限制我用物理方法回答这个问题，还有许多其他方法。例如，你拿上气压计走到楼底层，敲管理员的门。当管理员应声时，你对他说下面一句话，'管理员先生，我有一个很漂亮的气压计。如果你告诉我这栋楼的高度，我将我的这个气压计送给您……'"

读完这个故事，我们被这个学生的智慧折服了。再静下来想一想，又会感叹："为什么人们总觉得只有一个正确答案呢？"

几乎从启蒙那天开始，社会、家庭和学校便开始向我们灌输这样的思想：每个问题只有一个答案；不要标新立异；这是规矩；那是白日做梦；等等。当然，就做人的行为准则而言，遵循一定的道德规范是对的，正所谓没有规矩，不成方圆。然而，对于思维方法的培养，制定唯一的准则这一做法是万万要不得的。如果对思维进行约束，则只能看到事物或现象的一个或少数几个方面；在思考问题时，我们也往往认为找到一个答案就万事大吉了，不愿意或根本想不到去寻找第二种，乃至更多的解决方案，因而难以产生大的突破。

在与人交流中碰撞出智慧

智慧与智慧交换，能得到更多、更有效的智慧，与他人交换想法，你会从中获得意想不到的启发，这也是有效利用发散思维的一种表现。

一位发明家曾经讲过这样一个故事：

有一家工厂的冲床因为操作不慎经常发生事故，以至于多名操作工手指致残。技术人员设计了许多方案，为了解决这一问题，就是要让冲床在操作工的手接近冲头时自动停车。他们先后采用红外线超声波、电磁波构成的许多复杂的检测控制系统，都因为成本高或性能不可靠等原因而放弃了。

正当技术人员一筹莫展时，他想到了交流，便带着自己的想法和工人们一块儿讨论，大家七嘴八舌，你一个点子，我一个想法，围绕避免事故这一中心，大家的建议就像放射性的线一样，射向四面八方，每一条线就是一种不同的方法。讨论了半天，最终确定了一个方案：让工人坐在椅子上操作，在椅子两边扶手上各装一个开关，只有它们同时接通时，冲床才能启动。

操作工两手都在按开关，怎么会发生事故呢？

这样一来，交换一下想法，在发散性的建议中得出最佳的方案，原本看似复杂的问题也得到了有效的解决。

杨振宁说过，当代科学研究，不仅要充分挖掘个人智慧，而且还要积极倡导一种团队智慧，各学科、各门类的人才坐在一起，实行智慧的大融合、大交流、大碰撞，才能实现团队智慧成果的最优化。他的这种观点可谓一针见血。美国的硅谷聚集了那么多高科技企业，那么多科技精英，大家“扎堆”的目的就是近距离地搭建一个交流平台，在信息大融合中，实现信息共享、智慧共享。

许多人都知道库仑定律。据说库仑早年是巴黎的一位中学教师，对电荷之间的相互作用力很感兴趣，想找出它们的规律，但始终苦于无法测量这种微小的力。法国大革命时期，库仑为求安宁去乡下暂住，对农家的纺车又发生了兴趣，看着用棉花纺的细细的纱线，觉得妙不可言。他随手抽断一根刚纺成的纱线，拿到眼前细看，注意到纱的接头总是向相反的方向卷曲，拧得越紧，反卷的圈数就越多。库仑便和纺纱的农妇交谈起来。

一位科学家和一位农妇的交谈随即引发了一个划时代的发现。

与农妇的交谈使库仑的思维更加发散，针对纱线卷曲的问题，库仑进行了许多方面的设想。最后，他终于意识到，根据纱线卷曲的程度可以度量扭力的大小，可以用同样的原理来测量电荷之间的作用力。不久，库仑回到巴黎，做出了一支利用细丝扭转角度测量力矩的极为灵敏的秤，精确测量了电荷的相互作用力与距离和电

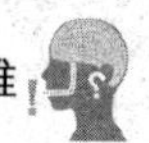

量的关系，发现了成为电学重要基础的库仑定律。

科学家与普通人之间的差别，比人们想象的要小得多，两者的交流，只有行业和性质的差别。事实证明，不同行业的交流具有极大的互补性，促使思维可以向更多的方向发散，得到更多的创见，以利于问题的解决。

每个人都需要与他人进行交流，一个人与世隔绝，两豆塞耳，必然孤陋寡闻，故步自封。你有一个水果，我有一个水果，交换后仍旧是一人一个。但是人的想法却不是如此，你有一个想法，我有一个想法，交换后每人至少有两个想法，由此还会衍生出许许多多其他的想法。这也是启发发散思维的好方法。

现在我们常说的“头脑风暴”方法就是大家在一起，就一个问题各抒己见，思想碰撞的一种方法。

当一群人围绕一个特定的兴趣领域产生新观点的时候，这种情境就叫作“头脑风暴”。由于会议使用了没有拘束的规则，人们就能够更自由地思考，进入思想的新区域，从而围绕一个中心点发散性地产生很多的新观点和问题解决方法。当参加者有了新观点和想法时，他们就大声说出来，然后在他人提出的观点之上建立新观点。

所有的观点被记录下来但不进行评估，只有头脑风暴会议结束的时候，才对这些观点和想法进行评估。

那么你就清楚了，头脑风暴会帮助你提出新的观点。你不但可以提出新观点，而且你将只需付出很少的努力。头脑风暴是个“尝试—检测”的过程。头脑风暴中应用什么技巧取决于你欲达到的目的。你可以应用它们来解决工作中的问题，也可以应用它们来发展你的个人生活。

如果你遵循头脑风暴的规则，那么你的个人风格无论是什么样，头脑风暴也会奏效。很自然，某些技巧和环境对一些人更适合，但是头脑风暴足够柔性化，能够适合每个人。

从无关之中寻找相关的联系

天底下许多事物，如果你仔细观察它们，就会发现一些共通的道理，这就是事物之间的相关性。我们在解决问题时可以有意识地进行发散思维，把由外部世界观察到的刺激与正在考虑中的问题建立起联系，使其相合。也就是将多种多样不相关的要素捏合在一起，以期获得对问题的不同创见。下面我们就来看一个事例。

福特汽车是美国最重要的汽车品牌之一，在全球的销售量也名列前茅。在创立之时，创办人亨利·福特一直思考着，要如何大量生产，降低单位成本，并提高在市场上的竞争力。

有一天晚上，亨利·福特对孩子说完三头小猪如何对抗野狼的故事后，突然产生一个想法，他可以去猪肉加工厂看看，或许会有一些新的发现。他参观了几家猪肉加工厂后，发现里面的作业采用天花板滑车运送肉品的分工方式，每个工人都有固定的工作，自己的部分做完后，将肉品推到下一个关卡继续处理，这样，肉品加工生产效率非常高。

亨利·福特立刻想到，肉品的作业方式也可以运用在汽车制造上。他之后和研发小组设计出一套作业流程，采用输送带的方式运送汽车零件，每个作业员只要负责装配其中的某一部分，不用像过去那样负责每部车的全部流程。亨利·福特所采用的分工作业，的确达到了他原先的要求，使得福特汽车成功地提高了全球的市场占有率，同时也变成不同车厂的作业标准。

他山之石，可以攻玉。我们常常可以从一些不相关的事物上获得灵感，这就是一种异中求同的归纳能力。当我们能在看来似乎毫无关联的对象中，找出更多的相同道理时，也就代表着我们能发掘更多的创意题材。因为这些相通之处，往往是其他人没有发现的，这也正是我们的成功机会。

猪肉和汽车，看似不具有相关性，但是猪肉加工厂的作业流程，却给了汽车工厂一个很好的工作模板。所以，我们也可以常常将这种异中求同的技巧运用在生活上。在我们的工作中，除了多观察同业的做法，异业也是值得观察和学习的对象。一位歌手，可以从一位老师身上看到他在讲台上如何表现，这对自己的舞台表演一定会有所帮助。一位清洁队员和一位大企业的董事长，有什么相通的地方？或许我们可以发现，他们都很节省，或者他们的体力都很好。

索尼公司的卯木肇也是一位善于从无关之中寻找相关联系的精英。

20 世纪 70 年代中期，索尼彩电在日本已经很有名气了，但是在美国却不被顾客所接受，因而索尼在美国市场的销售相当惨淡，但索尼公司没有放弃美国市场。后来，卯木肇担任了索尼国际部部长。上任不久，他被派往芝加哥。当卯木肇风尘

仆仆地来到芝加哥时，令他吃惊不已的是，索尼彩电竟然在当地的寄卖商店里蒙满了灰尘，无人问津。

如何才能改变这种既成的印象，改变销售的现状呢？卯木肇陷入了沉思……

一天，他驾车去郊外散心，在归来的路上，他注意到一个牧童正赶着一头大公牛进牛栏，而公牛的脖子上系着一个铃铛，在夕阳的余晖下叮当叮当地响着，后面是一大群牛跟在这头公牛的屁股后面，温驯地鱼贯而入……此情此景令卯木肇一下子茅塞顿开，他一路上吹着口哨，心情格外开朗。想想一群庞然大物居然被一个小孩儿管得服服帖帖的，为什么？还不是因为牧童牵着一头带头牛。索尼要是能在芝加哥找到这样一只“带头牛”商店来率先销售，岂不是很快就能打开局面？卯木肇为自己找到了打开美国市场的钥匙而兴奋不已。

马歇尔公司是芝加哥市最大的一家电器零售商，卯木肇最先想到了它。为了尽快见到马歇尔公司的总经理，卯木肇第二天很早就去求见，但他递进去的名片却被退了回来，原因是经理不在。第三天，他特意选了一个估计经理比较闲的时间去求见，但回答却是“外出了”。他第三次登门，经理终于被他的诚心所感动，接见了他，却拒绝卖索尼的产品。经理认为索尼的产品降价拍卖，形象太差。卯木肇非常恭敬地听着经理的意见，并一再表示要立即着手改变商品形象。

回去后，卯木肇立即从寄卖店取回货品，取消削价销售，在当地报纸上重新刊登大面积的广告，重塑索尼形象。

经过卯木肇的不懈努力，他的诚意终于感动了马歇尔公司，索尼彩电终于挤进了芝加哥的“带头牛”商店。随后，进入家电的销售旺季，短短一个月内，竟卖出 700 多台。索尼和马歇尔从中获得了双赢。

有了马歇尔这只“带头牛”开路，芝加哥的 100 多家商店都对索尼彩电群起而销之，不出 3 年，索尼彩电在芝加哥的市场占有率达到了 30%。

不善于运用发散思维和没有敏感度的人也许很难在“小孩子牵牛”与“寻找开拓市场的方法”之间找到什么相关联的因素，就像常人难以想象“猪肉加工”与“汽车制造”有什么相通之处一样。但是，亨利·福特与卯木肇在发散思维的运用方面为我们做了一个榜样。由此，我们也可以看出，从无关之中找相关需要我们的思维足够灵活，有较强的敏感性，在获取某种外界刺激后能够很快地将该事物与自己所遇到的问题进行联系，这样，不但有效地解决了问题，而且取得了卓越的成绩。

由特殊的“点”开辟新的方法

擅长发散思维的人往往会撇开众人常用的思路，尝试多种角度的考虑方式，从他人意想不到的“点”去开辟问题的新解法。所以，在进行发散性的思维训练时，其首要因素便是要找到事物的这个“点”进行扩散。

下面这个故事就是一个巧用特殊“点”的例子。

华若德克是美国实业界的大人物。在他未成名之前，有一次，他带领属下参加在休斯敦举行的美国商品展销会。令他十分懊丧的是，他被分配到一个极为偏僻的角落，而这个角落是绝少有人光顾的。

为他设计摊位布置的装饰工程师劝他干脆放弃这个摊位，因为在这种恶劣的地理条件下，想要成功展览几乎是不可能的。

华若德克沉思良久，觉得自己若放弃这一机会实在是太可惜了。可不可以将这个不好的地理位置通过某种方式化解，使之变成整个展销会的焦点呢?

他想到了自己创业的艰辛，想到了自己受到的展销大会组委会的排斥和冷眼，想到了摊位的偏僻，他的心里突然涌现出偏远非洲的景象，觉得自己受着不应有的歧视。他走到了自己的摊位前，心中充满感慨，灵机一动：既然你们都把我看成非洲难民，那我就扮演一回非洲难民给你们看！于是一个计划应运而生。

华若德克让设计师为他营造了一个古代宫殿式的氛围，围绕着摊位布满了具有浓郁非洲风情的装饰物，把摊位前的那一条荒凉的大路变成了黄澄澄的沙漠。他安排雇来的人穿上非洲人的服装，并且特地雇用动物园的双峰骆驼来运输货物，此外他还派人定做了大批气球，准备在展销会上用。

展销会开幕那天，华若德克挥了挥手，顿时展览厅里升起无数的彩色气球，气球升空不久自行爆炸，落下无数的胶片，上面写着：“当你拾起这小小的胶片时，亲爱的女士和先生，你的好运就开始了，我们衷心祝贺你。请到华若德克的摊位，接受来自遥远非洲的礼物。”

这无数的碎片洒落在热闹的人群中，于是一传十，十传百，消息越传越广，人们纷纷集聚到这个本来无人问津的摊位前。强烈的人气给华若德克带来了非常可观的生意和潜在商机，而那些黄金地段的摊位反而遭到了人们的冷落。

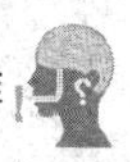

华若德克为自己找到了一个特殊的“点”，那就是将自己的特殊位置加以利用，赋予新的定位与含义，起到吸引顾客的目的。

发散思维是有独创性的，它表现在思维发生时的某些独到见解与方法，也就是说，对刺激做出非同寻常的反应，具有标新立异的成分。

比如设计鞋子，常规的设计思路是从鞋子的款式、用料着手，进行各种变化，但万变不离其宗。运用发散思维，则可以从鞋子的功能这一特殊的“点”入手。那么鞋有哪些功能呢？

鞋可以“吃”。当然不是用嘴吃，而是用脚吃。即可以在鞋内加入药物，治疗各种疾病。按此思路下去，可开发出多种预防、治疗疾病的鞋子。

鞋还可以“说话”。设计一种走路的时候会响起音乐的鞋子一定会受到小孩子的欢迎。

鞋可以“扫地”。设计一种带静电的鞋子，在家里走路的时候，可以把尘土吸到鞋底上，使房间在不经意间变干净。

鞋还可以“指示方向”。在鞋子中安装指南针，调到所选择的方向，当方向发生偏离时，便会发出警报，这对野外考察探险的人来说，是很有用处的。

这就是通过鞋子的功能这个“点”挖掘出来的潜在创意。生活中，我们需要细心地观察，找出这个特殊的“点”，由此展开，便可以收到意想不到的效果。

美国推销奇才吉诺·鲍洛奇的一段经历也向我们证明了这一理念。

一次，一家贮藏水果的冷冻厂起火，等到人们把大火扑灭，才发现有18箱香蕉被火烤得有点发黄，皮上还沾满了小黑点。水果店老板便把香蕉交到鲍洛奇的手中，让他降价出售。那时，鲍洛奇的水果摊设在杜鲁茨城最繁华的街道上。

一开始，无论鲍洛奇怎样解释，都没人理会这些“丑陋的家伙”。无奈之下，鲍洛奇认真仔细地检查那些变色香蕉，发现它们不但一点没有变质，而且由于烟熏火烤，吃起来反而别有风味。

第二天，鲍洛奇一大早便开始叫卖：“最新进口的阿根廷香蕉，南美风味，全城独此一家，大家快来买呀！”当摊前围拢的一大堆人都举棋不定时，鲍洛奇注意到一位年轻的小姐有点心动了。他立刻殷勤地将一只剥了皮的香蕉送到她手上，说：“小姐，请你尝尝，我敢保证，你从来没有尝过这样美味的香蕉。”年轻的小姐一尝，香蕉的风味果然独特，价钱也不贵，而且鲍洛奇还一边卖一边不停地说：

“只有这几箱了。”于是，人们纷纷购买，18 箱香蕉很快销售一空。

从上述案例中我们可以看出，发散思维有着巨大的潜在能量，它通过搜索所有的可能性，激发出一个全新的创意。这个创意重在突破常规，它不怕奇思妙想，也不怕荒诞不经。沿着可能存在的点尽量向外延伸，或许，一些由常规思路出发根本办不成的事，其前景便很有可能柳暗花明、豁然开朗。

依靠发散性思维进行发散性的创造

发散思维法的特点是以一点为核心，以辐射状向外散射。在生产、生活中，我们可以利用这种思维法来进行发散性的创造。若以一个产品为核心，可以发掘它的各种不同的功能，开发出各种各样的新产品。如围绕电熨斗这个产品，开发出了透明蒸汽电熨斗、自动关熄熨斗、自动除垢熨斗、电脑装置熨斗，等等。这些产品满足了生活中不同人群的不同需求。

下面这个故事也是围绕产品开发的一个典型例子，从中我们可以体会到发散思维法的应用价值。

1956 年，松下电器公司与日本另一家电器制造厂合资，设立了大孤精品电器公司，专门制造电风扇。当时，松下幸之助委任松下电器公司的西田千秋为总经理，自己则担任顾问。这家公司的前身是专做电风扇的，后来又开发了民用排风扇。但即使如此，产品还是显得比较单一。西田千秋准备开发新的产品，试着探询松下的意见。松下对他说：“只做风的生意就可以了。”当时松下的想法，是想让松下电器的附属公司尽可能专业化，以期有所突破。可是松下电器的电风扇制造已经做得相当卓越，完全有实力开发新的领域。但是，松下给西田的却是否定的回答。

然而，聪明的西田并未因松下这样的回答而灰心丧气。他的思维极其灵活而机敏，他紧盯住松下问道：“只要是与风有关的任何产品都可以做吗？”松下并未仔细品味此话的真正意思，但西田所问的与自己的指示很吻合，所以他毫不犹豫地回答说：“当然可以了。”

5 年之后，松下又到这家工厂视察，看到厂里正在生产暖风机，便问西田：“这是电风扇吗？”西田说：“不是，但是它和风有关。电风扇是冷风，这个是暖风，你说过要我们做风的生意，难道不是吗？”后来，西田千秋一手操办的松下精工的

“风家族”，已经非常丰富了。除了电风扇、排风扇、暖风机、鼓风机之外，还有果园和茶圃的防霜用换气扇、培养香菇用的调温换气扇、家禽养殖业的棚舍调温系统等。

松下的一句“只做风的生意就可以了”被西田千秋用发散思维发挥到了极致，围绕风开发出了许许多多适合不同市场的优质产品，为松下公司创造了一个又一个的辉煌。这也体现了发散思维的神奇魅力。

第三章

逆向思维——答案可能就在事物的另一面

逆向思维是一种重要的思考能力

逆向思维法又称反向思维法，是指为实现某一创新或解决某一用常规思路难以解决的问题，而采用反向思维寻求解决问题的方法。它主要包括反转型逆向思维法、转换型逆向思维法、缺点逆用法和反推因果法。

逆向思维法的魅力之一，就是对某些事物或东西，从反面进行利用。运用逆向思维是一种创造能力。

逆向思维就是大违常理，从反面进行探索问题和解决问题的思维。

南唐后主李煜派博学善辩的徐铉到大宋进贡。按照惯例，大宋朝廷要派一名官员与其使者入朝。朝中大臣都认为自己辞令比不上徐铉，谁都不敢应战，最后反映到宋太祖那里。

太祖的做法大大出乎众人意料，命人找 10 名不识字的侍卫，把他们的名字写上送进宫，太祖用笔随便圈了个名字，说："这人可以。"在场的人都很吃惊，但也不敢提出异议，只好让这个还未明白是怎么回事的侍卫前去。

徐铉见了侍卫，滔滔不绝地讲了起来，侍卫根本搭不上话，只好连连点头。徐铉见来人只知点头，猜不出他到底有多大能耐，只好硬着头皮讲。一连几天，侍卫还是不说话，徐铉也讲累了，于是也不再吭声。

这就是历史上有名的宋太祖以愚困智解难题之举。

照一般的做法：对付善辩的人，应该是找一个更善辩的人，但宋太祖偏偏找一个不认识字的人去应对。这样一来，反倒引起了善辩高手的猜疑：认为陪伴自己的

人，是代表宋朝“国家级水平”的人，既猜不透，又不敢放肆。以愚困智，只因智之长处，根本无法发挥，这实际上是一种“化废为宝”的逆向思维方式。逆向思维对经营或者技术发明同样具有很大的创新意义。

1820 年，丹麦哥本哈根大学物理学教授奥斯特，通过多次实验证实存在电流的磁效应。这一发现传到欧洲大陆后，吸引了许多人参加电磁学的研究。英国物理学家法拉第怀着极大的兴趣重复了奥斯特的实验。果然，只要导线通上电流，导线附近的磁针立即会发生偏转，他深深地被这种奇异现象所吸引。当时，德国古典哲学中的辩证思想已传入英国，法拉第受其影响，认为电和磁之间必然存在联系并且能相互转化。他想既然电能产生磁场，那么磁场也能产生电。

为了使这种设想能够实现，他从 1821 年开始做磁产生电的实验。几次实验都失败了，但他坚信，从反向思考问题的方法是正确的，并继续坚持这一思维方式。

10 年后，法拉第设计了一种新的实验，他把一块条形磁铁插入一只缠着导线的空心圆筒里，结果导线两端连接的电流计上的指针发生了微弱的转动，电流产生了！随后，他又完成了各种各样的实验，如两个线圈相对运动，磁作用力的变化同样也能产生电流。

法拉第 10 年不懈的努力并没有白费，1831 年他提出了著名的电磁感应定律，并根据这一定律发明了世界上第一台发电装置。

如今，他的定律正深刻地改变着我们的生活。

法拉第成功地发现电磁感应定律，是运用逆向思维方法的一次重大胜利。传统观念和思维习惯常常阻碍着人们的创造性思维活动的展开，逆向思维就是要冲破框架，从现有的思路返回，从与它相反的方向寻找解决难题的办法。常见的方法是就事物的结果倒过来思考，就事物的某个条件倒过来思考，就事物所处的位置倒过来思考，就事物起作用的过程或方式倒过来思考。生活实践也证明，逆向思维是一种重要的能力，它对于人才的创造能力及解决问题能力的培养具有相当重要的意义。

反转你的大脑

人一旦形成了某种认知，就会习惯地顺着这种思维定式去思考问题，习惯性地按老办法想当然地处理问题，不愿也不会转个方向解决问题，这是很多人都有的一种愚顽的“难治之症”。这种人的共同特点是习惯于守旧、迷信盲从，所思所行都是唯上、唯书、唯经验，不敢越雷池一步。而要使问题真正得以解决，往往要废除这种认知，将大脑“反转”过来。

美国的一个城市有座著名的高层大厦，因客人不断增多，很多人常常被堵在电梯口。大厦主人决定增建一座电梯。电梯工程师和建筑师为此反复勘察了现场，研究再三，决定在各楼层凿洞，再安装一部新电梯。不久，图纸设计好了，施工也已准备就绪。这时，一个清洁工人听说要把各层地板凿开装电梯，便说：

“这可要搞得天翻地覆喽！”

“是啊！”工程师回答说。

“那么，这个大厦也要停止营业了？”

“不错，但是没有别的办法。如果再不安装一部电梯，情况比这更糟。”

“要是我呀，就把新电梯安装在大楼外边。”清洁工不以为然地说。

没料到，这个“不以为然”的想法，竟成为世界上把电梯安装在大楼外边的“首创”者。

有人也许会问，论知识水平，工程师比清洁工高得多，可为什么想不到这一点呢？说来也不奇怪。原来在这两位工程师的心目中，楼梯不管是木制的、混凝土的还是电动的，都是建在楼内之梯。如今要新增电梯，理所当然也只能建在楼内、楼外，他们连想也没想过。

清洁工人却根本没有这个思维定式。她所想的是实际问题：怎样才能不影响公司正常营业，她本人也不至于失去工作？于是她便很自然地提出把新电梯建在楼外的想法。

言者无意，听者有心。清洁工的一句话打破了两位工程师的思维习惯，开通了他们的创新思路。世界上第一部大楼外安装的电梯就这样诞生了。

事实表明，一个人只要陷入思维定式，他的思维便会自我封闭。要想突破束缚和禁锢，提高自己的思维能力，就必须时刻注意反转你的大脑。

有一家旅馆的经理，对于旅馆内的一些物品经常被住宿的旅客顺手牵羊的事情感到头痛，却一直想不出很有效的对策来。

他嘱咐属下在客人到柜台结账时，要迅速派人去房内查看是否有什么东西不见了。结果客人都在柜台前等待，直到房务部人员查清楚之后才能结账，不但结账太

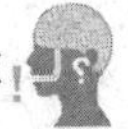

慢，而且觉得面子挂不住，下一次再也不住这个旅馆了。

旅馆经理觉得这样下去不是办法，于是召集了各部门主管，想想有什么更好的法子，能制止旅客顺手牵羊。

几个主管围坐在一起冥思苦想了一番。一位年轻主管忽然说："既然旅客喜欢，为什么不让他们带走呢？"

旅馆经理一听瞪大了眼睛，这是哪门子的馊主意？

年轻主管急忙挥挥手表示还有下文，他说："既然顾客喜欢，我们就在每件东西上标价。说不定还可以有额外收入呢！"

大家眼睛都亮了起来，兴奋地按计划进行。

有些旅客喜欢顺手牵羊，并非蓄意偷窃，而是因为很喜欢房内的物品，下意识觉得既然付了这么贵的房租，为什么不能取回家做纪念品，而且又没明文规定哪些不能拿，于是，就故意装糊涂拿走一些小东西。

针对这一点，这家旅馆给每样东西都标上了标价，说明客人如果喜欢，可以向柜台登记购买。在这家旅馆之内，忽然多出了好多东西，像墙上的画、手工艺品、有当地特色的小摆饰、漂亮的桌布，甚至柔软的枕头、床罩、椅子等用品都有标价。如此一来，旅馆里里外外都布置得精致无比，给客人们的印象好极了。

这家旅馆的生意竟然越来越好了！

反转大脑，要求我们深入考察问题，发现问题的根源所在。就像文中这位年轻的主管，他发现客人"顺手牵羊"并非想占便宜，而是真心喜欢旅馆的装饰品，那么，解决的方法很简单：明码标价，卖给他们就行了。在平时的工作学习中，我们也不要让自己陷入思维的死胡同，要懂得适时反转自己的大脑，运用逆向思维，以使问题获得解决。

试着"倒过来想"

很多时候，你只从一个角度去想事情，很可能让自己的想法进入死胡同，无法寻求到解决问题的有效方法。甚至有些时候，问题非常棘手，从正面或侧面根本没法解决。这个时候，如果你试着倒过来想，没准就会有出乎意料的惊喜！

有这样一个故事：

古时候，一位老农得罪了当地的一个富商，被其陷害关入了大牢。当地有这样一项法律：当一个人被判死刑，还可以有一次拈阄的机会，只有生死两签，要么判处死刑，要么救下一命，改为流放。

陷害老农的富商，怕这个老农运气好，抓了个生签，便决定买通制阄人，要两签均为“死”。老农的女儿探知这一消息，大为震惊，认为父亲必死无疑。但老农一听此事，反倒喜形于色：“我有救了。”执行之日，老农果然轻易得活，让家人和陷害者大吃一惊。

他用的是什么方法呢？原来，当要拈阄时，老农随便抓一个往口里一丢，说：“我认命了，看余下的是什么吧？”结果打开一看，确实是“死”。制阄人自然不敢说自已造了假，于是断定其所抓之阄是“生”。老农死里逃生。

这就是“倒过来想”的魅力！在遇到问题时，多从对立面想一想，既能把坏事变好事，又能发现许多创造的良机。

20世纪60年代中期，全世界都在研究制造晶体管的原料——锗，大家认为最大的问题是如何将锗提炼得更纯。

索尼公司的江崎研究所，也全力投入了一种新型的电子管研究。为了研究出高灵敏度的电子管，人们一直在提高锗的纯度上下功夫。当时，锗的纯度已达到了99.9999999%，要想再提高一步，真是比登天还难。

后来，有一个刚出校门的黑田由子小姐，被分配到江崎研究所工作，担任提高锗纯度的助理研究员。这位小姐比较粗心，在实验中老是出错，免不了受到江崎博士的批评。后来，黑田小姐发牢骚说：“看来，我难以胜任这提纯的工作，如果让我往里掺杂质，我一定会干得很好。”

不料，黑田小姐的话突然触动了江崎的思绪，如果反过来会如何呢？于是，他真的让黑田小姐一点一点地向纯锗里掺杂质，看会有什么结果。

于是，黑田小姐每天都朝相反的方向做实验，当黑田把杂质增加到1000倍的时候（锗的纯度降到了原来的一半），测定仪器上出现了一个大弧度的局限，几乎使她认为是仪器出了故障。黑田小姐马上向江崎报告了这一结果。江崎又重复多次这样的试验，终于发现了一种最理想的晶体。接着，他们又发明出自动电子技术领域的新型元件，使用这种电子晶体技术，电子计算机的体积缩小到原来的1/4，运行速度提高了十多倍。此项发明一举轰动世界，江崎博士因此获得了诺贝尔物理

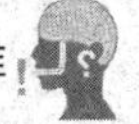

学奖。

倒过来想就是如此神奇，看似难以解决的问题，从它的反面来考虑，立刻迎刃而解了。这种方法不只适用于科学研究，在企业经营中也能催生出一些好的策略。

北京某制药企业刚刚生产一种特效药，价钱比较高，企业又没有很多预算做广告和促销，所以销量一直不是很高。有一天，企业在运货过程中无意将一箱药品丢失，面临几万元的损失。面对这样一个突发事件，企业的领导层没有简单地惩罚当事人了事，而是将问题倒过来想，试图从问题的反方向来解决，并迅速形成了一个意在营销的决策：马上在各个媒体上发表声明，告诉公众自己丢失了一箱某种品牌的特效药，价值名贵，疗效显著，但是需要在医生指导下服用，因此企业本着对消费者负责的态度，希望拾到者能将药品送回或妥善处理而不要擅自服用。企业最终并没有找到丢失的药品，但是声明过后，通过媒体、读者茶余饭后的口口相传，消费者对该药品、品牌和企业的认识度与信赖感明显提高。很快，药品的知名度和销量迅速上升，这个创意为企业创造的效益已经远远高于丢失药品导致的损失了。

“倒过来想”的方法可以拓展我们的思维广度，为问题的解决提供一个新的视角。我们已经习惯了“正着想问题”的思维模式，偶尔尝试着“倒过来想”，也许你会收到“柳暗花明又一村”的效果。

反转型逆向思维法

反转型逆向思维法是指从已知事物的相反方向进行思考，寻找发明构思的途径。

“事物的相反方向”常常从事物的功能、结构、因果关系三个方面进行反向思维。

火箭首先是以“往上发射”的方式出现的，后来，苏联工程师米海依却运用此方法，终于设计、研究成功了“往下发射”的钻井火箭、穿冰层火箭、穿岩石火箭等，统称为钻地火箭。

科技界把钻地火箭的发明视为引起了一场“穿地手段”的革命。

原来的破冰船起作用的方式都是由上向下压，后来有人运用反转型逆向思维法，研制出了潜水破冰船。这种破冰船将“由上向下压”改为“从下往上顶”，既减少了动力消耗，又提高了破冰效率。

隧道挖掘的传统的方法是：先挖洞，挖过一段距离后，便开始打木桩，用以支撑洞壁，然后再继续往前挖；有了一段距离后，再用木桩支撑洞壁，这样一段一段连接起来，便成了隧道。

这样的挖法，要是碰上坚硬的岩石算是走运，一旦碰上土质疏松的地段，麻烦就大了。有时还会造成塌方而把已经挖好的隧道堵死，甚至会有人员伤亡。

美国有一位工程师解决了这一难题。他对原有的挖掘方法采取了“倒过来想”的思考方式，对挖掘隧道的过程采取颠倒的做法：先按照隧道的形状和大小，挖出一系列的小隧道，然后往这些小隧道内灌注混凝土，使它们围拢成一个大管子，形成隧道的洞壁。

洞壁确定以后，接下来再用打竖井的方法挖洞。实践证明，这种先筑洞壁、后挖洞的新方法，不仅可以避免洞壁倒塌，而且可以从隧道的两头同时挖掘，既省工又省时，效果非常显著，世界上许多国家都采纳了这一方法。

反转型逆向思维法针对事物的内部结构和功能从相反的方向进行思考，对于事物结构与功能的再造有着突出的作用。它的应用范围很广泛，商业办公中常用的防影印纸便是这种思维方法下的产物。

格德纳是加拿大一家公司的普通职员。一天，他不小心碰翻了一个瓶子，瓶子里装的液体浸湿了桌上一份正待复印的文件。文件非常重要。格德纳很着急，心想这下可闯祸了，文件上的文字可能看不清了。他赶紧抓起文件来仔细察看，令他感到奇怪的是，文件上被液体浸染的部分，其字迹依然清晰可见。

当他拿去复印时，又一个意外情况出现了，复印出来的文件，被液体污染后很清晰的那部分，竟变成了一团黑斑，这又使他转喜为忧。为了消除文件上的黑斑，他绞尽脑汁，但一筹莫展。突然，他头脑中冒出一个针对“液体”与“黑斑”倒过来想的念头。自从复印机发明以来，人们不是为文件被盗印而大伤脑筋吗？为什么不以这种“液体”为基础，化其不利为有利，而研制一种能防止盗印的特殊液体呢？

格德纳利用这种逆向思维，经过长时间艰苦努力，最终把这种产品研制成功。但他最后推向市场的不是液体，而是一种深红的影印纸，并且销路很好。

从上述案例可知，反转型逆向思维法在发明应用实践中，有的是方向颠倒，有的则是结构倒装，或者功能逆用。运用这种思维方法时，首要的是找准“正”与“反”两个对立统一的思维点，然后再寻找突破点。像大与小、高与低、热与冷、长与短、白与黑、歪与正、好与坏、是与非、古与今、粗与细、多与少等，都可以构成逆向思维。大胆想象，反中求胜，也许会有意想不到的收获。

转换型逆向思维法

转换型逆向思维法是指在研究一问题时，由于解决某一问题的手段受阻，而转换成另一种手段，或转换思考角度，以使问题顺利解决的思维方法。

有这样一则故事：

一位大富豪走进一家银行。

“请问先生，您有什么事情需要我们效劳吗？”贷款部营业员一边小心地询问，一边打量着来人的穿着：名贵的西服、高档的皮鞋、昂贵的手表，还有镶宝石的领带夹……“我想借点钱。”“完全可以，您想借多少呢？”“1美元。”“只借1美元？”贷款部的营业员惊愕地张大了嘴巴。“我只需要1美元。可以吗？”贷款部营业员的大脑立刻高速运转起来，这人穿戴如此阔气，为什么只借1美元？他是在试探我们的工作质量和服务效率吧？他装出高兴的样子说：“当然，只要有担保，无论借多少，我们都可以照办。”

“好吧。”只见大富豪从豪华的皮包里取出一大堆股票、债券等放在柜台上，“这些作担保可以吗？”

营业员清点了一下：“先生，总共50万美元，作担保足够了，不过先生，您真的只借1美元吗？”

“是的，我只需要1美元。有问题吗？”

“好吧，请办理手续，年息为6%，只要您付6%的利息，且在一年后归还贷款，我们就把这些作担保的股票和证券还给您……”

大富豪办完手续正要走，一直在一边旁观的银行经理怎么也弄不明白，一个拥有50万美元的人，怎么会跑到银行来借1美元呢？

他追了上去：“先生，对不起，能问您一个问题吗？”

“当然可以。”

“我是这家银行的经理，我实在弄不懂，您拥有 50 万美元的家当，为什么只借 1 美元呢？”

“好吧！我不妨把实情告诉你。我来这里办一件事，随身携带这些票券很不方便，问过几家金库，要租他们的保险箱租金都很昂贵。所以我就到贵行将这些东西以担保的形式寄存了，由你们替我保管，况且利息很低，存一年才不过 6 美分……”

经理如梦方醒，但他也十分钦佩这位先生，他的做法实在太高明了。

这位大富豪巧妙地运用了转换型逆向思维法，为了规避昂贵的租金，他转换另一种手段，从反方向思考，将随身财物作为贷款抵押，每年只需付极少的利息，就轻松地解决了问题。

这是一种非同寻常的智慧，需要我们的思路保持灵活，不受传统观念或习惯所拘束。据说，鞋子的产生也源于转换型逆向思维法的运用。

很久以前，还没有发明鞋子，所以人们都赤着脚，即使是冰天雪地也不例外。有一个国家的国王喜欢打猎，他经常出去打猎，但是他进出都骑马，从来不徒步行走。

有一回他在打猎时偶尔走了一段路，可是真倒霉，他的脚让一根刺扎了。他痛得“哇哇”直叫，把身边的侍从大骂了一顿。第二天，他向一个大臣下令：一星期之内，必须把城里大街小巷统统铺上毛皮。如果不能如期完工，就要把大臣绞死。一听到国王的命令，那个大臣十分惊讶。可是国王的命令怎么能不执行呢？他只得全力照办。大臣向自己的下属官吏下达命令，官吏们又向下面的工匠下达命令。很快，往街上铺毛皮的工作就开始了，声势十分浩大。

铺着铺着就出现了问题，所有的毛皮很快就用完了。于是，不得不每天宰杀牲口。一连杀了成千上万的牲口，可是铺好的街还不到百分之一。

离限期只有两天了，急得大臣消瘦了许多。大臣有一个女儿，非常聪明。她对父亲说：“这件事由我来办。”

大臣苦笑了几声，没有说话。可是姑娘坚持要帮父亲解决难题。她向父亲讨了两块皮，按照脚的模样做了两只皮口袋。

第二天，姑娘让父亲带她去见国王。来到王宫，姑娘先向国王请安，然后说：

"大王，您下达的任务，我们都完成了。您把这两只皮口袋穿在脚上，走到哪儿去都行。别说小刺，就是钉子也扎不到您的脚！"

国王把两只皮口袋穿在脚上，然后在地上走了走。他为姑娘的聪明而感到惊奇，穿上这两只皮口袋走路舒服极了。

国王下令把铺在街上的毛皮全部揭起来。很快，揭起来的毛皮堆成了一座山，人们用它们做了成千上万双鞋子，而且想出了许多不同的样式。

许多人遇到问题便为其所困，找不到解决的办法，实际上，如果能换个角度看问题，有时一个看似很困难的问题也可以用巧妙的方法轻松解决。这就需要我们在生活中培养这种多角度看问题的能力。

缺点逆用思维法

缺点逆用思维法是一种利用事物的缺点，将缺点变为可利用的东西，化被动为主动，化不利为有利的思维方法。

美国的"饭桶演唱队"就是运用缺点逆用思维法，"炒作"自己的缺点，从而一举成名的。

"饭桶演唱队"的前身是"三人迪斯科演唱队"，由三名肥胖得出奇的小伙子组成，演唱的题材大多是关于食品、吃喝和胖子等笑料，很受市民欢迎。有一次在欧洲演出，有家旅店的经理见他们个个又肥又胖，穿上又宽又大的演出服，简直与三只大桶一般无二，于是嘲笑他们，建议他们创作一首"饭桶歌"唱唱，说这会相得益彰。经理本是奚落嘲弄，三个胖小伙也着实又恼又怒，但恼怒之后便兴高采烈了。对，肥胖就肥胖，干脆将"三人迪斯科演唱队"改为"三人饭桶演唱队"，而且即兴创作了《饭桶歌》。第一天演唱便赢得了观众如雷的掌声。三人录制的《三个大饭桶》唱片，一上市便是 10 万张，几天即被抢购一空。

从这个故事可以看出来，缺点固然有其不足的一面，但发现缺点、认定缺点、剖析缺点并积极地寻求克服或者利用它的方法往往能创造一个契机，找到一个出发点。俗话说得好，有一弊必有一利，利弊关系的这种统一属性，正是新事物不断产生的理论和实践基础。

法国有一名商人，在航海时发现，海员十分珍惜随船携带的淡水，自然知道了浩渺无垠的辽阔大海尽管气象万千，但大海的水却可望而不可喝。应当说，这是海水的缺点，几乎所有的人都了解这一点。商人却认真地注意起这个大海的缺点来，它咸，它苦，与清甜的山泉相比，简直不能相提并论，难道它当真只能被人们所厌恶？想着想着，他突发奇想，如果将苦咸的海水当做辽阔而深沉的大海奉献给从未见过大海的人们，又会怎样呢？于是他用精巧的器皿盛满海水，作为“大海”出售，而且在说明书中宣称：烹调美味佳肴时，滴几滴海水进去，美食将更添特殊风味。反响是异乎寻常的强烈，家庭主妇们将“大海”买去，尽情观赏之后，让它一点一滴地走上餐桌，她们为此乐不可支。

这种在缺点上做文章、由缺点激发创意的方法越来越广泛地被应用，也取得了较好的结果。在运用此方法时，我们还应注意对缺点保持一种积极而审慎的态度，还可以尝试使事物的缺点更加明显，也许会收到物极必反的效果。

曾有个纺纱厂因设备老化，造成织出的纱线粗细不均，眼看就要产生一批残品，遭受到重大的损失，老板很是头痛。

这时，一位职员提出，不如“将错就错”，将纱线制成衣服，因为纱线有粗有细，衣服的纹路也不同寻常，也许会受到消费者的欢迎。

老板觉得有道理，便听从了职员的建议。果然，这样制成的衣服具有古朴的风格，相当有个性，很受大众的欢迎，推出不久便销售一空。就这样，本会赔本的“残品”却卖出了好价钱，获得了更多的利润。

其实，任何事物都没有绝对的好与坏，从一个角度看是缺点，换一个角度看也许就变成了优点，对这一“缺点”加以合理利用，就可以收到化不利为有利的效果。

反面求证：反推因果创造

某些事物是互为因果的，从这一方面，可以探究到另一与其对立的方面。

据说爱因斯坦设计过一个智力测验的题目：

有一个商人，想要雇用一名得力的助手，他想到了一个测试方法，由前来应聘的两位应聘者之中，选择一位最聪明的人作为助手。

他让A和B同时进入一间没有窗户，而且除了地上的一个盒子外，空无一物

的房间内。商人指着盒子对两个人说："这里有五顶帽子，有两顶是红色的，三顶是黑色的，现在我把电灯关上，我们三个人从盒子里每人摸出一顶帽子戴在头上，戴好帽子打开灯后，你们要迅速地说出自己所戴帽子的颜色。"

灯关了后，两人都看到商人的头上是一顶红帽子，又对望了一会儿，都迟疑地不敢说出自己头上的帽子是什么颜色。

忽然，B叫一声："我戴的是黑帽子！"

为什么呢？

商人的头上是顶红帽子，那么就还剩下一顶红帽子和三顶黑帽子。B见A迟疑着无法立刻说出答案，所以就认定了自己头上是顶黑帽子。因为如果B头上是顶红帽子，那么A就会马上说他头上戴的是黑帽子，怎么会迟疑呢？

B假定自己头上戴的是红帽子，但是发现对方在迟疑，于是得到了答案。

这个推理就是由结果向前推的逆向思维，这种方法在发明创造方面也发挥着重要的作用。

1877年8月的一天，美国大发明家爱迪生为了调试电话的送话器，在用一根短针检验传话膜的振动情况时，意外地发现了一个奇特的现象：手里的针一接触到传话膜，随着电话所传来声音的强弱变化，传话膜产生了一种有规律的颤动。这个奇特的现象引起了他的思考，他想：如果倒过来，使针发生同样的颤动，不就可以将声音复原出来，不也就可以把人的声音贮存起来吗？

循着这样的思路，爱迪生着手试验。经过四天四夜的苦战，他完成了留声机的设计。爱迪生将设计好的图纸交给机械师克鲁西后不久，一台结构简单的留声机便制造出来了。爱迪生还拿它去当众做过演示，他一边用手摇动铁柄，一边对着话筒唱道："玛丽有一只小羊，它的绒毛白如霜……"然后，爱迪生停下来，让一个人用耳朵对着受话器，他又把针头放回原来的位置，再摇动手柄，这时，刚才的歌声又在这个人的耳边响了起来。

留声机的发明，使人们惊叹不已。报刊纷纷发表文章，称赞这是继贝尔发明电话之后的又一伟大创造，是19世纪的又一个奇迹。

爱迪生的成功，就在于他有了这样一种互为因果的思路：声音的强弱变化使传话膜产生了一种有规律的颤动，如果倒过来，使针发生同样的颤动，就可以将声音复原出来，因而也就可以把声音贮存起来！

这实际上是一种互为因果的反面求证法。当我们遇到同样情况的时候，就可以尝试从反面来推其因果，说不定也会有类似的创造成果产生。

如果找不到解决办法，那就改变问题

一件事情如果找不到解决的办法怎么办？一般的人也许会告诉你："那只能放弃了。"但善于运用逆向思维的杰出人士却会这样说："找不到办法，那就改变问题！"

在19世纪30年代的欧洲大陆，一种方便、价廉的圆珠笔在书记员、银行职员甚至是富商中流行起来。制笔工厂开始大量生产圆珠笔。但不久却发现圆珠笔市场严重萎缩，原因是圆珠笔前端的钢珠在长时间的书写后，因摩擦而变小，继而脱落，导致笔芯内的油泄漏出来，弄得满纸油渍，给书写工作带来了极大的不便。人们开始厌烦圆珠笔，不再用它了。

一些科学家和工厂的设计师们为了改变"笔筒漏油"这种状况，做了大量的实验。他们都从圆珠笔的珠子入手，实验了上千种不同的材料来做笔前端的"圆珠"，以求找到寿命最长的"圆珠"，最后找到了钻石这种材料。钻石确实很坚硬，不会漏油，但是钻石价格太贵，而且当油墨用完时，这些空笔芯怎么办？

为此，解决圆珠笔笔芯漏油的问题一度搁浅。后来，一个叫马塞尔·比希的人却很好地将圆珠笔做了改进，解决了漏油的问题。他的成功是得益于一个想法：既然不能延长"圆珠"的寿命，那为什么不主动控制油墨的总量呢？于是，他所做的工作只是在实验中找到一颗"钢珠"在书写中的"最大用油量"，然后每支笔芯所装的"油"都不超过这个"最大用油量"。经过反复的试验，他发现圆珠笔在写到两万个字左右时开始漏油，于是就把油的总量控制在能写一万五六千个字。超出这个范围，笔芯内就没有油了，也就不会漏油了，结果解决了这个大难题。这样，方便、价廉又"卫生"的圆珠笔又成了人们最喜爱的书写工具之一。

马塞尔·比希发现解决足够结实又廉价的"圆珠"这个问题比较困难，便将问题转换为控制"最大用油量"，运用逆向思维使原本棘手的问题得到了巧妙的规避，并且不需要耗费多大的精力和财力。

某楼房自出租后，房主不断地接到房客的投诉。房客说，电梯上下速度太慢，

等待时间太长，要求房主迅速更换电梯，否则他们将搬走。

已经装修一新的楼房，如果再更换电梯，成本显然太高；如果不换，万一房子租不出去，更是损失惨重。房主想出了一个好办法。

几天后，房主并没有更换电梯，可有关电梯的投诉再也没有接到过，剩下的空房子也很快租出去了。

为什么呢？原来，房主在每一层的电梯间外的墙上都安装了很大的穿衣镜，大家的注意力都集中到自己的仪表上，自然感觉不出电梯的上下速度是快还是慢了。

更换电梯显然不是最佳的解决方案，但问题该怎么解决呢？房主也运用逆向思维改变了问题，将视角从“换不换电梯”这一问题转换到了“该如何让房客不再觉得电梯慢”，问题变了，方案也就产生了，转移大家的注意力就可以了。

无论你做了多少研究和准备，有时事情就是不能如你所愿。如果尽了一切努力，还是找不到一种有效的解决办法，那就试着改变这个问题。

彼得·蒂尔在离开华尔街重返硅谷的时候学到了这一课。

当时，互联网正飞速发展，无线行业也即将蓬勃发展，于是，彼得与马克斯·莱夫钦一起创办了一家叫 FieldLink 的新公司。

这两位创业者相信，无线设备加密技术会是一个成长型市场。但是，他们老早就碰到了问题，最大的障碍是无线运营商的抵制。尽管运营商知道移动设备加密的必要性，但是 FieldLink 是一个名不见经传的新企业，没有定价权，也没有讨价还价的砝码，而且还有许多其他公司试图做这一行，所以 FieldLink 对运营商的需要超过了运营商对它的需要。

另一个问题是可用性。早期的无线浏览器很难使用，彼得和马克斯在这上面无法找到他们认为顾客需要的那种功能。这些挫折将他们引入了一个新的方向。他们不再试图在他们无法控制的两件事，即困难的无线界面和无线运营商的集权上抗争，转而致力于一个更简单的领域——通过 E-mail 进行支付。

当时，美国有 1.4 亿人有 E-mail，但是只有 200 万人有能联网的无线设备。除了提供更大的潜在市场外，E-mail 方案还消除了与大公司合作的必要性。同样重要的是，E-mail 使他们能够以一种直观而容易的形式呈现他们的支付方案，而用无线设备上的小屏幕无法做到这一点。

他们将公司的名字改成 PayPal，推出了一项基于 E-mail 的支付服务。为了启动这项服务，彼得决定，只要顾客签约使用 PayPal，就给顾客 10 美元的报酬；每推荐一个朋友参加，再给他 10 美元。“当时这样做看起来简直是疯了，但这是拥有顾客的一个便宜法子。”他解释说，“而且我们拥有的这类顾客其实价值更大，因为他们在频繁使用这个系统。这要比通过广告宣传得到 100 万随机顾客要好”。

PayPal 迅速取得了成功。在头 6 个月里，有 100 多万人签约使用这项新的支付服务。由于容易使用，界面友好，PayPal 迅速成为 eBay 上的支付系统，急剧发展起来。一年后当他们决定关掉无线业务的时候，有 400 万顾客在使用 PayPal，而只有 1 万顾客在使用其无线产品。尽管 eBay 内部有一个名为 Billpoint 的支付服务，但是 PayPal 仍然是在线支付领域无可争议的领袖。PayPal 后来上市了，eBay 最终以 15 亿美元买下了 PayPal。如果彼得和马克斯坚持他们最初的计划，故事的结局就会截然不同了。

为问题寻找到合适的解决办法是通常所用的正向思维思考方式，但是，当难以找到解决途径时，实际上，也许最好的解决办法就是将问题改变，改变成我们能够驾驭的、善于解决的，这也是逆向思维的巧妙运用。

第四章

系统思维——人类所掌握的最高级思维模式

由要素到整体的系统思维

系统思维也叫整体思维，是人们用系统眼光从结构与功能的角度重新审视多样化的世界。

系统是由相互作用、相互联系的若干组成部分结合而成的，它是具有特定功能的有机整体。系统思维的核心就是利用前人已有的创造成果进行综合，这种综合，如果出现了前所未有的新奇效果，当然就成了更新的创造。从某种意义上说，发明创造就是一门综合艺术。

整体思维是创造发明的基础，它大量存在于我们的生活之中，有材料组合、方法组合、功能组合、单元组合等多种形式。徐悲鸿大师的名作《奔马》，运笔狂放、栩栩如生，既有中国水墨画的写意传统，又有西洋油画的透视精髓，是中国画和油画技法的组合。我们买来的一件件成衣，是衣料、线、扣子等的组合。钢筋混凝土是钢筋和水泥的组合体。集团公司的产生、股份制的形成、连锁店的出现，都是综合而成的结晶。

系统思维是“看见整体”的一项修炼，它是一种思维框架，能让我们看到相互关联的非单一的事情，看见渐渐变化的形态而非瞬间即逝的一幕。这种思维方法可以使我们敏锐地预见到事物整体的微妙变化，从而对这种变化制定出相应的对策。

美国人民航空公司在营运状况仍然良好的时候，麻省理工学院系统动力学教授约翰·史德门就预言其必然倒闭。后来不出其所料，两年后这家公司就倒闭了。史德门教授并没有很多精确的数据，他只是运用了系统思考法对人民航空公司的“内部结构”进行了观察，发现这个公司组织内部一些因果关系还未“搭配”好，而公司的发展又太快了，系统运作得越有效率，环扣得越紧，就越容易出问题，走错一步，满盘皆输。史德门之所以能够看出问题的本质，是因为他运用了整体动态思考方法，透过现象看到了问题的本质。

系统思维法是一种将各要素之间点对点的关系整合成系统关系的方法，在一般人的眼中，也许甲和乙是没有关系的独立个体，但是，以系统思维法去考察，却能够发现，这两者是息息相关的有机整体，那么，处理问题时就要将甲和乙全部纳入考虑范畴了，就像下面的这个故事一样：

一次，“酒店大王”希尔顿在盖一座酒店时，突然出现资金困难，工程无法继续下去。在没有任何办法的情况下，他突然心生一计，找到那位卖地皮给自己的商人，告知自己没钱盖房子了。地产商漫不经心地说：“那就停工吧，等有钱时再盖。”

希尔顿回答：“这我知道。但是，假如一直拖延着不盖，恐怕受损失的不止我一个，说不定你的损失比我的还大。”

地产商十分不解。希尔顿接着说：“你知道，自从我买你的地皮盖房子以来，周围的地价已经涨了不少。如果我的房子停工不建，你的这些地皮的价格就会大受影响。如果有人宣传一下，说我这房子不往下盖，是因为地方不好，准备另迁新址，恐怕你的地皮更是卖不上价了。”

“那你想怎么办？”

“很简单，你将房子盖好再卖给我。我当然要给你钱，但不是现在给你，而是从营业后的利润中，分期返还。”

虽然地产商极不情愿，但仔细考虑，觉得他说得也在理，何况，他对希尔顿的经营才能还是很佩服的，相信他早晚会还这笔钱，便答应了他的要求。

在很多人眼里，这本来是一件完全不可能做到的事，自己买地皮建房，但是出钱建房的，却不是自己，而是卖地皮给自己的地产商，而且“买”的时候还不给钱，而是用以后的营业利润还。但是希尔顿做到了。

为何希尔顿能够创造这种常人不可思议的奇迹呢？

就在于他妙用了一种智慧——系统智慧。其中最根本的一条，是他把握了自己与对方不只是一种简单的地皮买卖关系，更是一个系统关系——他们处于一损俱

损、一荣俱荣的利益共同系统中。

从上面的例子我们也可以看出：在系统思维中，整体与要素的关系是辩证统一的。整体离不开要素，但要素只有在整体中才成其为要素。从其性能、地位和作用看，整体起着主导、统帅的作用。因此，我们观察和处理问题时，必须着眼于事物的整体，把整体的功能和效益作为我们认识和解决问题的出发点和归宿。

学会从整体上去把握事物

要运用好系统思维，就要学会从全局整体把握事物及其进展情况，重视部分与整体的联系，才能很好地从整体上把握事物。

第二次世界大战期间，在伦敦英美后勤司令部的墙上，醒目地写着一首古老的歌谣：

因为一枚铁钉，毁了一只马掌；

因为一只马掌，损了一匹战马；

因为一匹战马，失去一位骑手；

因为一位骑手，输了一次战斗；

因为一次战斗，丢掉一场战役；

因为一场战役，亡了一个帝国。

这一切，全都是因为一枚马蹄铁钉引起的。

这首歌谣质朴而形象地说明了整体的重要性，精确地点出了要素与系统、部分与整体的关系。

世界上任何事物都可以看成是一个系统，系统是普遍存在的。大至渺茫的宇宙，小至微观的原子，一粒种子、一群蜜蜂、一台机器、一个工厂、一个学会团体……都是系统，整个世界就是系统的集合。

系统论的基本思想方法告诉我们，当我们面对一个问题时，必须将问题当作一个系统，从整体出发看待问题，分析系统的内部关联，研究系统、要素、环境三者的相互关系和变动的规律性。

有一年，稻田里一片金黄，稻浪随风起伏，一派丰收景象。令人奇怪的是，就在这片稻浪中，有一块地的水稻稀稀落落，黄矮瘦小，与大片齐刷刷的稻田成了鲜明的对照。

这是怎么回事呢？原来田地的主人急用钱，于是在这块面积为2.5亩的田地上挖去一尺深的表土，卖给了砖瓦厂，得了1万元。由于表面熟土被挖，有机质含量锐减，这年春天的麦苗长得像锈钉，夏熟麦子收成每亩还不到150斤。水稻栽上后，尽管下足了基肥，施足了化肥，可是水稻长势仍不见好。

有人给他算了一笔账，夏熟麦子少收1000多斤，损失400元，而秋熟大减产已成定局，损失更大。今后即使加倍施用有机肥，要想这块地恢复元气，至少需要5年时间，经济损失至少在2万元以上。这么一算，这块农田的主人叫苦不迭，后悔地说："早知道这样，当初真不应该赚这块良田的黑心钱。"

这位农地主人原本只是用土换钱，并没有看到表土与庄稼之间的关系，本以为是将无用的东西换成金钱，结果却让他失去更多，需要花费更多的钱来弥补自己的损失。这就是缺乏系统眼光和系统思维的结果。

与之相对比，"红崖天书"的破译却是得益于从整体上去把握事物。

所谓"红崖天书"，是位于贵州省安顺地区一处崖壁上的古代碑文；在长10米、高6米的岩石上，有一片用铁红色颜料书写的奇怪文字，字体大小不一，大者如人，小者如斗，非凿非刻，似篆非篆，神秘莫测。因此，当地的老百姓称之为"红崖天书"。近百年来，"红崖天书"引起了众多中外学者的研究兴趣，甚至有人推测这是外星人的杰作。据说，郭沫若等著名的学者也曾经尝试破译。但是一直没有定论。

直到上海江南造船集团的高级工程师林国恩发布了对"红崖天书"的全新诠释，学术界才一致认为，这一"千古之谜"终于揭开了它的神秘面纱。

那么，非科班出身的林国恩是如何破译这个"千古之谜"的呢？林国恩于1990年了解"红崖天书"以后，对它产生了浓厚的兴趣，从此把他的全部业余时间放到了破译工作上。他祖传三代中医，自幼即背诵古文，熟读四书五经。他于1965年考入上海交通大学学习造船专业，但是他业余时间钻研文史，学习绘画。由于他是造船工程师，系统学习对他有很深的影响，使他掌握了综合看待问题的方法，这为他破译"红崖天书"打下了坚实的基础。

在长达9年的研究中，他综合考察了各个因素，查阅了7部字典，把"红崖天

书”中 50 多个字，从古到今的演变过程查得清清楚楚。在此基础上，他做了数万字的笔记，写下了几十万字的心得，还三次去贵州实地考察，为破译“红崖天书”积累了丰富的资料。

经过系统综合的考证，林国恩确认了清代瞿鸿锡摹本为真迹摹本；文字为汉字系统；全书应自右向左直排阅读；全书图文并茂，一字一图，局部如此，整体亦如此。从内容分析，“红崖天书”成书约在 1406 年，是明朝初年建文皇帝所颁发的一道讨伐燕王朱棣篡位的“伐燕诏檄”。全文直译为：燕反之心，迫朕逊国。叛逆残忍，金川门破。杀戮尸横，罄竹难书，大明日月无光，成囚杀之地。需降服燕魔，作阶下囚。

我们可以设想，如果不能将这些文字与其历史背景、文字结构、图像寓意结合起来，不能将它们作为一个整体去考察、去把握，恐怕“红崖天书”到现在也只是一个谜。

由此，我们可知：问题的内部不仅存在关联，与外部环境也同样具有关系。我们必须将其分开进行观察，然后再将其按照系统的模式来进行分析。

当你学会了系统思维，能够以一个整体的眼光去看问题的时候，相信你就可以更容易地把握和处理问题了。

对要素进行优化组合

系统思维法将所面对的事物或问题作为一个整体加以分析，并且在系统运作过程中，要对要素进行优化组合，让适当的要素在最佳位置上发挥出最佳的作用，往往可以产生 1+1 ＞ 2 的效果。

我国古代著名的“田忌赛马”的故事就是一个典型的例子。

孙膑是战国时期的著名军事家。齐国大臣田忌喜欢和公子王孙们打赌赛马，但总是输。于是，孙膑对田忌说：“您只管下重注，我包您一定能赢。”

赛马时，孙膑让田忌用自己的上等马跟别人的中等马比赛，用中等马与别人的下等马比赛，再用下等马对付别人的上等马。结果三场比赛，田忌胜了两场。

孙膑之所以能让田忌稳操胜券，在于他将整个赛马活动当成了一个系统来处理，而且他善于将系统要素进行优化组合。虽然以下等马和别人的上等马比，非输不可，但是另外的两场比赛，却是每场都赢。正是因为孙膑善于将系统要素进行优化组合，才能达到“反败为胜”的结局。

系统要素进行优化组合在生活的各个方面均有体现。如在农业中，农作物配合栽培方法即是其一。一块田地，什么时间应该种什么作物，玉米、大豆、棉花等不同的作物应该怎样搭配才能获得高产量？这就需要用系统思维来解决。

企业中的人对企业来说，是关乎企业成败的要素，人的分配问题也值得每一个企业深思。如果企业人员工作分配合理、人尽其才，将每个人发挥出的能量加合在一起，将会推动企业迅速地向前发展；但如果人员没有做到优化组合，不能让正确的人去做正确的事，那时，有能力的人因“英雄无用武之地”而离去，身居高位的无能者都不能够积极进取，最终，企业很有可能败落。

在系统思维中，各要素并不是割裂的独立个体，而是相互链接的一个整体，这些要素可以在最佳的协调机制下处于最理想的工作状态。

贝特茜和鲍里斯需要做三件家务。（1）用吸尘器打扫地板。他们只有一个吸尘器。这项活计需要 30 分钟。（2）用割草机修整草坪。他们只有一架割草机。这项活计也需要 30 分钟。（3）给婴儿喂食和洗澡。这项活计也需要 30 分钟。

贝特茜和鲍里斯如何合作，才能尽快做完家务？

如果不将各要素作为一个整体来进行优化组合的话，无论由谁单独完成两项任务，需要的时间都是 60 分钟。

然而，如果从系统优化组合的角度来思考，似乎还有更大的协同空间，诀窍是让贝特茜和鲍里斯两人在整个过程中都一直在工作。只要运用整体性思维对全过程进行优化组合，就会找出这一似乎不存在的空间：让贝特茜先用吸尘器完成一般的地板清扫任务（15 分钟），并让她自己单独完成照顾婴儿的任务（30 分钟）。同时，鲍里斯开始用割草机修整草坪（30 分钟），接着来清扫地板（15 分钟）——总时间为 45 分钟。

总之，系统思维要求人们用系统眼光从结构与功能的角度重新审视多样化的世界，把被形而上学分割了的世界重新整合，将单个元素和切片放在系统中实现“新的综合”，以实现“整体大于部分的简单总和”的效应。

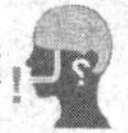

方法综合：以人之长补己之短

1764 年哈格里夫斯发明的珍妮纺纱机，由 1 个纺锤改为 80 个纺锤，大大提高了纺纱的效率。可惜纺出来的纱虽然均匀，但不结实。1768 年阿克顿特发明了水力纺纱机，效率提高了，纺出来的线也结实了，但纺出来的线很不均匀。1779 年青年工人克隆普敦把哈格里夫斯和阿克顿特两个纺车的技术长处，加以综合，设计出一个纺线既结实又均匀的纺纱机，有三四百支纱锭，效率也提高了。为了纪念两种纺车的结合，就起名为杂种骡子的名称，叫骡机。马克思对此评价很高：“现代工业中一个最重大的发明——自动骡机。”这个骡机推动了英国的纺织技术革命。

像这样各自去掉自己的短处，吸取别人的长处的思维方式，就是系统思维法中的方法综合。

日本广岛的家畜繁殖名誉教授渡边守之和台湾的学者一起成功地培育出比普通鸭重两倍而肉味鲜美的新型大鸭种。他们是怎样培育的呢？这些鸭子是北京鸭和南美的麝香鸭交配而成的。

他们分析北京鸭的特点是：体重轻、肉味鲜美。

麝香鸭的特点是：体重重，有四五公斤，但有一种怪味。

特点分析出来以后，就取长补短，经过多次试验，终于培育出一种新型骡鸭：体格健壮、生长迅速、肉味鲜美，公、母鸭体重均在 4 公斤左右，却没有繁殖力的鸭子。

以上说明，只有将两种或多种事物的要素进行系统、深入地分析，找到各自的优点和缺点，才能做到方法综合。

爱迪生发明的电影窥视箱是一种只能让一个人观看的活动电影箱，但其影像的大小和位置一致。法国路易斯 · 卢米埃尔发明的电影放映机能让许多人同时观看，但影像的大小和位置不一致。后来，爱迪生看到卢米埃尔的电影放映机的长处，就把个人观看的窥箱机改为大众观看的放映机。反之，卢米埃尔也吸取了爱迪生窥视箱胶片的特点，采用爱迪生每秒 16 张画的放映频率，35 毫米宽的胶片，在胶片两边每格画幅打四个矩形齿孔，使胶片能在齿轮带动下均匀地通过机器，映出大小和位置一致的影像，这比卢米埃尔原来的画格两边只有一对圆形片孔的间歇式抓片机构要稳定得多。由于他们相互取长补短，使现代化电影工艺趋向统一，无声电影便诞生了。

综合方法要求我们在观察事物时不能孤立地看待一个个体，见“木”更要见“林”，努力从其他事物中寻找该事物不具备的优点，积极地将两者进行整合，扬长避短，从而达到最终的创造作用。

确定计划后再付诸行动

制订计划是系统思维的一种体现，如果没有对事情全局上的一种把握与规划，那么你的结局大半会是失败。

如果你不再是拥有整整二十几年的时间，而是只有二十几次机会了，那你打算如何利用剩下的这二十几次机会，让它们变得更有价值呢?

你是去听音乐会，或是和家人坐在一起，或是去度假，还是什么安排都可以?许多人心里都没有一个完整的计划，然而，没有计划本身就是一种失败的计划——你正在计划着自己的失败。没有人愿意失败，却在不自觉地把自己推向失败之路。

你并不能保证做对每一件事情，但是你永远有办法去做对最重要的事情，计划就是一个排列优先顺序的办法。成功人士都善于规划他们自己的人生，他们知道自己要实现哪些目标，并且拟订一个详细的计划，把所有要做的事按照优先顺序排列，并按这一顺序来做。当然，有的时候没有办法100%地按照计划进行。但是，有了计划，便给人提供了做事的优先顺序，让他可以在固定的时间内，完成需要做的事情。

马克·吐温说过:“行动的秘诀，在于把那些庞杂或棘手的任务，分割成一个个简单的小任务，然后从第一个开始下手。”

计划是为了提供一个整体的行动指南，从确立可行的目标，拟订计划并执行，最后确认出你达到目标之后所能得到的回报。你应该是在未做好第一件事之前，从不考虑去做第二件事，凡事要有计划，有了计划再行动，成功的几率会大幅度提升。

生命图案就是由每一天拼凑而成的，从这样一个角度来看待每一天的生活，在它来临之际，或是在前一天晚上，把自己如何度过这一天的情形在头脑中浏览一

遍，然后再迎接这一天的到来。

有了一天的计划，就能将一个人的注意力集中在“现在”。只要将注意力集中在“现在”，那么未来的大目标就会更加清晰，因为未来是被“现在”创造出来的。接受“现在”并打算未来，未来就是在目标的指导下最终创造出来的东西。

这就像盖房子一样。如果有人问你：“你准备什么时候动工，开始盖一栋你想要的房子？”当你在头脑中已经勾勒出整个工程的时候，你就可以开始破土动工了。如果你还没有完成对它的规划和勾勒就草率行事，这是非常愚蠢的举动。

假设你刚刚开始砌砖，有人走上前来说：“你在盖什么呢？”你回答说：“我还没想好。我先把砖铺起来，看看最后能盖出个什么来。”人家会把你看成傻瓜。一个人只要做出一天的计划、一个月的计划，并坚持原则、按计划行事，那么在时间利用上，他已经开始占据了自己都无法想象的优势。

不论是学习、工作，还是生活，我们都要重视从整体上把握事情的进展，如果今天没有为明天做好计划，那么明天将无法拥有任何成果！

将整体目标分解为小阶段

系统思维法教给我们的智慧有两点：考察事物时将其作为一个整体，解决问题时则可以将一个整体分为小的阶段，逐个进行突破。

我们常常被一个问题的复杂和棘手所吓倒，认为解决它几乎是“不可能完成的任务”。但你是否尝试过将这个吓倒你的大问题分解成一个个小问题来解决呢？

在 1984 年的东京国际马拉松邀请赛中，名不见经传的日本选手山田本一出人意料地夺得了冠军。当记者问他凭什么取得如此惊人的成绩时，山田本一笑了笑：“凭智慧战胜对手。”记者当场蒙了，以为山田本一故弄玄虚，哪有马拉松靠智慧而不靠体力和耐力取胜的？两年后，意大利国际马拉松邀请赛在米兰举行，山田本一代表日本参赛。这一次，他又夺得了冠军。记者再次请他谈谈经验，山田本一沉默了一会儿，还是说了那句话：“凭智慧战胜对手。”记者还是迷惑不解，他到底靠的是什么智慧呢？

10 年后，这个谜底终于在他的自传中揭开。他在自传中写道：“每次比赛前，我都要乘车把比赛路线仔细看一遍，并把沿途比较醒目的标志画下来，比如第一个标志是银行，第二个标志是一棵大树，第三个……一直画到赛程终点。比赛开始后，我就以百米冲刺的速度奋力冲向第一个目标，到达第一个目标后，我休整自己，又以同样的速度向第二个目标冲去。几十公里的赛程就这样被我分解成多个小目标轻松地跑完。其实，起初我并不懂得这样的道理，我始终把我的目标定在终点线上的那面旗帜上，结果我跑到十几公里处就疲惫不堪了，我被前面那段遥远的路程给吓倒了。"

我们的生活、工作都像是一场场的马拉松比赛，许多困难乍一看遥不可及，但我们若能本着从零开始，从点滴去实现的决心，有效地将问题分解成许多板块，然后分阶段向目标前进，就能大大提升我们攻克难关的信心和解决问题的效率。

"分"是一种大智慧，它不仅能够帮助我们解决心理上的压力，也能帮助我们将难以解决的问题高效解决。

拿破仑·希尔曾举过这样一个例子：

同样是做房地产生意，杰克计划向银行贷款大约 12000 万美元，而罗比则向银行贷款 11939 万美元。

最后，银行贷款给罗比，而拒绝了杰克的贷款请求。

在银行主任看来，罗比的预算具体且考虑很周到，说明罗比办事仔细认真，成功的希望较大。

罗比是怎样做到将预算计划得如此详细呢？罗比介绍了一种将目标逐一击破的方法。利用这种方法，你可以对自己的工作进行规划：

假设你的工作计划为 5 年，让你的 5 年宏伟目标获得成功的秘诀是化整为零，每天做一点能做到的事。

1. 将你的目标分成 5 份

你把 5 年目标分成 5 份，变成 5 个一年目标，那你就可以确切地知道从现在到明年的此刻你必须完成的工作了。

2. 将每年的目标分成 12 份

祝贺你，你将进一步有了每月的目标了。如果要落实你的 5 年计划，你现在就更能清楚地了解从现在到下月的此时你应该完成什么了。

3. 将每月的目标分成 4 份

现在你可以知道下星期一早上必须着手做什么了。同时，唯有如此，你才会毫

不迟疑地去做自己该做的事，然后，继续进行下一步。

4. 将每周的目标分成5～7份

用哪个数字划分，完全取决于你打算每周以几天从事这项工作。如果喜欢一周工作7天，则分成7份；如果认为5天不错，就分成5份。选择哪一种全靠你自己。但是，不论做何种选择，结果都是一成不变的：为了成功，我今天必须做什么？

当你从头到尾采取这种程序后，每天早晨就会胸有成竹地奔向坚定不移的目标，日复一日，年复一年，直至达到你最终的理想。

内容明晰的每周、每月和每年的目标有助于你发挥个人所长，集中精力，全力以赴地完成既定工作，从而获取个人的成功和幸福。同时，分成可行的逐日小目标可以减轻你因为茫然不知所措而产生的烦躁。

如果你对所做的事情不断怀疑，事情往往会做得很糟糕。但是，一旦你知道所做的事正好掌握了最佳时机，你就一定会做得更快、更好，而且有更大的热情和冲劲。

确立5年目标，并将它们划分成可以逐日完成的工作还有一个益处，即它能帮你判断你是否已真正瞄准目标。

例如：你从事销售，并决定一年内要拜访500个新主顾才能达到销售额，那么扣掉周末和节假日，一年大约有250个工作日。也就是说，每个工作日只需拜访两个人（上午、下午各一人）就可以达到目标了。

如果你真的一天拜访两个人，将来有一天，当你发现自己一年竟已拜访了500个后，可能就会说："我还可以做得更好，等着瞧吧！"

或者还有另一种情况，你发现每周5天的计划竟只用3天半就完成了。因此，第二个月的月底，就已经在做第五个月的工作计划了。所以，确立逐日的5年目标这一做法，消除了成功遥不可及的神秘感，彻底把它化为行动。

工作中遇到的困难就是我们要攻克的目标。每个人都会有或多或少的惧难心理，如果困难太大，很容易使我们因畏惧而裹足不前。系统思维告诉我们：若将困难划分为一个阶段一个阶段的具体目标，继而有针对性地去攻破，那么，无论多大的困难都会被我们瓦解了。

第五章

类比思维——比较是发现伟大的源泉

类比思维法的应用

类比思维法就是根据两个对象在一系列属性上相同或相似，由其中一个对象具有某种其他属性，推测另一个对象也具有这种其他属性的思维方法。它具有多种表现形式，我们常用的为直接类比法、间接类比法、形状类比法、功能类比法等。由这种方法所得出的结论，虽然不一定很可靠、精确，但富有创造性，往往能将人们带入完全陌生的领域，给予人们许多启发。

类比思维在创新和解决问题时，具有很大的指引作用，得到了思想家、科学家们的高度评价。

天文学家开普勒说："类比是我最可靠的老师。"

哲学家康德说："每当理智缺乏可靠论证的思路时，类比这个方法往往能指引我们前进。"

现代社会，随着日常创造的增加，类比的作用尤其得到重视。如日本学者大鹿让认为："创造联想的心理机制首先是类比……即使人们已经了解到了创造的心理过程，也不可从外面进入类似的心理状态……因此，为了给创造活动创造一个良好的心理状态，得采用一个特殊的方法，就是使用类比。"

瑞士著名的科学家阿·皮卡尔就运用类比法发明创造了世界上第一只自由行动的深潜器。

皮卡尔是位研究大气平流层的专家，他设计的平流层气球，曾飞到过 1.569 万米的高空。后来他又把兴趣转到了海洋，研究海洋深潜器。尽管海和天完全不同，

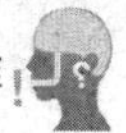

但水和空气都是流体，因此，皮卡尔在研究海洋深潜器时，首先就想到利用平流层气球的原理来改进深潜器。

在这以前的深潜器，既不能自行浮出水面，又不能在海底自由行动，而且还要靠钢缆吊入水中。这样，潜水深度将受钢缆强度的限制，钢缆越长，自身重量就越大，也就容易断裂，所以过去的深潜器一直无法突破2000米大关。

皮卡尔由平流层气球联想到海洋深潜器。平流层气球由两部分组成：充满比空气轻的气体的气球和吊在气球下面的载人舱。利用气球的浮力，使载人舱升上高空，如果在深潜器上加一只浮筒，不也就像一只“气球”一样可以在海水中自行上浮了吗？

皮卡尔和他的儿子小皮卡尔设计了一只由钢制潜水球和外形像船一样的浮筒组成的深潜器，在浮筒中充满比海水轻的汽油，为深潜器增加浮力，同时，又在潜水球中放入铁砂作为压舱物，使深潜器沉入海底。如果深潜器要浮上来，只要将压舱的铁砂抛入海中，就可借助浮筒的浮力升至海上。再配上动力，深潜器就可以在任何深度的海洋中自由行动。这样就不需要拖上一根钢缆了。第一次试验，就下潜到1380米深的海底，后来又下潜到4042米深的海底。皮卡尔父子设计的另一艘深潜器理雅斯特号下潜到世界上最深的洋底——1.09168万米，成为世界上潜得最深的深潜器，皮卡尔父子也因此获得了“上天入海的科学家”的美名。

类比思维法在运用时就要寻找事物的相似点，并且要对“相似性”保持敏感，以达到触类旁通的目的。

医生常用的听诊器的发明就源于类比思维的运用。

一个星期天，法国著名医生雷内克瓦带着女儿到公园玩。女儿要求爸爸跟她玩跷跷板，他答应了。玩了一会儿，医生觉得有点累，就将半边脸贴在跷跷板的一端，假装睡着了。女儿见父亲的样子，觉得十分开心。突然，医生听到一声清脆的响声。睁眼一看，原来是女儿用小木棒在敲跷跷板的另一端。这一现象，立即使医生联想到自己在诊察中遇到的一个问题：当时医生听诊，采用的方式是将耳朵直接贴在患者有病部位，既不方便也不科学。医生想：既然敲跷跷板的一端，另一端就能清晰听到，那么，是不是也可以通过某样东西，使病人身体某个部位的声响让医生能够清楚地听见呢？

雷内克瓦用硬纸卷了一个长喇叭筒，大的一头靠在病人胸口，小的一端塞在自己耳朵里，结果听到的心音十分清楚。世界上的第一个听诊器就这样产生了。后来，他又用木料代替了硬纸做成了单耳式的木制听诊器，后人又在此基础上研制了现代广泛应用的双耳听诊器。

类比思维法是解决问题的一种常用策略，它教我们运用已有的知识、经验将陌生的、不熟悉的问题与已经解决的熟悉问题或其他相似事物进行类比，从而解决问题。

直接类比：寻找直接相似点

直接类比是从自然界或者从已有的发明成果中，寻找与发明对象相类似的东西，通过直接类比，创造新的事物。

例如谷物的扬场机，是直接类比人工扬场方式而得来的；医学上用于叩击病人的胸、腹部来诊断是否有腹水的“叩诊法”，是直接类比酒店里的叩击酒桶发出的声音来判断量的多少而得来的。

运用直接类比法进行的发明创造还有：

鱼骨→针

茅草边→齿锯

鸟→飞机

照相照出照片→电影

鱼→潜水艇

蛋→薄壳仿蛋屋顶

树叶的结构→伞

梳子垫在剪子下剪头发→安全剃须刀

生活中，人们可以使自己有意识地进行类比，当要创造某一事物而又思路枯竭的时候，就可通过类比法，从自然界或人工物品中，直接寻找与创造对象、目的类似的对应物，这样便可以减少凭空想象的缺点。

美国有个叫杰福斯的牧童，他的工作是每天把羊群赶到牧场，并监视羊群不越过牧场的铁丝栅栏到相邻的菜园里吃菜就行了。

有一天，小杰福斯在牧场上不知不觉地睡着了，不知过了多久，他被一阵怒骂声惊醒了。只见老板怒目圆睁，大声吼道:“你这个没用的东西，菜园被羊群搅得一塌糊涂，你还在这里睡大觉！”

小杰福斯吓得面如土色，不敢回话。

这件事发生后，机灵的小杰福斯就想，怎样才能使羊群不再越过铁丝栅栏呢？他发现，那片有玫瑰花的地方，并没有更牢固的栅栏，但羊群从不过去，因为羊群怕玫瑰花的刺。“有了，”小杰福斯高兴地跳了起来，“如果在铁丝上加上一些刺，就可以挡住羊群了。”

于是，他先将铁丝剪成 5 厘米左右的小段，然后把它结在铁丝上当刺。结好之后，他再放羊的时候，发现羊群起初也试图越过铁丝栅栏去菜园，但每次被刺疼后，都惊恐地缩了回来，被多次刺疼之后，羊群再也不敢越过铁丝栅栏了。

小杰福斯成功了。

半年后，他申请了这项专利，并获批准。后来，这种带刺的铁丝栅栏便风行世界。

直接类比法是类比思维中最常运用的一种方法，也是一种比较简单的方法，但起到的创造性作用却是很大的，在各个领域均有应用。

间接类比：非同类事物间接对比

间接类比法就是用非同一类产品类比产生创造。在现实生活中，有些创造缺乏可以比较的同类对象，这就可以运用间接类比法。

如空气中存在的负离子，可以使人延年益寿、消除疲劳，还可辅助治疗哮喘、支气管炎、高血压、心血管病等，但负离子只有在高山、森林、海滩湖畔处较多。后来通过间接类比法，人们创造了水冲击法产生负离子，后吸取冲击原理，又成功创造了电子冲击法，这就是现在市场上销售的空气负离子发生器。

间接类比法在生活中也常常能激发出许多创造性的想法。

有一天，斐塞司博士午饭后坐在门前晒太阳，看见一只猫在阳光下安详地打着盹，很是悠闲。

时间一分一分地流走，每隔一段时间，猫都会随着阳光的转移而不停地变换睡觉的场地。这一切在我们看来是那样的司空见惯，可是却唤起了斐塞司博士的好奇。

猫为什么喜欢待在阳光下呢？

猫喜欢待在阳光下，那么这说明光和热对它一定是有益的。那对人呢？对人是不是也同样有益？这个想法在斐塞司的脑子里闪了一下。

这个一闪而过的想法，成为闻名世界的“日光疗法”的触发点。之后不久，日光疗法便在世界上诞生了。斐塞司博士因此获得了诺贝尔医学奖。

如果我们家的院里也有这么一只睡懒觉的猫，我们也看到它一次次地趋近阳光，我们是不是能像斐塞司博士那样去想问题呢？

猫趋近阳光，是因为晒太阳对它的身体有益。那太阳对人的身体是否有益呢？正是这样的想法，从猫想到人，才有了今日的“日光疗法”。

间接类比法通常并不是首先明确创造的目的，而是首先发现了某事物具有很值得借鉴的特点，然后再去寻找和创造有什么东西可以与之对应。

走路时不小心踩到香蕉皮上，很容易滑倒。这是很多人司空见惯的。20 世纪 60 年代，一位美国学者却对这一现象产生了浓厚兴趣。他通过显微镜观察，发现香蕉皮是由几百个薄层构成，层与层之间很容易产生滑动。他突然想到：如果能找到与香蕉皮相似的物质，则能作为很好的润滑剂。最后，他发现二硫化钼与香蕉皮的结构十分类似。经过再三实验，一种性能优良的润滑剂被制造出来了。

采用间接类比法，可以扩大类比范围，使许多非同一性、非同类的行业，也可由此得到启发，开拓新的领域。

形状类比：根据形状进行创造

形状类比往往是由某一原型的外形结构而类推出与此结构、形象相仿的创造物。

模仿昆虫复眼结构，用许多小的光学透镜有规则地排列起来制成光学元件——复眼透镜。用它做镜头制成的“复眼照相机”，一次能照出千百张相同的照片。

1903 年，莱特兄弟制造出了飞机，但他们不知道怎样使飞机在空中拐弯时保持飞机的平稳。于是他们想到：这个问题鸟儿是怎样处理的呢？于是他们仔细观察了

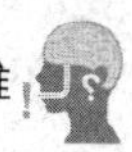

老鹰的飞行，发现老鹰在转弯时，其羽翼可以弯折。这一下就找到了问题的症结点。他们仿照老鹰的羽翼，制造了后面可以弯折的机翼，这就是现代飞机襟翼的原型。

形状类比不但大量运用于仿生学，在其他领域也发挥着重要的作用。如果你在家仔细观察过可口可乐瓶子，是否觉得它的形状很像一位小女孩穿裙子的形象？那么，它是怎样诞生的呢？

美国有一位叫鲁托的制瓶工人，有一天他与女友约会，女友穿的裙子十分优雅。突然，鲁托灵感一闪，想到了一个好的设计：裙子因为膝盖上部分较窄，腰部显得有吸引力，如果把玻璃瓶设计成女友的裙子那样，一定也会大受欢迎的。他经过反复试验和改进，最后制造出这样一种瓶子：握上瓶颈时，没有滑落的感觉；瓶内所装的液体，看起来比实际的分量多，而且外观别致优美。

鲁托设计的玻璃瓶被可口可乐公司看中了，最后以600万美元买下鲁托这项设计的专利。鲁托这位穷工人因善于发现，很快成为百万富翁。而可口可乐公司自从1923年买下这项专利后，至今仍使用这种玻璃瓶，这有力地促进了可口可乐的销售。

无独有偶，吉列刀片的创造源于耕地用的耙子的形状类比。

“掌握全世界男人的胡子”的吉列剃须刀公司的创始人金·吉列曾是一家小公司的推销员。一天早上，吉列刮胡子时，由于刀磨得不好，刮得很费劲，脸被划了几道口子，懊丧之余，吉列盯着剃须刀，产生了创造新型剃须刀的念头。于是他对周围的男性进行调查，发现他们都希望有一种新型的剃须刀，他们的基本要求包括安全、保险、使用方便、刀片随时可换等。这样，吉列就开始了他开发剃须刀的行动。

这种新型剃须刀该是什么样的呢？吉列苦思冥想。

由于没能冲破传统习惯的束缚，新发明的基本构造总是脱不掉老式长把剃须刀的局限，怎么办呢？吉列绞尽脑汁，还是一时不得要领。

一天，他望着一片刚收割完的田地，看到一位农民正轻松自如地挥动着耙子修整田地，一个新思路出现在吉列的脑海里，他心想，对！新剃须刀的基本构造，就应该同这耙子一样，简单、方便、运用自如。

运用形状类比法，需要我们在生活中仔细观察事物的形状结构，将其构造与我们的研究对象相结合，创造出与原有事物形状相似的物品。当然，这也需要我们具有敏锐的视角，不放过任何一个可以用来效仿的对象。

功能类比：依据相似的功能进行类比

功能类比是根据人们的某种愿望或需要类比某种自然物或人工物的功能，提出创造具有近似功能的新装置的发明方案，例如各种机械等。

长颈鹿的脖子很长，从大脑到心脏有3米之遥。因此它的血压很高，非如此不能将心脏的血“压”上3米高的脑部，以保证大脑不致缺血。

但是，当长颈鹿低头喝水时，心“高”头“低”，心脏的血会猛烈冲击脑部，此时，长颈鹿却安然无恙。

原来，长颈鹿身上裹着一层厚皮。当它低头喝水时，厚皮自动收缩，箍住血管，从而限制了血液的流速，缓解了脑血管的压力。

科学家模拟长颈鹿的皮肤原理，制成“抗荷服”，用于保护飞行员。当飞机加速时，“抗荷服”可以自动压缩空气、压迫血管，从而限制飞行员的血液流速，防止其“脑失血”。

此种方法应用范围比较广，而且不只是科学专家的专利，是每一个人都能够运用的。

我国某机械厂工人廖基程在厂里劳动时看到，大部分精密零件的加工都需要用手操作。为了防止零件生锈，工人必须整天戴手套，而且手套还必须套得很紧，手指头才能灵活弯曲。这样，不但戴上、脱下相当麻烦，手套还很容易弄坏。他常想：难道只能戴这样的手套吗？能不能想个办法改进一下呢？有一天，他在帮助妹妹做纸手工艺品时，手指上沾满了糨糊。糨糊很快干了，变成了一层透明的薄膜，紧紧地裹在手指上。他当时就想：“真像个指头套，要是厂里的橡皮手套也这么方便就好了！”后来他又想起，小时候曾在雨后的泥泞路上行走，不小心滑倒了，双手沾满了泥污，干了后也像戴了泥手套似的。

过了不久，有一天清早醒来，他躺在床上，眼睛望着天花板，头脑里突然想到：可以设法把手浸在一种像糨糊一样的液体里，干了以后就让手上沾的液体成为手套。不需要它时，手浸在另外一种液体里，泡一下就让它褪掉。这不比戴橡皮手套方便得多吗？他将自己的这一设想向公司汇报后，公司成立了一个研究小组，廖基程也从生产车间调到了这个组里。经过反复研究、试制，终于发明了“液体手

套”。使用这种手套，只需将手浸入一种化学药液中，就能在手上覆盖一层透明的薄膜，像真的戴上了手套一样，而且它比戴任何一种手套都更柔软、更舒适、更富有弹性。不需要它时，把手放进水里泡一下，就能完全化掉。

与此相类似，一位技术人员利用功能类比创造了使油漆易脱落的方法。

如何才能比较容易地清除掉旧家具或墙壁上的油漆？这曾经是一个不容易解决的难题。一次，一家化学公司的技术人员在一起讨论这个问题，大家查文献、找资料，先后提出了许多办法，结果或者不恰当，或者行不通。有个工程师想了一会儿，一下子思想“开小差”“走了神”，回忆起儿时的情景，他想到了小时候同小伙伴一起放鞭炮，导火绳一点燃，噼里啪啦地响上一阵，裹在鞭炮上的纸被炸得“四处飞舞”“片甲不留”。这时，他头脑里突然冒出一个想法：是不是也可以在油漆里放点炸药，当需要油漆脱落的时候把油漆炸掉呢？他把这个想法在会上提了出来。大家听后都笑了，这不明明是小孩子天真幼稚的想法吗？这位工程师并没因为受到大家的讥笑便马上放弃自己的想法。后来他沿着这条思路不断地探索、不断地试验，终于发明了一种可以加进油漆中的添加剂。把这种添加剂加在油漆里以后，它不会引起油漆发生质的根本变化，可是当它接触到另一种添加剂时，便会马上起作用，使油漆从家具或墙壁上掉得干干净净。

放鞭炮和除油漆从表面上看是风马牛不相及的事情，但只要仔细思考，就会发现鞭炮与添加剂的功能是相通的，只要添加剂找得恰当，就能够达到预期的效果。

功能类比与其他类比方式相比，为我们的思考方式打开了另一扇门，而且，随着控制论、信息论等现代科学技术的出现，功能类比法会得到更大的发展。正如控制论发明人维纳所言：“把生命机体与机器做类比的工作，可能是当代最伟大的贡献。”

警惕类比陷阱

在类比思维方法中，因为类比推理的客观依据是对象之间的同一性和对象之间的相关性，因此同一性和相关性是高还是低，必然会影响推论的可靠性程度。如果对象之间的共同属性是主要的、本质的，对象属性之间的相关性是必然的，那么，推论就是可靠的；反之，如果对象之间的共同属性是次要的，对象属性之间的相关性是偶然的，那么，所得推论就不一定可靠。这说明，类比法和其他思维方法一样，也有它的局限性，主要表现在下面两个方面：

（1）注重相同性，忽略了相异性。而实际上，重视事物的相异性也是创造性的突出特征，绝对不可偏废。假如只重视这种相同性，往往会导致成功的可能性和可靠性不高，有时还会把人引入迷途。

（2）类比具有想象成分，容易因“不完全相似”特征推出荒谬的结果。如下列的类比：

地球：星星，位于太阳系，有壳，会公转和自转，有生物。

月球：星星，位于太阳系，有壳，会自转和公转。

所以，月球上也是有生命的。

这就有明显的错误，属于机械类比的表现。

类比陷阱可以说是无处不在的，如果稍有考虑不全面，就会陷入其中，科学界就曾出现过类似的错误判断。

20世纪，人们根据火星与地球有许多相似之处，因而得出火星有生命存在的结论，这已被近年来空间探测结果所否定。又如，1846年有人根据行星摄动理论发现了海王星，解决了天王星的轨道和理论计算不符的矛盾。但在当时，水星轨道也与理论计算不符，于是有人就用类比法，假设水星与太阳之间还有一颗星——“火神星”，并用理论计算了这颗星的轨道。这以后，许多人探索了几十年，仍然不见这颗星的踪迹。直到爱因斯坦广义相对论的发表，才把谜底揭开，原来并无此星，水星轨道的极摄动是引力波所引起的，从而否定了这“错误结论”。

为了避免落入类比陷阱，增加类比的可靠性，就得特别注意如下几点：

（1）尽可能增加类比项。两个和两类对象之间所共有或共缺的属性类比项越多，可靠性越大。

（2）类比中的共有或共缺属性应该是本质属性。

（3）类比对象的共有或共缺属性与所要类比的属性之间应该有本质和必然的联系。

第六章

灵感思维——阿基米德定律就是这样发现的

引发自己的灵感

1805年，法国和奥地利重燃战火，两国军队在莱茵河两岸隔河对峙。法国统帅拿破仑想炮击奥军，但必须首先知道莱茵河的宽度，炮弹才能准确地命中目标。可怎样才能测量这条大河的宽度呢？最方便的办法自然是坐船测量，可显然行不通。

拿破仑站在河岸踌躇良久，一时想不出妥当的办法。忽然，他在向对岸眺望时，发现莱茵河对岸的边线在自己的视线中正好擦过头上戴的军帽帽舌的边缘。拿破仑顿时灵机一动，一步步地向后退去，直到他刚才站立处的莱茵河的边线在视线中同样正好擦过自己的帽檐。拿破仑丈量了这两者之间的距离，这就是莱茵河的宽度。

是什么引发拿破仑想出了这样一个巧妙的方法呢？是灵感。

所谓灵感，指的是当人们研究某个问题的时候，并没有像通常那样运用逻辑推理，一步一步地由未知达到已知，而是一步到位，一眼看穿事物现象的本质。至于这个想法是怎样来到的，谁也说不清楚，“反正是一下子想到的！”

灵感是一位不速之客。我们可以在任意时刻有意识地运用其他思维方法，但是却不能规定自己在哪一天哪一时刻产生灵感。当你翘首企盼时，它杳如黄鹤；在你毫无准备时，它却可能翩然而临。

灵感常常不期而遇，“众里寻他千百度，蓦然回首，那人却在，灯火阑珊处”。

灵感的产生往往伴随着激情，它会使创造者欣喜若狂，使他们的思维空前活跃，进入一种如痴如醉的状态。

2000多年前，古希腊希洛王请人制造了一顶皇冠，他怀疑制造者掺了白银，但由于皇冠重量与原先国王交给的黄金重量相等，因此拿不出证据，于是便请阿基米德鉴定。

由于皇冠的形状极不规则，阿基米德在接受这个任务后，冥思苦想，不得要领。

有一天，阿基米德躺入澡盆洗澡时，由于澡盆中水加得太满，溢出了一些。

为皇冠问题困扰多日的阿基米德豁然开朗：因为一定重量银的体积比同重量的黄金要大，如果皇冠中掺了白银，那么它排出的水肯定比同重量的黄金多!

想到这里，阿基米德跳出澡盆，向王宫奔去，边跑边喊：“找到了！我找到了……”

于是，科学界又多了个阿基米德定律。

灵感是在人们头脑中普遍存在的一种思维现象，同时它也是一种人人都能够自觉加以利用的思维方法。有些人说自己从未出现过灵感，这主要是因为还不了解什么是灵感，因而即使头脑中已经出现了灵感，也往往会感觉不深，把握不住。其实，只要对灵感现象的机制、特点，及其出现的某些规律有所了解，并且有一定的捕捉和利用灵感的精神准备与敏感，那么每一个人都可能会惊喜地发现：自己已经或正在品尝到灵感的甘露。

灵感是科学发现和发明的“助产士”

灵感思维方法在科学研究和发明中的作用是人所皆知的，有关这方面的事例不胜枚举。因此，灵感思维对于科学发现和发明来说，有如火花、催化剂、助产士一样，不断地催生一批又一批的发明成果。

下面，我们来看看灵感思维是怎么帮助发明大王诺贝尔发明安全炸药的。

早在诺贝尔之前，意大利一位著名的教授就在1847年发明了制造炸药的原料硝化甘油。但是，因为它的稳定性非常差，稍微受到震动就发生爆炸，因此很难应

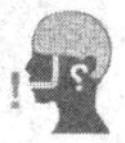

用到实际生活和生产当中。

诺贝尔年轻的时候就表现出了化学的才能，他继续研究液体炸药硝化甘油，希望把它应用在矿山和隧道的施工中。但是硝化甘油爆炸性太强，在试验中多次发生爆炸，他最小的弟弟埃米尔和另外 4 个人都被炸死了。瑞典政府禁止他重建被炸毁的工厂。他被迫到湖面上一艘驳船上进行试验，以寻求减少硝化甘油因为震动而发生爆炸的方法。

偶然有一天，在他从火车上搬下装有硝化甘油的铁桶时，发现滴落在沙地上的硝化甘油立即被沙子吸收了。他感到很奇怪，于是用脚去踩那吸附了硝化甘油的沙子，发现了硝化甘油凝固在沙子里，而未见其爆炸。于是，他欣喜若狂地喊：“我找到了！”后来，他继续研究，以硅藻土作吸附剂，使这种混合物得以安全运输。在此基础上，他又发明了改进的黄色炸药和雷管。

灵感可以促使新发现与发明的产生，而且能助人成功，因而成为大家欢迎的贵客。但是，它却只喜欢拜访勤奋的主人。

伟大的音乐家柴可夫斯基也说：“毫无疑问，甚至最伟大的音乐天才，有时也会被缺乏灵感所苦恼。它是一个客人，不是一请就到的。在这当中，就必须要工作，一个诚实的艺术家绝不能交叉着手坐在那里……必须抓得很紧，有信心，那么灵感一定会来。”这里说得很清楚，你要获得灵感就必须勤学苦练，绝对不能坐在那里消极等待。

别以为灵感只属于学识渊博的科学家和艺术家。其实只要努力，普通人也同样能得到它。

我国有一位五年级的小学生方黎，看到普通的篮球架只有一个球篮，而且高度是固定的，使用起来很不方便。她想设计一种“多用升降篮球架”：一个球架上安装四个篮圈，并且可以升高降低，使更多的同学，包括低年级的同学能够同时练习投篮。在这项发明中，她就是看到妈妈调节落地风扇的高度，突然受到启发，想出了使篮球架随意升降的办法。

灵感对我们来说并不陌生，是每一个人的头脑中都会产生的。但并非每一个人都能够及时地把握住突发的灵感，这除却需要我们有创造的激情与勤奋努力外，还需要高度集中的注意力，只有专注才能抓住转瞬即逝的灵感，并将它运用到创造之中。

灵感是长期思索酝酿的爆发

灵感，具有瞬时突发性与偶然巧合性的特征。诗人、文学家的“神来之笔”，军事指挥家的“出奇制胜”，思想战略家的“豁然贯通”，科学家、发明家的“茅塞顿开”等，都说明了灵感的这一特点。而实际上，它也是长时间思索的结果。也许问题一直没有得到解决，但头脑却一直没有停止思索，只不过将其转到了潜意识中。当突然受到某一事物的启发，问题就一下子解决了。

法国著名数学家彭加勒曾用很长的时间来研究一个艰难的数学难题，百思不得其解。于是他决定到乡间去休息一下。当他上车的时候，后脚还没踏上汽车，脑海突然涌现出一个设想——非欧几何学的变换方法，这与他所研究的那个难题是一样的。真应了“踏破铁鞋无觅处，得来全不费工夫”。

灵感的珍贵之处突出地表现在高能高效、创新性和创造性上。我们常常会有这样的体验：我们经常遇到一些百思不得其解的疑难问题或长期悬而未决的棘手问题，在灵感突然爆发的瞬间变得迎刃而解，使我们有一种茅塞顿开、豁然开朗之感，那些苦苦思索、求之不得的答案瞬间展现在人们面前。灵感的闪现既激动人心又扣人心弦，因为灵感所提供的答案往往是我们经过长期思索、有时是花费数十年思考的心血在瞬间爆发而得到的，潜意识在激活知识和信息等素材的过程中，长期蓄积起来的思维能量终于冲破各种思维阻力而使“灵感火山”得以爆发。灵感火山在爆发时往往伴随着精神振奋、情绪亢奋，带给人们创造成功的极大快乐。

灵感的瞬间爆发是以长期的艰苦探索、长期的思考酝酿为基础的。从灵感产生的过程来看，灵感的酝酿往往有一个因人而异、长短不一的潜伏期，它的出现以飞跃性顿悟——灵感突现为标志，即：在百思不得其解之后突然悟出一个问题的绝妙答案或解决方案。一般来说，从对难题开始思考到产生飞跃性顿悟之间，显意识思维经历了“思考”和“思考中断”两个阶段，逻辑思考的中断实际上仅仅是显意识思维的“休眠”，实际上潜意识思维仍然在悄悄地工作，这种以潜意识思维孕育灵感的时间段可以是数日、数月，也可能长达数年甚至更长时间。

世界上很多伟大的发明、优秀的文艺作品都是创造者顽强的、坚韧的创新性劳动的结晶。没有巨大的劳动做准备，根本不可能有任何灵感的产生。灵感是在创造性劳动中出现的心理、意识的运动和发展的飞跃现象，这种飞跃现象是心理、意识由量变到质变的转化的结果。所以说：灵感思维就是善于把自己的内部世界导入创造性活动的心理状态。

曾有一个记者问门捷列夫："您是怎么发现元素周期律的？"他回答道："这个问题我考虑了近20年，而你却认为，坐着不动，突然成功了！事情并不是这样的！"

由此可见，灵感的瞬间爆发是以长期的艰苦探索、长期的思考酝酿为基础的，而并非真的是"突发奇想"的"神来之笔"，而是长期思考的结果，就像一位有着诸多发明创造经历的创新者被问到为何能有如此成就时，他的回答是："只因我时刻在准备创造。"就因为有着"十个月的"努力准备，才会迎来"一朝分娩"的喜悦，而这种准备既包括实际的物质研究，也包括创造者的心理准备。

因他人点化突发灵感

我们常常在阅读或与他人的交谈中，因一句话的启发而茅塞顿开，思路泉涌，这种类型的灵感称为点化型灵感。

这种类型的灵感在发明创造方面有着重要的应用价值。

苏联火箭专家库佐廖夫为解决火箭上天的推力问题而苦恼万分，食不甘味，夜不能寐，当他的妻子得知原因后，说："这有何难呢，像吃面包一样，一个不够再加一个，还不够，继续增加。"他一听，茅塞顿开，采用三节火箭捆绑在一起进行接力的办法，终于解决了火箭上天的推力难题。

桑拜恩是著名的瑞士化学家。他在发明烈性火药时没有实验场所，只好用自己家里的厨房，因为这样做很危险，所以遭到妻子的一再反对。一次桑拜恩在妻子外出时偷偷在厨房做实验，正当他在炉子上加热硫酸和硝酸混合液的时候，听到妻子由远而近的脚步声，他赶紧把实验器皿收起来。情急之中，把一只装酸的坩埚打破了，酸液流淌满地。为了不让妻子发现，他顺手拿起妻子的棉布围裙，把炉子和地板上的酸迹揩尽。后来，他用水洗了围裙，打算挂在炉子上烘干，这时，却只听"噗"的一声，围裙着火，烧得一干二净，却没有一丝烟雾。桑拜恩见此大受启发，脑子豁然开朗，于是发明了“火药棉”。

相传我国著名书法家郑板桥，未成名时，成天琢磨前辈书法大家的体势，总想写得与前辈书法家一模一样。一天晚上睡觉，手指先在自己身上练字，朦胧之中手指写到妻子身上，妻子被惊醒，生气地说：“我有我体，你有你体，你为何写我体！”他从妻子的话中马上得到启示——应该写自己的一体，不能一味学人。在这个思想作用下，他刻苦用功，朝夕揣摩，终于成了自成一家的一代名书法家。

思想家罗素曾经说过：“机遇偏爱那些有准备的人。”在科学史上，经常有一些偶然事件的出现从而导致了一些重大的发现，了解这些对我们思维的提升是大有益处的。

下面这个故事中的主人翁也是因为一个偶然事件的启发而使工作走上了正轨。

晓兰在一家广告公司做了快两年，可是觉得有些泄气，凭着著名大学本科的学历进入这家公司，她很希望能好好表现一番，可是始终拿不出可以让她扬眉吐气的成绩来。

最近，一位比她资历还浅的学妹，竟然因为一个很有创意的方案，不但让客户十分满意地和公司签下了长期合约，而且还得了广告创意大奖。晓兰觉得颜面有些挂不住了，心灰意冷地打算辞职另找其他性质的工作。

“我太笨了！可能不适合干这行。”因为心情不好影响到身体，晓兰擤着鼻涕坐在医院的候诊室里，心中还不住地嘀咕。

“广告学的理论我都背得滚瓜烂熟，技术也不输人家，可是为什么做出来的东西都是那么死板？”想着想着，晓兰不由自主地叹了口气。

她使劲儿擤着鼻涕，两眼无神地望着前方。医生迟到了，匆匆进入了诊疗室。忽然，晓兰捏皱了口袋中拟好的辞职信，站起来就往外走。

过了几个星期，晓兰的广告公司推出了这样一个电视广告。

一位身穿手术衣帽并戴着口罩的大夫，正紧皱眉头专心动手术，四周的气氛紧张而凝重。护士不停地为医生擦拭额头上的汗。只见他伸手接过一把剪刀，再一伸手接过一把刀子，过了一会儿又一伸手接过一个瓶子往下倒……医生手持瓶子，拉下口罩，注视着自己的杰作，满意地笑了。

镜头一转，他的杰作竟然是一锅让人垂涎三尺的螃蟹。

这时唯一的一句旁白响起：“只有 ×× 牌调味料，才能让你大显身手！”

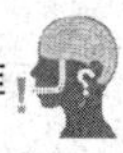

这个佳作可是晓兰在诊室的那一刻受到启发想出来的点子呢！

点化型灵感，重在“点化”二字，如何得到点化也成了获得点化型灵感的关键。这从侧面要求我们得养成良好的习惯，如读书。人们都说“书中自有黄金屋”，往往书中的一句话、一个理念便可以给我们带来很大的触动，激发出创意之光。与人交谈同样是获取灵感的途径，我们常说“听人一席话，胜读十年书”，他人的观点也许并不系统，他人的话语也许并非有所指，而往往正是无心之语，被有心人听到，也可以引发一场创意的革命。获得灵感还要求我们善于观察、认真思考，保持思维的敏感度和灵活度，将看到的、听到的偶然之事、偶然之言与自己关注的领域相结合，促使我们得出不一般的创见。

恍然大悟中的灵感

我们常常有这样的体验：当一个问题长久难以解决被搁置后，在某一时刻，也许与此时我们所思考的问题无关，却会突然间对之前的那个问题有了全面透彻的理解。我们把突然的、意想不到的感觉或理解叫做顿悟型灵感。

顿悟型灵感是由疑难而转化为顿悟（恍然大悟）的一种特殊的心理状态。一闪而过，稍纵即逝。

灵感不能确定预期，难以寻觅，它的降临往往是突如其来的。

达尔文回忆说：“我能记得那个地方，因为，当时我坐在马车里，突然想到了一个问题的答案。”数学家高斯也曾说过，他求证很多年，一直没有解决的难题，终于在两天内成功了……一下解开了，他也说不清这是什么原因。

顿悟型灵感往往就是一刹那的，有时我们甚至说不出它源于何处，但抓住它，也许就能成功，错过它，也许就成了永远的遗憾了。许多发明创造者都有过神奇的“顿悟”经历。

有一天，正为如何显示高能粒子运动轨迹发愁的美国核物理学家格拉肖在餐厅喝啤酒时，不小心将手中的鸡骨掉到啤酒杯里，随着鸡骨逐渐下沉，周围不断冒出啤酒的气泡，因而显示出了鸡骨的运动轨迹。格拉肖见此情景，灵机一动，他想：若用高能粒子所能穿透的介质来代替啤酒，再用高能粒子来代替鸡骨，是否就能显示高能粒子的运动轨迹呢？格拉肖带着这种设想积极地投入到研究中去，终于发现带电高能粒子在穿越液态氢时，同样会出现气泡，从而清晰地显示出粒子的飞行轨迹，发明了液态气泡室。

以发明袖珍电脑和袖珍电视闻名的英国发明家辛克莱在谈到怎样设计出袖珍电视时，曾这样写道：我多年来一直在想，怎样才能把显像管的“长尾巴”去掉。有一天，我突然来了灵感，巧妙地将“尾巴”做成了 90 度弯曲，使它从侧面而不是后面发射电子，结果就设计出了厚度只有 3 厘米的袖珍电视机。

或许每个人都曾经有过虽然萌发了良好的构思，却没有进一步发展的经历。在这种情况下，不妨将它搁置十多天，甚至一个月，在这段时间内，这些构思会在头脑的潜意识中得到酝酿，然后豁然开朗地找到解决之道。

如果你百思不得其解，这就代表所面临的问题超出了大脑的理论处理能力。此时，你最好对大脑中所储存的记忆，即过去的经验等各种概念、印象加以总动员。

如果在这种时候仍是一味地思考，不但无法发挥大脑的功能，而且只会浪费时间、徒增疲劳而已。其实，你不妨干脆将这些构思搁置一段时间，在此期间，大脑会在潜意识中追溯、寻找潜在的和以往的情报（概念或印象），持续进行与你的构思相结合的工作。虽然你可能以为自己渐渐远离了原先的构思，但其实你的大脑却是拼命地在思索着。这段持续期间就称为“酝酿”。此时，如果潜在性地储存在你的大脑中的过去的情报能够与现在面对的课题相结合，你就会在此瞬间爆发出灵感。

由此，我们可以知道，顿悟型灵感的产生是基于长时间的思考的。将问题暂时搁置并不意味着停止思考，而是在潜意识中一直在努力寻找突破口，思考成熟之时，也正是创意产生之时。

因受启示而创造

一家化学实验室里，一位实验员正在向一个大玻璃水槽里注水，水流很急，不一会儿就灌得差不多了。于是，那位实验员去关水龙头，可万万没有想到的是水龙头坏了，怎么也关不住。如果再过半分钟，水就会溢出水槽，流到工作台上。水如果浸到工作台上的仪器，便会立即引起爆裂，里面正在起着化学反应的药品，一遇到空气就会突然燃烧，几秒钟之内就能让整个实验室变成一片火海。实验员们面对

这一可怕情景，惊恐万分，他们知道谁也不可能从这个实验室里逃出去。那位实验员一边去堵住水嘴，一边绝望地大声叫喊起来。这时，实验室里一片沉寂，死神正一步一步地向他们靠近。

就在这时，一名女实验员突然想到这种场景与“司马光砸缸”很是相似，便将手中捣药用的瓷研杵猛地投进玻璃水槽里，“叭”的一声水槽底部砸开了一个大洞，水直泻而下，实验室里一下转危为安。

这种由于受到别人或某种事件或现象原型的启示，激发创造性思维，叫启示型灵感。

如科研人员从科幻作家儒勒·凡尔纳所描绘的“机器岛”原型得到启示，产生了研制潜水艇的设想，并获得成功。

下面这个故事也体现了启示型灵感的妙处。

19世纪20年代，英国要在泰晤士河修建世界上第一条水下隧道。但在松软多水的岩层挖隧道很容易塌方。

有一次，一位工程师正为此发愁，无意中看见一只小小的昆虫在它外壳的保护下，钻进了坚硬的橡树树身。这一情景，引起了工程师的灵感：可不可以采用小虫子的办法呢？他决定改变传统的先挖掘再支护的施工办法，而先将一个空心钢柱体（构盾）打入岩层之中，然后再在这构盾下施工。

受小小昆虫的启发，工程师解决了英国水下施工历史上的一个大难题。

如果这个工程师没有在为挖隧道塌方发愁，那么，昆虫的启示再好，也是对工程师不起作用的。所以，要想启示能起作用，必须自己在进行某项技术或产品的研究和开发。这正是我们常说的外因通过内因而起作用。

能启示一个人灵感的机会很多，怎样才能抓住它们呢？唯一的办法就是不轻易放过每一个对你有用的现象。

一位在美国新泽西州卡姆典应用研究实验所工作的科学家，有一天要到河边去钓鱼。到河畔时，他看见一只青蛙静伏在石头上。这是很平常的现象，但他却像着了魔似地注意看它。他看见小昆虫飞来时，青蛙即伸出长舌巧妙地捕食小虫。

“为什么动作这样敏捷呢？”他心里想。从此以后，他整整两年时间，解剖青蛙的眼睛和脑；研究其筋肉的功能。结果发现青蛙的眼睛和人类的眼睛有很大的差异。

研究所根据他的发现，制造了相当于青蛙网膜和神经的电子工学仪器，创造了人造青蛙眼睛。

完成的人造青蛙眼睛，重量约几公斤。但美国空军却以 20 万美元的价格收买了。因为它成为了比雷达更能正确地捕捉以 16000 公里时速飞来的导弹之探测装置的基础。

如果这位工程师忽略了那只青蛙捕食的现象，那么，他就不可能发明人造青蛙眼睛了。

启示型灵感总会使我们有许多创见，某一事物对我们能够有所启示，是因为我们深刻地理解了它的内涵，掌握了它的规律。这也就要求我们在学习某方面知识时认真思考，深度挖掘它的本质，也许这些知识，对目前的学习和工作没有带来大的改善，但是，也许，日后的某一天它会成为某项创造性行为的灵感源泉。

捕捉“第六感”——直觉

杰出人士之所以杰出，是因为在面对别人也能遇到的启示时，他们能捕捉到灵感的火花，而别人却依旧茫然。

人们总认为只有诗人、发明家等才具有创造性的灵感，其实，在做每一件事时，我们的灵感都是创造性的。其中的原因是什么？历代的伟大思想家都无法解答，但他们都承认这一事实，而且能善加利用。失去了这种天赋，人类将停滞在野蛮的状态中。

灵感与人的直觉是密不可分的，直觉是人的先天能力，它是在无意识状态下，从整体上迅速发现事物本质属性的一种思维方法。它不经过渐进的、精细的逻辑推理，是一种思维的断层和跳跃，它往往可以成为创意的源泉，被人们称为“第六感”。现实生活中，很多人其实正是靠直觉处理事情的。任何时候人都会有预感，只是我们时常忽视它，或把它当作非理性的无用之物。

假如我们能够了解，直觉是人类另一个认知系统，是和逻辑推理并行的一种能力，或许我们比较能够接受直觉的存在。让直觉进入我们的生活，与思考的能力并行，就像打开车子前面的两个大灯，同时照亮我们左右两边的视野。

直觉较为丰富的人应具有以下特点：相信有超感应这回事；曾有过事前预测某

事的经验；碰到重大问题，内心会有强烈的触动，所做成的事大都是凭感觉做的；早在别人发现问题前就觉得该问题存在；曾梦到问题的解决办法；总是很幸运地做成看似不可能的事；在大家都支持一个观念时，能够持反对意见而又找不到原因；等等。

在艺术创作和科学活动中，几乎处处都有直觉留下的痕迹。

马兹马尼扬曾对60名杰出的歌剧和话剧演员、音乐指挥、导演和剧作家们的创作进行了研究，结果这些人都谈到直觉思维曾在他们的创作过程中起过积极作用。

居里夫人在镭的原子量测定出来前4年就已预感到它的存在，并提议将其命名为镭，“以直觉的预感击中了正确的目标”；诺贝尔奖获得者丁肇中教授也写道：“1972年，我感到很可能存在许多具有光特性而又比较重的粒子，然而理论上并没有预言这些粒子的存在。我直觉上感到没有理由认为重光子一定要比质子轻。后来经过实验，果然发现了震动物理界的J粒子。”

1908年的一天，日本化学教授池田菊苗正坐在餐桌旁，品味着贤惠的妻子为他准备的晚餐，餐桌上摆满了各种各样的菜肴，教授吃吃这个，尝尝那个，然后拿起汤匙喝了口妻子特意为他做的海带汤。

刚喝了一口，池田菊苗教授即面露惊异之色，因为他发现海带汤太鲜美了。直觉告诉池田菊苗这种汤中肯定含有一种特殊的鲜味物质。于是，教授取来许多海带，进行了一系列化学分析，经过半年多的努力，终于从10千克海带中提炼出了2克谷氨酸钠，把它放进菜肴里，鲜味果然大大提高了。池田菊苗便将这种鲜味物质定名为“味の素”（即味之素），也就是我们所说的味精。

由于直觉在发明创造领域的重要作用，一些著名的科学家、艺术家由衷地给了直觉以最高的评价。如爱因斯坦说的“我相信直觉和第六感觉”，“直觉是人性中最有价值的因素”。未来派艺术大师玛里琳·弗格森说：“如果没有直觉能力的话，人类将仍然生活在洞穴时代。”丹麦物理学家玻尔说：“实验物理的全部伟大发现都来源于一些人的直觉。”他还举例说：“卢瑟福很早就以他深邃的直觉认识到原子核的存在。”法国著名数学家彭加勒说：“教导我们瞭望的本领是直觉。没有直觉，数学家便会变成这样一个作家：他只是按语法写诗，但却毫无思想。”

当然，由于直觉思维的非逻辑性，因此它的结论常常是不可靠的，但我们不能因此而否定直觉思维的创新作用。著名物理学家杨振宁教授在谈到氢弹之父泰勒博士的讲课特点时曾说过这样一句话：“泰勒的物理学的一个特点是他有许多直觉的见解，这些见解不一定都是对的，恐怕有90%是错误的，不过没关系，只要有10%是对的就行了。”

养成随时记录的习惯

灵感，作为人类最奇特、最具活力而又神秘莫测的高能创造性思维，它的爆发如同大自然的闪电迅雷一样稍纵即逝，能捕捉到并迅速记录下来就是幸运儿，倘若毫无准备，灵感闪电一经消失就会无影无踪，而且在短期内不会重现，有的甚至在很长时间内也难以再现。

例如，奥地利著名作曲家约翰·施特劳斯，就是一位记录灵感闪电的高手。一次，施特劳斯在一个优美的环境中休息，突然灵感火花涌现，当时他没有带纸，急中生智的施特劳斯迅速脱下衬衣，挥笔在衣袖上谱成一曲，这就是后来举世闻名的圆舞曲《蓝色多瑙河》。

创造学研究表明，所有智力和思维正常的人，随时随地都会有各种各样、大大小小的灵感在头脑中闪现，可是由于主人预先没有做好捕捉的准备，大量的灵感、创意、妙策、奇想、思想火花甚至惊人的发现，都在人们漫不经心、猝不及防、来不及捕捉与记录的情况下消失得无影无踪。数学发展史上著名的费马大定理的证明就是如此。

1621年，大数学家费马曾突然萌发灵感，提出了一个简单而新奇的数学定理：

当整数n>2时，方程式xn+yn=zn没有正整数解。

就是说，没有一组正整数x，y，z能满足上面的方程式。费尔马在一本书的页边上写下了这个定理，并且自豪地说：“我得到了这个断语的惊人的证明，但这页边太窄，不容我把证明写出来。”

费马把这事放下了。但自那以后，费马自已也没有重新想起这一难得的灵感，结果害得300多年来许多人为它绞尽脑汁，直到1994年，费尔马逝世300多年后，英国数学家怀尔斯才证明了费马大定理。灵感一失300年！

许多人都会犯费马的错误，因为懒惰或其他的什么原因而搁置灵感，任它消失

 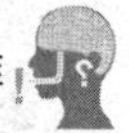

得无影无踪而无法补救。

为了避免再产生这样的遗憾，我们应该培养记录灵感的习惯，只要有点子出现，就该立刻记下，这些最原始的想法，经过日积月累之后，就会变成我们创意的资料库。

像台湾知名创作歌手陈升，就有随手记下自己心情的习惯，即使是几个突然想到的旋律。陈升自己还透露，他曾经为了抄下几个绝佳的和弦，差点在十字路口被车撞，由此可见他是多么在乎随机产生的灵感。

既然你已经注意到了灵感是这么容易消逝，也开始了灵感思考，下面该做的就是准确地把想到的灵感记录下来，否则就会像大多数人一样，还没开始执行就忘光了。你是否有这样的经历，早晨一醒来就冒出一个好点子，等你到了教室或办公室，却怎么也想不起来这点子是什么了。许多灵感是与周围环境息息相关的，一旦环境改变了，灵感也就不见了，所以要养成随手记录的好习惯。以下是一些记录创意常用的方法。

（1）在床头或厨房里放一叠便笺。

（2）在浴室里放一支笔。

（3）在车里放一部小型录音机。

（4）随时在口袋里准备着笔记本或便笺。

（5）把点子记在每日必看的电视节目单上。

（6）用增进记忆的方法——以图画表述点子的主旨。

（7）马上给自己打录音电话。

（8）一定要随身带笔，如果忘了，就要开动脑筋，例如利用沙滩上的沙、浴室镜子上的雾、仪表盘上的积灰……

第七章

换位思维——站在对方位置，才能更清楚问题关键

换位思维的艺术

从前有一个老国王，他平时头脑很古怪，一天，老国王想把自己的王位传给两个儿子中的一个。他决定举行比赛，要求是这样的：谁的马跑得慢，谁就将继承王位。两个儿子都担心对方弄虚作假，使自己的马比实际跑得慢，就去请教宫廷的弄臣（中世纪宫廷内或贵族家中供人娱乐的人）。这位弄臣只用了两个字，就说出了确保比赛公正的方法。这两个字就是：对换。

所谓换位思维，就是设身处地将自己摆放在对方位置，用对方的视角看待世界。

在与他人的交往中，我们需要学会换位思维，设身处地为他人考虑，也就是我们常说的将心比心。换位思维可以使他人感受到你的爱心与关怀，同时，也许会给你自己带来意想不到的好处。

英国的一个小镇上，有一位富有但孤单的老人准备出售他漂亮的房子，搬到疗养院去。

消息一传开，立刻有许多人登门造访，提出的房价高达30万美元。

这些人中有一个叫罗伊的小伙子，他刚刚大学毕业，没有多少收入。但他特别喜欢这所房子。

他悄悄打听了一下别人准备给出的价格，手里拿着仅有的3000美元，想着该如何让老人将房子卖给他而不是别人。

这时，罗伊想起一个老师说的话——找出卖方真正想要的东西给他。

他寻思许久，终于找到问题的关键点：老人最牵挂的事就是将不能在花园中散步了。

罗伊就跟老人商量说："如果你把房子卖给我，您仍能住在您的房子里而不必搬到疗养院去，每天您都可以在花园里散步，而我则会像照顾自己的爷爷一样照顾您。一切都像平常一样。"

听了这话，老人那张皱纹纵横的老脸，绽开了灿烂的笑容，笑容中，充满爱和惊喜，当即，老人与罗伊签下了合约，罗伊首付 3000 美元，之后每月付 500 美元。

老人很开心，他把整个屋子的古董家具都作为礼物送给了罗伊，并高兴地向大家宣布这所房子已经有了新的主人。

罗伊不可思议地赢得经济上的胜利，老人则赢得了快乐和与罗伊之间的亲密关系。

由上我们可以知道，换位思维除了感人之所感外，还要知人之所感，即对他人的处境感同身受，客观理解。

换位思维是在情感的自我感觉基础上发展起来的。首先要面对自己的情感。我们自己越是坦诚，研读他人的情绪感受也就越加准确。

每个人天生都会有一定程度的体察他人情感的敏感性。人如果没有这种敏感性，就会产生情感失聪。这种失聪会使人们在社交场合不能与人和谐相处，或是误解别人的情绪，或是说话不考虑时间场合，或是对别人的感受无动于衷。所有这些，都将破坏人际关系。

换位思维不仅对保持人与人之间的和睦关系非常重要，而且对任何与人打交道的工作来说，都是至关重要的。无论是搞销售，还是从事心理咨询，或给人治病以及在各行各业中从事领导工作，体察别人内心的换位思维都是取得优秀业绩的关键因素。

先站到对方的角度看问题

换位思维的一个显著的特征就是站在对方的角度看问题。这样，我们将得到一个崭新的视角，这有利于问题的有效解决。

著名的牧师约翰·古德诺在他的著作《如何把人变成黄金》中举了这样一个

例子。

多年来，作为消遣，我常常在距家不远的公园散步、骑马，我很喜欢橡树，所以每当我看见小橡树和灌木被不小心引起的火烧死，就非常痛心，这些火不是由粗心的吸烟者引起，它们大多是那些到公园里体验野外生活的游人所引起，他们在树下烹饪而烧着了树。火势有时候很猛，需要消防队才能扑灭。

在公园边上有一个布告牌警告说：凡引起火灾的人会被罚款甚至拘禁。

但是这个布告竖在一个人们很难看到的地方，儿童更是很难看到它。虽然有一位骑马的警察负责保护公园，但他很不尽职，火仍然常常蔓延。

有一次，我跑到一个警察那里，告诉他有一处着火了，而且蔓延很快，我要求他通知消防队，他却冷淡地回答说，那不是他的事，因为不在他的管辖区域内。我急了，所以从那以后，当我骑马出去的时候，我担任自己委任的“单人委员会”的委员，保护公共场所。每当看见树下着火，我非常着急。最初，我警告那些小孩子，引火可能被拘禁，我用权威的口气，命令他们把火扑灭。如果他们拒绝，我就恫吓他们，要将他们送到警察局——我在发泄我的反感。

结果呢？儿童们当面顺从了，满怀反感地顺从了。在我消失在山后边时，他们重新点火。让火烧得更旺——希望把全部树木烧光。

这样的事情发生多了，我慢慢教会自己多掌握一点人际关系的知识，用一点手段，一点从对方立场看事情的方法。

于是我不再下命令，我骑马到火堆前，开始这样说：

“孩子们，很高兴吧？你们在做什么晚餐？……当我是一个小孩子时，我也喜欢生火玩儿，我现在也还喜欢。但你们知道在这个公园里，火是很危险的，我知道你们没有恶意，但别的孩子们就不同了，他们看见你们生火，他们也会生一大堆火，回家的时候也不扑灭，让火在干叶中蔓延，伤害了树木。如果我们再不小心，不仅这儿没有树了。而且，你们可能被拘入狱，所以，希望你们懂得这个道理，今后注意点。其实我很喜欢看你们玩耍，但是那很危险……”

这种说法产生了很大效果。儿童们乐意合作，没有怨恨，没有反感。他们没有被强制服从命令，他们觉得好，古德诺也觉得好。因为他考虑了孩子们的观点——他们要的是生火玩儿，而他达到了自己的目的——不发生火灾，不毁坏树木。

 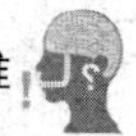

站在对方的角度看问题，往往可以使我们更清晰地了解对方的处境，也可以使对方更真切地感受到我们的关怀，促进事情的顺利发展。

被誉为世界上最伟大的推销员的乔·吉拉德是一个善于站在对方角度考虑问题的人，这一特点也是成就他的推销神话的秘密之一。

曾经有一次一位中年妇女走进乔·吉拉德的展销室，说她想在这儿看看车打发一会儿时间。闲谈中，她告诉乔·吉拉德她想买一辆白色的福特车，就像她表姐开的那辆一样，但对面福特车行的推销员让她过一小时后再去，所以她就先来这儿看看。她还说这是她送给自己的生日礼物："今天是我55岁生日。"

"生日快乐！夫人。"乔·吉拉德一边说，一边请她进来随便看看，接着出去交代了一下，然后回来对她说："夫人，您喜欢白色车，既然您现在有时间，我给您介绍一下我们的双门式轿车——也是白色的。"

他们正谈着，女秘书走了进来，递给乔·吉拉德一束玫瑰花。乔·吉拉德把花送给那位夫人："祝您生日快乐，尊敬的夫人。"

显然她很受感动，眼眶都湿了。"已经很久没有人给我送礼物了。"她说，"刚才那位福特推销员一定是看我开了部旧车，以为我买不起新车，我刚要看车他却说要去收一笔款，于是我就上这儿来等他。其实我只是想要一辆白色车而已，只不过表姐的车是福特，所以我也想买福特。现在想想，不买福特也可以。"

最后她在乔·吉拉德这儿买走了一辆雪佛莱，并写了一张全额支票，其实从头到尾乔·吉拉德的言语中都没有劝她放弃福特而买雪佛莱的词句。只是因为吉拉德对她的关心使她感觉受到了重视，契合了这位妇女当时的心理，于是她放弃了原来的打算，转而选择了乔·吉拉德的产品。

上面两则故事告诉了我们这样一个道理：无论是面对什么样的人，解决什么样的问题，都要努力做到站在对方的角度看问题，这样，说出的话、提出的解决方案才能迎合对方的心理，使事情的进展更加顺利。

换位可以使说服更有效

换位可以使说服更有效。换位思维可以洞察对方的心理需求，便于及时地调整自己，挖掘自己与对方的相同点，使谈话的氛围更轻松，在不知不觉中使对方认同自己的观点。

让我们先来看一看发生在古代的一个成功说服他人的真实故事。

赵太后刚刚执政，秦国就急忙进攻赵国。赵太后向齐国求救。齐国说：“一定要用长安君来做人质，援兵才能派出。”赵太后不肯答应，大臣们极力劝谏。太后公开对左右近臣说：“有谁敢再说让长安君去做人质，我一定唾他！”

左师公触龙愿意去见太后。太后气冲冲地等着他。触龙做出快步走的姿势，慢慢地挪动着脚步，到了太后面前谢罪说：“老臣脚有毛病，竟不能快跑，很久没来看您了。我私下原谅自己呢，又总担心太后的贵体有什么不舒适，所以想来看望您。”太后说：“我全靠坐辇车走动。”触龙问：“您每天的饮食该不会减少吧？”太后说：“吃点稀粥罢了。”

触龙说：“我近来很不想吃东西，自己却勉强走走，每天走上三四里，就慢慢地稍微增加点食欲，身上也比较舒适了。”太后说：“我做不到。”太后的怒色稍微消解了些。

左师说：“我的儿子舒祺，年龄最小，不成才；而我又老了，私下疼爱他，希望能让他递补上黑衣卫士的空额，来保卫王宫。我冒着死罪禀告太后。”太后说：“可以。年龄多大了？”触龙说：“十五岁了。虽然还小，希望趁我还没入土就托付给您。”太后说：“你们男人也疼爱小儿子吗？”触龙说：“比妇人还厉害。”太后笑着说：“妇人更厉害。”触龙回答说：“我私下认为，您疼爱燕后就超过了疼爱长安君。”太后说：“您错了！不像疼爱长安君那样厉害。”左师公说：“父母疼爱子女，就得为他们考虑长远些。您送燕后出嫁的时候，摸着她的脚后跟哭泣，这是惦念并伤心她嫁到远方，也够可怜的了。她出嫁以后，您也并不是不想念她，可您祭祀时，一定为她祷告说：‘千万不要被赶回来啊。’难道这不是为她作长远打算，希望她生育子孙，一代一代地做国君吗？”太后说：“是这样。”

左师公说：“从这一辈往上推到三代以前，一直到赵国建立的时候，赵王被封侯的子孙的后继人有还在的吗？”赵太后说：“没有。”触龙说：“不光是赵国，其他诸侯国君的被封侯的子孙，他们的后人还有在的吗？”

赵太后说：“我没听说过。”左师公说：“他们当中祸患来得早的就降临到自己头上，祸患来得晚的就降临到子孙头上。难道国君的子孙就一定不好吗？这是因为他们地位高而没有功勋，俸禄丰厚而没有功绩，占有的珍宝却太多了啊！现在您把长

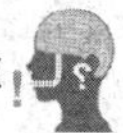

安君的地位提得很高，又封给他肥沃的土地，给他很多珍宝，而不趁现在这个时机让他为国立功，一旦您百年之后，长安君凭什么在赵国站住脚呢？我觉得您为长安君打算得太短了，因此我认为您疼爱他不如疼爱燕后。”太后说：“好吧，任凭您指派他吧。”

于是太后就替长安君准备了一百辆车子，送他到齐国去做人质。齐国的救兵才出动。

这的确是令人叹为观止的“移情—换位”的典范。触龙通过换位思维，成功地将赵太后说服，可谓深知换位之魅力。

现实生活中，我们经常需要说服他人。说服就是使他人认同自己的观点和想法，以成功达到自己的目的。

在销售过程中，利用换位思维与顾客建立和谐关系是很重要的，换位思维重要目的是让顾客喜欢你、信赖你，并且相信你的所作所为是为了他们的最佳利益着想，使说服工作更容易进行。

下面就是一则在工作中善用换位思维的推销员的故事。

有一次，程亮到一位客户家里推销，接待他的是这家的家庭主妇。程亮第一句话：“哟，您就是女主人啊！您真年轻，实在看不出已经有孩子了。”

女主人说：“咳，你没看见，快把我累垮了，带孩子真累人。”

程亮说：“那是，在家我妻子也老抱怨我，说我一天到晚在外面跑，一点也不尽当爸爸的责任，把孩子全留给她了。”

女主人深表同情地说：“就是嘛，你们男人就知道在外面混。”

程亮跟着说：“孩子几岁了？真漂亮！快上幼儿园了吧？”

“是呀，今年下半年上幼儿园。”

“挺伶俐的，怪可爱的，孩子慢慢长大，他们的教育与成长就成为我们做大人最关心的事情了，谁不望子成龙，望女成凤，我每隔一段时间就会买些这样的磁带放给他们听。”

说着，程亮就取出了他所推销的商品——幼儿音乐磁带，没想到女主人想都没多想，就问：“一共多少钱？”毫不犹豫地就买了一套。

程亮轻松地说服了客户，妙处就在于他一直站在客户的立场看待问题，很自然地引出客户所需，并适时奉上自己的商品。这时，客户并不感觉自己被推销员说服了，而是自己需要购买，交易就这样顺利达成了。

一般来说，善于说服他人的人，都是善于揣摩他人心理的人。要说服他人，就得让对方觉得自己被接受、被了解，让人觉得你将心比心，善解人意。人的内心情感可以在他的举止、言谈中流露出来，但正如浮在水面之上的冰山只占总体积的10%一样，人的情绪的90%是我们的肉眼看不到的。这就要求我们去深入了解对方的内心世界，加以观察体会，细心揣摩，并采取适当的行动来满足对方的需要，建立信任感，从而使说服更有成果更有效率。只有在满足别人需要的前提下，才能达到自己的目的，获得双赢。

可见，说服他人的第一关就是要进行换位思维，在了解自己的需要基础上，站在对方的立场，揣摩对方的心理，体会对方的需求。只有这样，你才知道自己能够放弃什么和不能放弃什么，所谓知己知彼，方能百战百胜。否则，被说服的对象很可能就是你自己。

进行换位思考的时候，切忌情绪化，发怒、过于激动、过于高兴、伤感的情绪都会使你不能有效地思考，从而削弱你的判断能力，使换位思维无法真正到位。

说服是鼓动而不是操纵，最好的说服是使对方认为这就是他们的想法。关键的一点就是通过换位思维，发现对方的心理需求后，及时地调整自己，挖掘自己与对方的相同点，因为人们一般都倾向于喜欢和认同与自己类似的人，这样，说服工作就可能更深入了一步。

春秋时期纵横家鬼谷子就很好地为我们总结了说服他人的道理：跟智慧的人说话，要靠渊博；跟高贵的人说话，要靠气势；跟笨拙的人说话，要靠详辩；跟善辩的人说话，要靠扼要；跟富有的人说话，要靠高雅；跟贫贱的人说话，要靠谦敬；跟勇敢的人说话，要靠勇敢；跟有过失的人说话，要靠鼓励。

而这一切的前提和关键都是必须进行换位思维，只有在揣摩清楚对方的心理后才能达到说服的目的。

固执己见是造成人生劣势的主要原因

在一个池塘边生活着两只青蛙，一绿一黄。绿青蛙经常到稻田里觅食害虫，黄青蛙却经常悠闲地躲在路边的草丛中闭目养神。

有一天黄青蛙正在草丛中睡大觉，突然听到有人叫：“老弟，老弟。”它懒洋洋地睁开眼睛，发现是田里的绿青蛙。

“你在这里太危险了，搬来跟我住吧！”田里的绿青蛙关切地说，“到田里来，每天都可以吃到昆虫，不但可以填饱肚子，而且还能为庄稼除害，况且也不会有什么危险。”

路边的青蛙不耐烦地说：“我已经习惯了，干吗要费神地搬到田里去？我懒得动！况且，路边一样也有昆虫吃。”

田里的青蛙无可奈何地走了。几天后，它又去探望路边的伙伴，却发现路边的黄青蛙已被车子轧死了，暴尸在马路上。

很多灾难与不测都是因为我们固执已见而不注意听从别人的意见造成的，举手之劳的事情却不愿为之，就注定要为此付出沉重的代价。

固执就是思维的僵化、教条。换位思维要求我们学会从各个不同的角度全面研究问题，抛开无谓的固执，冷静地用开放的心胸做正确的抉择。

那个固执的青蛙企图仅凭一成不变的哲学，固执已见地想强度人生所有的关卡，显然是行不通的。它忘了在人生的每一次关键时刻，应随时检查自己选择的方向是否产生偏差；忘了应该适时地进行调整，更谈不上审慎地运用智慧，做出适当的抉择。可以说，生活中很多人都像那只路边的青蛙一样，不喜欢改变，喜欢固执已见，死守一成不变的思维模式，并在这种模式中不断地自我消耗、自我衰退。

当然，不要固执已见，并不意味着我们必须全盘放弃自己的执着，但并不排除在意念上作合理的修正，以做到无所偏执。

真正的改变也不只是从A点到B点，或从B点再到C点，事实上，每一个改变若不是发自内心对自我的了解，很多时候，那些改变也是徒劳无功的。所以真正尝试改变，需要的是我们对自己的了解、对内心世界那份价值的追求与渴望，有明确的认知之后再做新的调整与修正，才是真改变。而且，这一路走来，每一个工作、每一次历练、每一回合的挑战都是弥足珍贵的。

每一个人现在所处的境况，正是以往自己所保持的态度造成的。如果想改变未来的生活，使之更加顺畅，必须得先改变此时的态度。坚持错误的观念，固执不愿改变，恐怕再多的努力，也只能是枉然。

应该说，安于现状，固守已见，是造成人生劣势的主要原因之一，而勇于突破自我的思考习惯，不再让自己停留在熟悉而危险的现况中，让自我更健全，更有应对力，才能真正拯救自己，完成人生的大业。

莫要囿于己见，多听听周围不同的声音，设法接受完全和自己想法抵触的见解，看看事物在不一样的角度之下所呈现出来的不同感觉，突破自己一成不变的想法，用新的眼光来看待这个世界和这个世界里的人，以及发生的事情，给自己一个好的改变，这才是真正的换位思维，才是获取快乐的创新视角。

己所不欲，勿施于人

“己所不欲，勿施于人”是换位思维的一个核心理念，当我们能切身地领悟到这种境界时，有许多不理解的事都会豁然开朗。

当你做错了一件事，或是遇到挫折时，你是期望你的朋友说一些安慰、鼓励的话，还是希望他们泼冷水呢？也许你会说：“这不是废话吗，谁会希望别人泼冷水呢？”可是，当你对别人泼冷水时，可曾注意到别人也有同样的想法？事实上，很多人都没有注意到这一点。

美国《读者文摘》上发表过一篇名为《第六枚戒指》的故事，很形象地说明换位思考给我们心灵带来的震动。

美国经济大萧条时期，有一位姑娘好不容易找到了一份在高级珠宝店当售货员的工作。在圣诞节的前一天，店里来了一个30岁左右的男性顾客，他衣着破旧，满脸哀愁，用一种不可企及的目光，盯着那些高级首饰。

这时，姑娘去接电话，一不小心把一个碟子碰翻，6枚精美绝伦的戒指落到地上。她慌忙去捡，却只捡到了5枚，第6枚戒指怎么也找不着了。这时，她看到那个30岁左右的男子正向门口走去，顿时意识到戒指被他拿去了。当男子的手将要触及门把手时，她柔声叫道：“对不起，先生！”那男子转过身来，两人相视无言，足有几十秒。“什么事？”男人问，脸上的肌肉在抽搐，他再次问：“什么事？”“先生，这是我头一回工作，现在找个工作很难，想必你也深有体会，是不是？”姑娘神色黯然地说。

男子久久地审视着她，终于一丝微笑浮现在他的脸上。他说：“是的，确实如此。但是我能肯定，你在这里会干得不错。我可以为你祝福吗？”他向前一步，把

手伸给姑娘。“谢谢你的祝福。”姑娘也伸出手，两只手紧紧地握在一起，姑娘用十分柔和的声音说：“我也祝你好运！”

男子转过身，走向门口，姑娘目送他的背影消失在门外，转身走到柜台，把手中的第 6 枚戒指放回原处。

己所不欲，勿施于人的道理更说明这样一个事实，那就是善待别人，也就是善待自己。可以说，任何一种真诚而博大的爱都会在现实中得到应有的回报。在我们运用换位思维的时候，当我们真诚地考虑到对方的感受和需求而多一分理解和委婉时，意想不到的回报便会悄然而至。

多年以前，在荷兰一个小渔村里，一个勇敢的少年以自己的实际行动使全村人懂得了为他人着想也就是为自己着想的道理。

由于全村的人都以打鱼为生，为了应对突发海难，人们自发组建了一支紧急救援队。

一个漆黑的夜晚，海面上乌云翻滚，狂风怒吼，巨浪掀翻了一艘渔船，船员的生命危在旦夕。他们发出了 SOS 的求救信号。村里的紧急救援队收到求救信号后，火速召集志愿队员，乘着划艇，冲入了汹涌的海浪中。

全村人都聚集在海边，翘首眺望着云谲波诡的海面，人们都举着一盏提灯，为救援队照亮返回的路。

一个小时之后，救援队的划艇终于冲破浓雾，乘风破浪，向岸边驶来。村民们喜出望外，欢呼着跑上前去迎接。

但救援队的队长却告知：由于救援艇容量有限，无法搭载所有遇险人员，无奈只得留下其中的一个人，否则救援艇就会翻覆，那样所有的人都活不了。

刚才还欢欣鼓舞的人们顿时安静了下来，才落下的心又悬到了嗓子眼儿，人们又陷入了慌乱与不安中。这时，救援队队长开始组织另一批队员前去搭救那个最后留下来的人。16 岁的汉斯自告奋勇地报了名。

但他的母亲忙抓住了他的胳膊，用颤抖的声音说：“汉斯，你不要去。10 年前，你父亲就是在海难中丧生的，而一个星期前，你的哥哥保罗出了海，可是到现在连一点消息也没有。孩子，你现在是我唯一的依靠了，求求你千万不要去。”

看着母亲那日见憔悴的面容和近乎乞求的眼神，汉斯心头一酸，泪水在眼中直打转，但他强忍住没让它流下来。

“妈妈，我必须去！”他坚定地答道，“妈妈，你想想，如果我们每个人都说：‘我不能去，让别人去吧！’那情况将会怎样呢？假如我是那个不幸的人，妈妈，你是不是也希望有人愿意来搭救我呢？妈妈，你让我去吧，这是我的责任。”汉斯张开双臂，紧紧地拥吻了一下他的母亲，然后义无反顾地登上了救援队的划艇，冲入无边无际的黑暗之中。

10 分钟过去了，20 分钟过去了……一个小时过去了。这一个小时，对忧心忡忡的汉斯的母亲来说，真是太漫长了。终于，救援艇再次冲破迷雾，出现在人们的视野中。岸上的人群再一次沸腾了。

靠近岸边时，汉斯高兴地大声喊道：“我们找到他了，队长。请你告诉我妈妈，他就是我的哥哥——保罗。”

这就是人生的回报。

“己所不欲，勿施于人”，就是不将东西强加于人，而是给予别人真正想要的，像了解自己需求一样考虑他人需求。自己需要帮助，就给别人帮助，自己需要关心，就给别人以爱心，当我们真心付出时，回报也就随之而来了。

用换位思维使自己摆脱窘境

拿破仑曾用换位思维为自己解了围。

拿破仑入侵俄国期间，有一回，他的部队在一个十分荒凉的小镇上作战。

当时，拿破仑意外地与他的军队脱离，一群俄国哥萨克士兵盯上他，在弯曲的街道上追逐他。慌忙逃命之中，拿破仑潜入僻巷一个毛皮商的家。当拿破仑气喘吁吁地逃入店内时，他连连哀求那毛皮商：“救救我，救救我！快把我藏起来！”

毛皮商就把拿破仑藏到了角落的一堆毛皮底下，刚安排完，哥萨克人就冲到了门口，他们大喊：“他在哪里？我们看见他跑进来了！”

哥萨克士兵不顾毛皮商的抗议，把店里给翻得乱七八糟，想找到拿破仑。他们将剑刺入毛皮内，还是没有发现目标。最后，他们只好放弃搜查，悻悻离开。

过了一会儿，当拿破仑的贴身侍卫赶来时，毫发无损的拿破仑这才从那堆毛皮下钻出来，这时，毛皮商诚惶诚恐地问拿破仑：“阁下，请原谅我冒昧地对您这个伟人问一个问题：刚才您躲在毛皮下时，知道可能面临最后一刻，您能否告诉我，

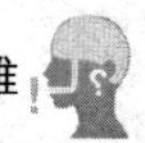

那是什么样的感觉？”

谁都可以想象得到，方才的一幕有多么惊心动魄，但是，拿破仑作为一国首领，他无法在自己的士兵面前表现出胆怯，也就无法将自己的感受用语言告诉毛皮商。于是，拿破仑站稳身子，愤怒地回答：“你，胆敢对拿破仑皇帝问这样的问题？卫兵，将这个不知好歹的家伙给我推出去，蒙住眼睛，毙了他！我，本人，将亲自下达枪决令！”

卫兵捉住那可怜的毛皮商，将他拖到外面面壁而立。

被蒙上双眼的毛皮商看不见任何东西，但是他可以听到卫兵的动静，当卫兵们排成一列，举枪准备射击时，毛皮商甚至可以听见自己的衣服在冷风中簌簌作响。他感觉到寒风正轻轻拉着他的衣襟、冷却他的脸颊，他的双腿不由自主地颤抖着，接着，他听见拿破仑清清喉咙，慢慢地喊着：“预备——瞄准——”那一刻，毛皮商知道这一切无关痛痒的感伤都将永远离他而去，而眼泪流到脸颊时，一股难以形容的感觉自他身上泉涌而出。

经过一段漫长的死寂，毛皮商人忽然听到有脚步声靠近他，他的眼罩被解了下来——突如其来的阳光使得他视觉半盲，他还是感觉到拿破仑的目光深深地又故意地刺进他的眼睛，似乎想洞察他灵魂里的每一个角落，后来，他听见拿破仑轻柔地说：“现在，你知道了吧？”

运用换位思维，要求我们在交际僵局出现时，把角色“互换”一下，这样，就很可能轻松打破僵局，为自己争取主动。让对方坐在自己的椅子上，对事物之间的位置关系进行互换，就能把“烫手的山芋”抛给别人。

为对方着想，替自己打算

换位思维的行为主旨之一就是为对方着想。在生活中，若遇到只为自己的利益着想的人，我们常常会说这个人自私，鄙视其为人，自然就会很少与其来往。

相反，若遇到的是一个能为他人着想的人，我们常常会敬佩其为人，也很乐意与他来往。思己及人，为了创建一个良好的人际交往环境，我们应该尽可能地为对方着想。

倘若期望与人缔结长久的友谊，彼此都应该为对方着想。就如同钓不同的鱼，投放不同的饵。卡耐基说："每年夏天，我都去梅恩钓鱼。以我自己来说，我喜欢吃杨梅和奶油，可是我看出由于若干特殊的理由，鱼更爱吃小虫。所以当我去钓鱼的时候，我不想我所要的，而想鱼儿所需要的。我不以杨梅或奶油作为钓饵，而是在鱼钩上挂上一条小虫或是一只蚱蜢，这样还怕鱼儿不上钩吗？"

如果你希望拥有完美交际，你为什么不采用卡耐基的方法去吸引周围的人呢？

依特·乔琪，美国独立战争时期的一个高级将领，战后依旧宝刀不老，雄踞高位，于是有人问他："很多战时的领袖现在都退休了，你为什么还身居高位呢？"

他是这样回答的："如果希望官居高位，那么就应该学会钓鱼。钓鱼给了我很大的启示，从鱼儿的愿望出发，放对了鱼饵，鱼儿才会上钩，这是再简单不过的道理。不同的鱼要使用不同的钓饵，如果你一厢情愿，长期使用一种鱼饵去钓不同的鱼，你一定会劳而无功的。"

这的确是经验之谈，是智慧的总结。总是想着自己，不顾别人的死活，不管对方的感受，心中只有"我"，是不可能拥有完美的人际关系的。

为什么有些人总是"我"字当头呢？这是孩子的想法，不近情理的作为，是长不大的表现。你只要认真地观察一下孩子，你就会发现孩子那种"我"字当头的天性。

当然，一个人如果完全不注意自己的需要，那是不可能的，也是不实际的。因此，注意你自己的需要，这是可以理解的，可是如果你信奉"人不为己，天诛地灭"，变成了一个十足的利己主义者，那么，你就会对他人漠不关心，难道还希望他人对你关怀备至吗？

卡耐基说，世界上唯一能够影响对方的方法，就是时刻关心对方的需要，并且还要想方设法满足对方的这种需要。在与对方谈论他的需要时，你最好真诚地告诉对方如何才能达到目的。

有一次，爱默生和他的儿子，要把一头小牛赶进牛棚里去，可是父子俩都犯了一个常识性的错误，他们只想到自己所需要的，没有想到那头小牛所需要的。爱默生在后面推，儿子在前面拉。可是那头小牛也跟他们父子一样，也只想自己所想要的，所以挺起四腿，拒绝离开草地。

这种情形被旁边的一个爱尔兰女佣看到了。这个女佣不会写书，也不会做文章，可是至少在这次，她懂得牲口的感受和习性，她想到这头小牛所需要的。只见

这个女佣人把自己的拇指放进小牛的嘴里，让小牛吮吸拇指，女佣使用很温和的方法把这头倔强的小牛引进了牛棚里。

这些道理都是最浅显而明白的，任何人都能够获得这种技巧。可是这种“只想自己”的习惯也不是很容易改变的，因为你自从来到这个世界上，你所有的举动、出发点都是为了你自己。

亨利·福特说：“如果你想拥有一个永远成功的秘诀，那么这个秘诀就是站在对方的立场上考虑问题——这个立场是对方感觉到的，但不一定是真实的。”

这是一种能力，而这种能力就是你获得成功的技巧。

不把自己的意志强加于人

有一位牧师和一个屠夫的交情很不错。他们有空就一起聊天钓鱼。屠夫是个酒鬼，但牧师在他面前从不谈饮酒方面的事。

亲友们多次规劝屠夫戒酒，有的说：“再这样下去，会喝烂你的心肺！”还有的说：“嗜酒如命，定会自毙！”然而无论怎样劝说都没有用。于是便请牧师帮忙，可是牧师不肯，他只是和屠夫继续往来。

有一天，屠夫到牧师那里去，流着泪说：“我儿子刚才对我说，他有两样东西不喜欢——一是落水狗，二是酒鬼，因为都有一身的臭味。你肯帮助酒鬼吗？”

牧师等待这一天已经很久了，于是他和一位医生共同协助屠夫将酒戒了。“15年来他滴酒不沾。”牧师说，“有一次我问他：‘你为什么不要别人帮助而来求助于我？’他说：‘因为只有你从来没有逼过我。’”

在人与人的相处中，总会出现各种各样的差异，此时，应该多用换位思维来思考，分析对方的态度和处境，而不应将自己的意志强加于人，那样，只会造成对方的抵触和误解。

《如何使人们变得高贵》一书中说：“把你对自己事情的高度兴趣，跟你对其他事情的漠不关心做个比较。那么，你就会明白，世界上其他人也正是抱着这种态度。”这就是：要想与人相处，成功与否全在于你有无偏见，能不能以同理心理解别人的观点。

偏见往往会使一方伤害另一方，如果另一方耿耿于怀，那关系就无法融洽。反之，受损害的一方具有很大的度量，能从大局出发，这样会使原先持偏见者在感情上受到震动，导致他转变偏见，正确待人。

一个年轻人的妻子近来变得忧郁、沮丧，常为一些小事对他吵吵嚷嚷，甚至打骂孩子。他无可奈何之下只好躲到办公室，不想回家。

有位经验丰富的长者见他这样就问他最近是否与妻子争吵过，年轻人回答说："为装饰房间争吵过。我爱好艺术，远比妻子更懂得色彩，我们特别为卧室的颜色大吵了一架，我想漆的颜色，她就是不同意，我也不肯让步。"

长者又问："如果她说你的办公室布置得不好，把它重新布置一遍，你又如何想呢？"

"我绝不能容忍这样的事。"青年回答说。

长者却解释说："办公室是你的权力范围，而家庭以及家里的东西则是你妻子的权力范围，若按照你的想法去布置'她的'厨房，那她就会和你刚才一样感觉受到侵犯似的。在布置住房上，双方意见一致最好，不能用苛刻的标准去要求她，要商量，妻子就应有否决权。"

年轻人恍然大悟，回家对妻子说："一位长者开导了我，我百分之百地错了，我不该把我的意志强加于你。现在我想通了，你喜欢怎样布置房间就怎样布置吧，这是你的权力，随你的便吧。"妻子听后非常感动，两人言归于好。

夫妻生活也和其他人际关系一样，对那些不尽如人意的地方，只有采取换位思维，给对方理解和尊重，才能有助于矛盾的解决。世界本来就很复杂，什么样的人都有，什么样的思想都有。如果你事事要求别人按你的想法去做，那只能失去朋友，自己堵住自己的路。

第八章

逻辑思维——透过现象看本质

透过现象看本质

逻辑思维又称抽象思维，是人们在认识过程中借助于概念、判断、推理反映现实的一种思维方法。在逻辑思维中，要用到概念、判断、推理等思维形式和比较、分析、综合、抽象、概括等方法。它的主要表现形式为演绎推理、回溯推理与辏合显同法。运用逻辑思维，可以帮助我们透过现象看本质。

有这样一则故事，从中我们可以体会到运用逻辑思维的力量。

美国有一位工程师和一位逻辑学家是无话不谈的好友。一次，两人相约赴埃及参观著名的金字塔。到埃及后，有一天，逻辑学家住进宾馆，仍然照常写自己的旅行日记，而工程师则独自徜徉在街头，忽然耳边传来一位老妇人的叫卖声："卖猫啦，卖猫啦！"

工程师一看，在老妇人身旁放着一只黑色的玩具猫，标价 500 美元。这位妇人解释说，这只玩具猫是祖传宝物，因孙子病重，不得已才出售，以换取治疗费。工程师用手一举猫，发现猫身很重，看起来似乎是用黑铁铸就的。不过，那一对猫眼则是珍珠镶的。

于是，工程师就对那位老妇人说："我给你 300 美元，只买下两只猫眼吧。"

老妇人一算，觉得行，就同意了。工程师高高兴兴地回到了宾馆，对逻辑学家说："我只花了 300 美元竟然买下两颗硕大的珍珠。"

逻辑学家一看这两颗大珍珠，少说也值上千美元，忙问朋友是怎么一回事。当工程师讲完缘由，逻辑学家忙问："那位妇人是否还在原处？"

工程师回答说:“她还坐在那里，想卖掉那只没有眼珠的黑铁猫。”

逻辑学家听后，忙跑到街上，给了老妇人 200 美元，把猫买了回来。

工程师见后，嘲笑道:“你呀，花 200 美元买个没眼珠的黑铁猫。”

逻辑学家却不声不响地坐下来摆弄这只铁猫。突然，他灵机一动，用小刀刮铁猫的脚，当黑漆脱落后，露出的是黄灿灿的一道金色印迹。他高兴地大叫起来:“正如我所想，这猫是纯金的。”

原来，当年铸造这只金猫的主人，怕金身暴露，便将猫身用黑漆漆过，俨然一只铁猫。对此，工程师十分后悔。

此时，逻辑学家转过来嘲笑他说:“你虽然知识很渊博，可就是缺乏一种思维的艺术，分析和判断事情不全面、不深入。你应该好好想一想，猫的眼珠既然是珍珠做成，那猫的全身会是不值钱的黑铁所铸吗？”

猫的眼珠是珍珠做成的，那么猫身就很有可能是更贵重的材料制成的。这就是逻辑思维的运用。

故事中的逻辑学家巧妙地抓住了猫眼与猫身之间存在的内在逻辑性，得到了比工程师更高的收益。

我们知道，事物之间都是有联系的，而寻求这种内在的联系，以达到透过现象看本质的目的，则需要缜密的逻辑思维来帮助。

有时，事物的真相像隐匿于汪洋之下的冰山，我们看到的只是冰山的一角。善于运用逻辑思维的人能做到察于“青蘋之末”，抓住线索“顺藤摸瓜”探寻到海平面下面的冰山全貌。

由已知推及未知的演绎推理法

伽利略的“比萨斜塔试验”使人们认识了自由落体定律，从此推翻了亚里士多德关于物体自由落体运动的速度与其质量成正比的论断。

实际上，促成这个试验的是伽利略的逻辑思维能力。在实验之前，他做了一番仔细的思考。

他认为：假设物体 A 比 B 重得多，如果亚里士多德的论断是正确的话，A 就应该比 B 先落地。现在把 A 与 B 捆在一起成为物体 A+B。一方面因 A+B 比 A 重，

它应比A先落地；另一方面，由于A比B落得快，B会拖A的“后腿”，因而大大减慢A的下落速度，所以A+B又应比A后落地。这样便得到了互相矛盾的结论：A+B既应比A先落地，又应比A后落地。

两千年来的错误论断竟被如此简单的推理所揭露，伽利略运用的思维方式便是演绎推理法。

所谓的演绎推理法就是从若干已知命题出发，按照命题之间的必然逻辑联系，推导出新命题的思维方法。演绎推理法既可作为探求新知识的工具，使人们能从已有的认识推出新的认识，又可作为论证的手段，使人们能借以证明某个命题或反驳某个命题。

演绎推理法是一种解决问题的实用方法，我们可以通过演绎推理找出问题的根源，并提出可行的解决方案。

下面就是一个运用演绎推理的典型例子：

有一个工厂的存煤发生自燃，引起火灾。厂方请专家帮助设计防火方案。

专家首先要解决的问题是：一堆煤自动地燃烧起来是怎么回事？通过查找资料，可以知道，煤是由地质时期的植物埋在地下，受细菌作用而形成泥炭，再在水分减少、压力增大和温度升高的情况下逐渐形成的。

也就是说，煤是由有机物组成的。而且，燃烧要有温度和氧气，是煤慢慢氧化积累热量，温度升高，温度达到一定限度时就会自燃。那么，预防的方法就可以从产生自燃的因果关系出发来考虑了。最后，专家给出了具体的解决措施，有效地解决了存煤自燃的问题：

（1）煤炭应分开储存，每堆不宜过大。

（2）严格区分煤种存放，根据不同产地、煤种，分别采取措施。

（3）清除煤堆中诸如草包、草席、油棉纱等杂物。

（4）压实煤堆，在煤堆中部设置通风洞，防止温度升高。

（5）加强对煤堆温度的检查。

（6）堆放时间不宜过长。

对这个问题我们可从两方面进行思考：一是从原因到结果；二是从结果到原因。无论哪种思路，运用的都是演绎推理法。

通过演绎推理推出的结论，是一种必然无误的断定，因为它的结论所断定的事物情况，并没有超出前提所提供的知识范围。

下面是一则趣味数学故事，通过它我们可以看到演绎推理的这一特点。

维纳是20世纪最伟大的数学家之一，他是信息论的先驱，也是控制论的奠基者。3岁就能读写，7岁就能阅读和理解但丁和达尔文的著作，14岁大学毕业，18岁获得哈佛大学的科学博士学位。

在授予学位的仪式上，只见他一脸稚气，人们不知道他的年龄，于是有人好奇地问道："请问先生，今年贵庚？"

维纳十分有趣地回答道："我今年的岁数的立方是个4位数，它的4次方是6位数，如果把两组数字合起来，正好包含0123456789共10个数字，而且不重不漏。"

言之既出，四座皆惊，大家都被这个趣味的回答吸引住了。"他的年龄到底有多大？"一时，这个问题成了会场上人们议论的中心。

这是一个有趣的问题，虽然得出结论并不困难，但是既需要一些数学"灵感"，又需要掌握演绎思维推理的方法。

为此，我们可以假定维纳的年龄是从17岁到22岁之间，再运用演绎推理方法，看是否符合前提？

请看：17的4次方是83521，是个五位数，而不是六位数，所以小于17的数作为底数肯定也不符合前提条件。

这样一来，维纳的年龄只能从18、19、20和21这4个数中去寻找。现将这4个数的4次方的乘积列出于后：104976，130321，160000和194481。在以上的乘积中，虽然都符合六位数的条件，但在19、20、21的4次方的乘积中，都出现了数码的重复现象，所以也不符合前提条件。剩下的唯一数字是18，让我们验证一下，看它是否符合维纳提出的条件。

18的三次方是5832（符合4位数），18的4次方是104976（六位数）。在以上的两组数码中不仅没有重复现象，而且恰好包括了从0到9的10个数字。因此，维纳获得博士学位的时候是18岁。

从以上的介绍来看，无论是关于煤发生自燃的原因的推理，还是科学发现和发明的诞生，都说明演绎推理是一种行之有效的思维方法。因此，我们应该学习、掌

握它，并正确地运用它。

由“果”推“因”的回溯推理法

回溯推理法，顾名思义，就是从事物的“果”推到事物的“因”的一种方法。这种方法最主要的特征就是因果性，在通常情况下，由事物变化的原因可知其结果；在相反的情况下，知道了事物变化的结果，又可以推断导致结果的原因。因此事物的因果是相互依存的。

在英国曾经发生过这样一个案例：

英国布雷德福刑事调查科接到一位医生打来的电话说，大概在 11 点半左右，有一名叫伊丽莎白·巴劳的妇女在澡盆里因虚脱而死去了。

当警察来到现场时，洗澡水已经放掉了，伊丽莎白·巴劳在空澡盆里向内侧躺着，身上各处都没有受过暴力袭击的迹象。警察发现，死者瞳孔扩散得很大。据她丈夫说，当他妻子在浴室洗澡时，他睡过去了，当他醒来来到浴室，便发现他的妻子已倒在浴盆里不省人事。此外，警察还在厨房的角落里找到了两支皮下注射器，其中一支还留有药液。据他所称这是他为自己注射药物所用。

在警察发现的细微环节和死者丈夫的口述中，警察通过回溯推理法很快找到了疑点和线索。

死者的瞳孔异常扩大；既然死者瞳孔扩大，很可能是因为被注射了某种麻醉品；又因为死者是因低血糖虚脱而死亡，则很可能是被注射过量胰岛素。经过法医的检验，在尸体中确实发现细小的针眼及被注射的残留胰岛素，因此可以断定死者死前被注射过量胰岛素。又通过对死者丈夫的检验得知，他并没有发生感染及病变，即没有注射药剂的必要，因此，死亡很可能是被其丈夫注射过量胰岛素所致。因此警察便将死因和她丈夫联系在一起，通过勘验取得其他证据，并最终破案。

回溯推理法在地质考察与考古发掘方面占有重要的地位。例如，根据对陨石的测定，用回溯推理的方法推知银河系的年龄大概为 140 亿 ~ 170 多亿年；又根据对地球上最古老岩石的测定，推知地球大概有 46 亿年的历史了。

在科学领域，这一方法也常被用做新事物的发明和发现。

自 20 世纪 80 年代中期以来，科学家们发现臭氧层在地球范围内有所减少，并在南极洲上空出现了大量的臭氧层空洞。此时，人们才开始领悟到人类的生存正遭受到来自太阳强紫外线辐射的威胁。大气平流层中臭氧的减少，这是科学观察的结果。那么引起这种结果的原因是什么呢？于是科学家们运用了回溯推理的思维方法，开展了由“果”索“因”的推理工作。其实，1974年化学家罗兰就认为氟氯烃将不会在大气层底层很快分解，而在平流层中氟氯烃分解臭氧分子的速度远远快于臭氧的生成过程，造成了臭氧的损耗。这就是说，氟氯烃是使大气中臭氧减少的罪魁祸首，是出现臭氧空洞的直接原因。

由“果”推“因”的回溯推理法在侦查案件上经常被用到。因为勘查现场的情况就是“果”，由此推测出作案的动机和细节，为顺利地侦破案件创造条件。

回溯推理思维方法既然是一种科学的思维方法，那么就可以通过学习来进行培养，当然就可以通过某些方式来进行自我的训练。例如，多读一些侦探小说、武侠小说，就有利于回溯推理思维能力提高。

英国著名作家阿·柯南道尔著的《福尔摩斯探案全集》就是一部十分精彩的侦探小说，可以说是一部回溯推理的好教材，不妨认真一读。该书的结构严谨，情节跌宕起伏，人物形象鲜明，逻辑性强，故事合情合理。阅读以后，人们不禁要问：福尔摩斯如何能够出奇制胜呢？原因就在于他掌握了回溯推理这个行之有效的思维方法。其他的影视作品还包括《名侦探柯南》《金田一》等，在休闲之余，这些作品能帮助我们进行回溯推理思维能力的训练。

“不完全归纳”的辏合显同法

“辏”，原是指车轮辐集于毂上，后引申为聚集。“辏合显同”就是把所感知到的有限数量的对象依据一定的标准“聚合”起来，寻找它们共同的规律，以推导出最终的结论。这是逻辑思维的一种运用。

从最基本的意义上来讲，虽然“辏合显同”基于对事物特性的“不完全归纳”，带有想象的成分，但它本身也是一种富有创造性的思维活动，因为它把诸多对象聚合起来，所“显示”出来的是一种抽象化的特征，在很多情况下，往往是一种新的特征。

“辏合显同”在科学研究中也是相当有用的。

1742 年，德国数学家哥德巴赫写信给当时著名的数学家欧拉，提出了两个猜想。其一，任何一个大于 2 的偶数，均是两个素数之和；其二，任何一个大于 5 的奇数，均是三个素数之和。这便是著名的哥德巴赫猜想。

从猜想形成的思维过程来看，主要是“辏合显同”的逻辑作用。我们以第一个猜想为例，“辏合显同”的步骤可表述为下面的过程：

4=1+3（两素数之和）

6=3+3（两素数之和）

8=3+5（两素数之和）

10=5+5（两素数之和）

12=5+7（两素数之和）

这样，通过对很多偶数分解，“两素数之和”这个共性就显示出来了。

学习辏合显同法，我们可以通过下面几个方法来训练。

1. 浏览法

这种技巧要求我们在辏合时，应将对象一个接着一个地分析。分析进行到一定时候，就会产生有关辏合对象共同特征的假设。接下去的“浏览”（分析）则是为了证实。证实之后，“显同”就实现了。例如，我们面前有一大堆卡片，每一张卡片都有三种属性：

①颜色（黄、绿、红）。

②形状（圆、角、方块）。

③边数（一条边、三条边、四条边）。

我们可先一张一张看过去，然后形成一个大致的思想：这些卡片的共同点在于都只有三条边，继而再往下分析，看一看这一设想是不是正确。不正确，推倒重来；正确，就确定了“共性”。

2. 定义法

这种方法通常是用来概括认识对象的。给对象下定义，就包括对象的形态、对象的运动过程、对象的功能，通过这样一番概括，我们就能找到事物的共性，也就锻炼了自己的辐辏思维能力。例如，我们经常在公共场所看到雕像，它是一种艺术，称为雕塑艺术。事实上我们看到的是各种不同的雕像，那么，如何能认识到它的本质呢？这就涉及我们对雕塑艺术的“定义”了。一般来说，“雕塑”可定义为：

雕塑是一种造型艺术，它通过塑造形象、有立体感的空间形式以及这个种类的艺术作品本身来反映现实，具有优美动人、紧凑有力、比例匀称、轮廓清晰的特点。因此，对事物的定义过程，本身就是一种“辏合显同”过程，我们应该时常主动地、自觉地对一些事物进行定义尝试，通过这种技巧来提高自己的思维能力。

3. 剩余法

这是一种间接的“辏合”方法。它的基本原理是：如果某一复合现象是由另一复合原因所引起的，那么，把其中确认有因果联系的部分减去，则剩下的部分也必然有因果联系。

天文学史上就曾用这种方法发现了新行星。1846 年前，一些天文学家在观察天王星的运行轨道时，发现它的运行轨道和按照已知行星的引力计算出来的它应运行的轨道不同——发生了几个方面的偏离。经过观察分析，知道其他几方面的偏离是由已知的其他几颗行星的引力所引起的，而另一方面的偏离则原因不明。这时天文学家就考虑到：既然天王星运行轨道的各种偏离是由相关行星的引力所引起的，现在又知其中的几方面偏离是由另几颗行星的引力所引起的，那么，剩下的一处偏离必然是由另一个未知的行星的引力所引起的。后来有些天文学家和数学家据此推算出了这个未知行星的位置。1846 年按照这个推算的位置进行观察，果然发现了一颗新的行星——海王星。

顺藤摸瓜揭示事实真相

从前，在河北沧州城南，有一座靠近河岸的寺庙。有一年运河发大水，寺庙的山门经不住洪水的冲刷而倒塌，一对大石狮子也跟着滚到河里去了。

过了十几年，寺庙的和尚想重修山门，他们召集了许多人，要把那一对石狮子打捞上来。

可是，河水终日奔流不息，隔了这么长时间，到哪里去找呢？

一开始，人们在山门附近的河水里打捞，没有找到。于是大家推测，准是让河水冲到下游去了。于是，众人驾着小船往下游打捞，寻了十几里路，仍没有找到石狮子的踪影。

寺中的教书先生听说了此事后，对打捞的人说：“你们真是不明事理，石狮子

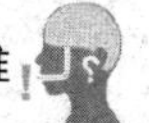

又不是碎片儿木头，怎会被冲到下游？石狮子坚固沉重，陷入泥沙中只会越沉越深，你们到下游去找，岂不是白费工夫？”

众人听了，都觉有理，准备动手在山门倒塌的地方往下挖掘。

谁知人群中闪出一个老河兵（古代专门从事河工的士兵），说道：“在原地方是挖不到的，应该到上游去找。”众人都觉得不可思议，石狮子怎么会往上游跑呢？

老河兵解释道：“石狮子结实沉重，水冲它不走，但上游来的水不断冲击，反会把它靠上游一边的泥沙冲出一个坑来。天长日久，坑越冲越大，石狮子就会倒转到坑里。如此再冲再滚，石狮子就会像‘翻跟头’一样慢慢往上游滚去。往下游去找固然不对，往河底深处去找岂不更错？”

根据老河兵的话，寺僧果然在上游数里处找到了石狮子。

在众人都根据自己的感性认识而做出各种揣测时，老河兵凭着其对水流习性的熟识，借着事物层层发展的严密逻辑，推导出了正确的结论。如果仅仅具有感性认识，人们对事物的认识只可能停留在片面的、现象的层面上，根本无法全面把握事物的本质，做出有价值的判断。

逻辑思考是一种比较规范的、严密的分析推理方式，它依靠我们把握事物的关键点，逐层推进，深入分析，而不能靠无端的臆想和猜测。

逻辑思维与共同知识的建立

爱因斯坦曾讲过他童年的一段往事：

爱因斯坦小时候不爱学习，成天跟着一帮朋友四处游玩，不论他妈妈怎么规劝，爱因斯坦只当耳边风，根本听不进去。这种情况发生转变是在爱因斯坦16岁那年。

一个秋天的上午，爱因斯坦提着渔竿正要到河边钓鱼，爸爸把他拦住，接着给他讲了一个故事，这个故事改变了爱因斯坦的人生。

父亲对爱因斯坦说：“昨天，我和隔壁的杰克大叔去给一个工厂清扫烟囱，那烟囱又高又大，要上去必须踩着里边的钢筋爬梯。杰克大叔在前面，我在后面，我们抓着扶手一阶一阶爬了上去。下来的时候也是这样，杰克大叔先下，我跟在后面。钻出烟囱后，我们发现一个奇怪的情况：杰克大叔一身上下都蹭满了黑灰，而我身上竟然干干净净。”

父亲微笑着对儿子说：“当时，我看着杰克大叔的样子，心想自己肯定和他一样脏，于是跑到旁边的河里使劲洗。可是杰克大叔呢，正好相反，他看见我身上干干净净的，还以为自己一样呢，于是随便洗了洗手，就上街去了。这下可好，街上的人以为他是一个疯子，望着他哈哈大笑。”

爱因斯坦听完忍不住大笑起来，父亲笑完了，郑重地说：“别人无法做你的镜子，只有自己才能照出自己的真实面目。如果拿别人做镜子，白痴或许会以为自己是天才呢。”

父亲和杰克大叔都是通过对方来判断自己的状态，这是逻辑思维的简单运用，却由于逻辑推理的基础不成立（即“两个人的状态一样”不成立），而闹出了笑话。

“别拿别人做镜子”，这是爱因斯坦从父亲的话中得到的教诲。但是，在逻辑思维的世界里，我们难道真的不能把别人当自己的镜子吗？

在回答这个问题之前，我们先来看下面这个游戏：

假定在一个房间里有三个人，三个人的脸都很脏，但是他们只能看到别人而无法看到自己。这时，有一个美女走进来，委婉地告诉他们说：“你们三个人中至少有一个人的脸是脏的。”这句话说完以后，三个人各自看了一眼，没有反应。

美女又问了一句：“你们知道吗？”当他们再彼此打量第二眼的时候，突然意识到自己的脸是脏的，因而三张脸一下子都红了。为什么？

下面是这个游戏中各参与者逻辑思维的活动情况：当只有一张脸是脏的时候，一旦美女宣布至少有一张脏脸，那么脸脏的那个参与人看到两张干净的脸，他马上就会脸红。而且所有的参与人都知道，如果仅有一张脏脸，脸脏的那个人一定会脸红。

在美女第一次宣布时，三个人中没人脸红，那么每个人就知道至少有两张脏脸。如果只有两张脏脸，两个脏脸的人各自看到一张干净的脸，这两个脏脸的人就会脸红。而此时如果没有人脸红，那么所有人都知道三张脸都是脏的，因此在打量第二眼的时候所有人都会脸红。

这就是由逻辑思维衍生出的共同知识的作用。共同知识的概念最初是由逻辑学家李维斯提出的。对一个事件来说，如果所有当事人对该事件都有了解，并且所有当事人都知道其他当事人也知道这一事件，那么该事件就是共同知识。在上面这个

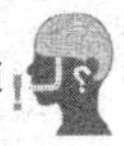

游戏中，“三张脸都是脏的”这一事件就是共同知识。

假定一个人群由A、B两个人构成，A、B均知道一件事实f，f是A、B各自的知识，而不是他们的共同知识。当A、B双方均知道对方知道f，并且他们各自都知道对方知道自己知道f，那么，f就成了共同知识。

这其中运用了逻辑思维的分析方法，是获得决策信息的方式。但是它与一条线性的推理链不同，这是一个循环，即“假如我认为对方认为我认为……”也就是说，当“知道”变成一个可以循环绕动的车轱辘时，我们就说f成了A、B间的共同知识。因此，共同知识涉及一个群体对某个事实“知道”的结构。在上面的游戏中，美女的话所引起的唯一改变，是使一个所有参与人事先都知道的事实成为共同知识。

在生活中，没有一个人可以在行动之前得知对方的整个计划。在这种情况下，互动推理不是通过观察对方的策略进行的，而是必须通过看穿对手的策略才能展开。

要想做到这一点，单单假设自己处于对手的位置会怎么做还不够。即便你那样做了，你会发现，你的对手也在做同样的事情，即他也在假设自己处于你的位置会怎么做。每一个人不得不同时担任两个角色，一个是自己，一个是对手，从而找出双方的最佳行动方式。

运用逻辑思维对信息进行提取和甄别

信息的提取和甄别，是当今社会的一个关键的问题。如果在商海中搏击，更要学会信息的收集与甄别，掌握各方面的知识。当面临抉择的最后时刻，与其如赌徒般仅靠瞬息间的意念做出轻率的判断，倒不如及早掌握信息，以资料为依据，发挥正确的推理判断能力。

亚默尔肉类加工公司的老板菲利普·亚默尔每天都有看报纸的习惯，虽然生意繁忙，但他每天早上到了办公室，就会看秘书给他送来的当天的各种报刊。

初春的一个上午，他和往常一样坐在办公室里看报纸，一条不显眼的不过百字的消息引起了他的注意：墨西哥疑有瘟疫。

亚默尔的头脑中立刻展开了独特的推理：如果瘟疫出现在墨西哥，就会很快传到加州、得州，而美国肉类的主要供应基地是加州和得州，一旦这里发生瘟疫，全国的肉类供应就会立即紧张起来，肉价肯定也会飞涨。

他马上让人去墨西哥进行实地调查。几天后，调查人员回电报，证实了这一消息的准确性。

亚默尔放下电报，马上着手筹措资金大量收购加州和得州的生猪和肉牛，运到离加州和得州较远的东部饲养。两三个星期后，西部的几个州就出现了瘟疫。联邦政府立即下令严禁从这几个州外运食品。北美市场一下子肉类奇缺、价格暴涨。

亚默尔认为时机已经成熟，马上将囤积在东部的生猪和肉牛高价出售。仅仅 3 个月时间，他就获得了 900 万美元的利润。

亚墨尔重视信息，而且，善于运用逻辑思维对接收到的信息进行提取和甄别，当他收到一则信息后，总会在头脑中进行一番推理，来判断该信息的真伪或根据该信息导出更多的未知信息，从而先人一步，争取主动。

伯纳德·巴鲁克是美国著名的实业家、政治家，在 30 岁出头的时候就成了百万富翁。1916 年，威尔逊总统任命他为“国防委员会”顾问，以及“原材料、矿物和金属管理委员会”主席，以后又担任“军火工业委员会主席”。1946 年，巴鲁克担任了美国驻联合国原子能委员会的代表，并提出过一个著名的“巴鲁克计划”，即建立一个国际权威机构，以控制原子能的使用和检查所有的原子能设施。无论生前死后，巴鲁克都受到普遍的尊重。

在刚刚创业的时候，巴鲁克的处境也是非常艰难的。但就是他所具有的那种对信息的敏感，加之合理的推理，使他一夜之间发了大财。

1898 年 7 月的一天晚上，28 岁的巴鲁克正和父母一起待在家里。忽然，广播里传来消息，美国海军在圣地亚哥消灭了西班牙舰队。

这一消息对常人来说只不过是一则普通的新闻，但巴鲁克却通过逻辑分析从中看到了商机。

美国海军消灭了西班牙舰队，这意味着美西战争即将结束，社会形势趋于稳定，那么，在商业领域的反映就是物价上扬。

这天正好是星期天，用不了多久便是星期一了。按照通常的惯例，美国的证券交易所在星期一都是关门的，但伦敦的交易所则照常营业。如果巴鲁克能赶在黎明前到达自己的办公室，那么就能发一笔大财。

那个时代，小汽车还没有问世，火车在夜间又停止运行，在常人看来，这已经是无计可施了，而巴鲁克却想出了一个绝妙的主意：他赶到火车站，租了一列专车。上天不负有心人，巴鲁克终于在黎明前赶到了自己的办公室，在其他投资者尚未“醒”来之前，他就做成了几笔大交易。他成功了！

信息是这个时代的决定性力量，面对纷繁复杂的信息，加以有效提取和甄别，经过逻辑思维的加工，挖掘出信息背后的信息，这样，才能及时地抓住机遇，抓住财富。

第九章

形象思维——抽象的东西可以形象化

巧用形象思维

一次，一位不知相对论为何物的年轻人向爱因斯坦请教相对论。

相对论是爱因斯坦创立的既高深又抽象的物理理论，要在几分钟内让一个门外汉弄懂什么是相对论，简直比登天还难。

然而爱因斯坦却用十分简洁、形象的话语对深奥的相对论做出了解释：

“比方说，你同最亲爱的人在一起聊天，一个钟头过去了，你只觉得过了 5 分钟；可如果让你一个人在大热天孤单地坐在炽热的火炉旁，5 分钟就好像一个小时。这就是相对论！”

在这里，爱因斯坦所运用的就是形象思维。

形象思维又称右脑思维，主要是用直观形象和表象解决问题的思维。

当我们碰到较难说清的问题时，如能像爱因斯坦那样利用形象思维打一个比方，或画一个示意图，对方往往会豁然开朗。教师在给学生上课时，如果能借助形象化的语言、图形、演示实验、模型、标本等，往往能使抽象的科学道理、枯燥的数学公式等变得通俗易懂。甚至在政治思想教育中，我们如能借助于文学艺术等特殊手段，进行形象化教育，使简单的说教贯穿于生动活泼的文化娱乐之中，常常也能收到事半功倍的效果。

著名哲学家艾赫尔别格曾经对人类的发展速度有过一个形象生动的比喻。他认为，在到达最后 1 公里之前的漫长的征途中，人类一直是沿着十分艰难崎岖的道路前进的，穿过了荒野，穿过了原始森林，但对周围的世界万物茫然一无所知，只是

在即将到达最后1公里的时候，人类才看到了原始时代的工具和史前穴居时代创作的绘画。当开始最后1公里的赛程时，人类才看到难以识别的文字，看到农业社会的特征，看到人类文明刚刚透过来的几缕曙光。离终点200米的时候，人类在铺着石板的道路上穿过了古罗马雄浑的城堡。离终点还有100米的时候，在跑道的一边是欧洲中世纪城市的神圣建筑，另一边是四大发明的繁荣场所。离终点50米的时候，人类看见了一个人，他用创造者特有的充满智慧和洞察力的眼光注视着这场赛跑——他就是达·芬奇。剩下最后5米了，在这最后冲刺中，人类看到了惊人的奇迹，电灯光亮照耀着夜间的大道，机器轰鸣，汽车和飞机疾驰而过，摄影记者和电视记者的聚光灯使胜利的赛跑运动员眼花缭乱……

在这里，艾赫尔别格正是运用了形象思维，将漫长的人类历史栩栩如生地展现在人们的面前。

我们都有过这样的体会：在学习几何时，往往头脑中有一个确切的形象，或是矩形，或是三角，或是圆，之后在头脑中对该形象进行各种各样的处理，就好像一切都是展现在我们的面前一样。再比如，学习物理中的电流、电阻时，头脑中显现的是水在管道中流动的景象，顿时，看不见的电流、电阻变得形象生动起来，理解起来也容易得多了。这就是形象思维在学习中应用的一个小片段。

形象思维还可以用于发明创造，使发明的过程变得简单明了。

田熊常吉原是一位木材商，文化程度很低，可他却运用丰富的形象思维改进了锅炉。

田熊首先将锅炉系统简化成“锅系统”和“炉系统”，锅系统包括集水器、循环水管、汽包等，主要功能是尽可能多地吸热，保证冷热水循环；炉系统包括燃烧炉排风机、鼓风机、烟道等，主要功能是给“锅系统”供热，减少热损失。简言之，锅炉的要素就是燃烧供热和水循环。田熊想，人体具有燃烧供热和血液循环这两大要素，人体不就是一个热效率很高的锅炉系统吗？

于是田熊马上画出了一张人体血液循环图和一张锅炉的结构模型，将两者进行比较后，田熊发现，心脏相当于汽包，瓣膜相当于集水器，动脉相当于降水管，静脉相当于水管群，毛细血管与水包相似。据此，他构思出了新型锅炉的结构方案，锅炉经过田熊的方案进行改造后，热效率果然大大提高了。

形象思维使我们的头脑充满了生动的画面，为我们展现了一个更为丰富多彩的世界，是需要我们学习、掌握的一种必备的思维方法。

展开想象的翅膀

1968年，美国内华达州一位叫伊迪丝的3岁小女孩告诉妈妈：她认识礼品盒上的字母“O”。这位妈妈非常吃惊，问她怎么认识的。伊迪丝说：“薇拉小姐教的。”

这位母亲表扬了女儿之后，一纸诉状把薇拉小姐所在的劳拉三世幼儿园告上了法庭，理由是该幼儿园剥夺了伊迪丝的想象力。因为她的女儿在认识“O”之前，能把“O”说成苹果、太阳、足球、鸟蛋之类的圆形东西，然而自从她识读了26个字母，伊迪丝便失去了这种能力。她要求该幼儿园赔偿伊迪丝精神伤残费1000万美元。

3个月后，法院审判的结果出人意料，劳拉三世幼儿园败诉，因为陪审团的23名成员被这位母亲在辩护时讲的一个故事感动了。

她说：我曾到东方某个国家旅行，在一家公园里曾见过两只天鹅，一只被剪去了左边的翅膀，一只完好无损。剪去翅膀的一只被收养在较大的一片水塘里，完好的一只被放养在一片较小的水塘里。管理人员说，这样能防止它们逃跑。剪去翅膀的那只无法保持身体的平衡，飞起来就会掉下来；在小水塘里的那只虽然没有被剪去翅膀，但起飞时会因为没有必要的滑翔距离，而老实地待在水里。今天，我感到伊迪丝变成了劳拉三世幼儿园的一只天鹅。他们剪掉了伊迪丝的一只翅膀，一只幻想的翅膀；他们早早地把她投进了那片水塘，那片只有ABC的小水塘。

想象是形象思维的高级形式，是在头脑中对已有表象进行加工、改造、重新组合形成新形象的心理过程。想象与形象思维的过程是一致的。想象力具有自由、开放、浪漫、跳跃、形象、夸张等特点。想象力使思维逍遥神驰，一泻千里，超越时空。萧伯纳认为，想象是创造之始。奥斯本说：想象力可能成为解决其他任何问题的钥匙。爱因斯坦则告诫说：想象比知识更重要，因为知识是有限的，而创造需要想象，想象是创造的前提，想象力概括着世界上的一切，没有想象就不可能有创造。

19世纪，物理学家们都知道，在一个原子里，既存在着带正电的粒子，也有带

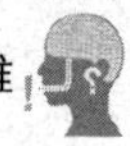

负电的粒子。而这两种粒子在原子内部究竟保持着什么样的关系，却始终弄不清楚。因为这靠逻辑推理是演绎不出来的，且在当时的条件下，也不可能通过实验来证明。

到了 19 世纪末 20 世纪初，许多物理学家曾做过各种各样的想象，并将这些想象物化为直观的“模型”。经过比较，大家一致认为英国物理学家汤姆生提出的“葡萄干面包模型”和出生于新西兰的英国物理学家卢瑟福提出的“太阳系模型”较为合理。汤姆生是这样想象并设计模型的：带负电的粒子，像葡萄干一样，镶嵌在由带正电的粒子所构成的像面包一样的没有空隙的球状实体里。卢瑟福想象的则是：带负电的电子像太阳系的行星那样，围绕着占原子质量绝大部分的带正电的原子核旋转。

这两个模型的重要区别就是原子内部有无空隙。卢瑟福的模型标出原子内部有空隙，后来的实验证明，他的判断是正确的。

实际上，这两位物理学家和别人一样，对于带正电的粒子和带负电的粒子之间到底是以一种什么关系构成原子的也弄不清楚，只是根据自已有关的知识、经验和形象积累，做出了关于它们之间关系的具体情景的想象，以填补和充实对原子内部结构认识上的不足和缺陷。

这种想象过程的进行和所起的作用，就是将人们认识事物的“认识链条”上所存在的“缺环”进行了充填和补充，使之完整地连为一体。

想象离不开模型。模型作为原型的替代物，只有展开想象的翅膀，在头脑中运用想象对其残缺的部分进行扎实填补，才能“完整”“形象”和“逼真”。

随着人们思考问题逐渐深入和涉及问题领域的日趋扩大，固有的思维方式也应随之发生变化。

对于某些未知事物的探索和研究，仅靠简单的逻辑推理已不能解决问题，常规的实验更是无从做起，这时，就需要我们充分展开想象的翅膀，以我们的形象思维为突破口，使我们的认识有一个质的飞跃，并得到长足的发展。

运用想象探索新知

想象作为形象思维的一种基本方法，不仅能构想出未曾知觉过的形象，而且还能创造出未曾存在的事物形象，因此是任何探索活动都不可缺乏的基本要素。没有想象力，一般思维就难以升华为创新思维，也就不可能做出创新。

美国的莱特兄弟在大树下玩的时候，看到一轮明月挂在树梢，便产生了上树摘月亮的幻想。结果不但没有摘到月亮，反而把衣服挂破了。

“如果有一只大鸟，我们就能骑上它，飞到天空中去摘月亮了。”两个孩子想到。

从此莱特兄弟俩废寝忘食，终于在 1903 年根据鸟类和风筝的飞行原理，成功地制造出了人类历史上第一架用内燃机做动力的飞机。莱特兄弟的“骑上大鸟，飞上天空”的幻想终于实现了。

当然，由于想象是脱离现实的，因此想象越大胆，所包含的错误可能也越多，不过这并没有什么关系，因为想象中所蕴含的创新价值往往是不可估量的。比如，人类有了“嫦娥奔月”的幻想，才有今天“阿波罗号”登月；有了“木牛流马”的幼稚想象，才有今天在战场上纵横驰骋的装甲战车。这些都是想象给人的启迪，人类科学史上的许多创造发明、发现都是从想象中产生的。

DNA 双螺旋结构的发现，是近代科学的最伟大成就之一。由于 DNA 是生物高分子，普通光学显微镜无法看到它的结构。在 1945 年，英国生物学家威尔金斯首先使用 X 光衍射技术拍摄到世界上第一张 DNA 结构照片，但很不清晰，照片上看到的是一片云状的斑斑点点，有点像是螺旋形，但不能断定。1951 年春，英国剑桥大学的另一位生物学家克里克利用 X 光射线拍摄到了清晰的蛋白质照片，这是一个重大的突破。美国一位年轻的生物学博士沃森当时正在做有关 DNA 如何影响遗传的实验，听到这一消息便来到克里克的实验室和克里克一起研究 DNA 结构。

这年 5 月，沃森在一次学术会议上见到威尔金斯，威尔金斯提出了 DNA 可能是螺旋形结构的猜想。回到剑桥大学后，沃森便和克里克一起仔细研究那张 DNA 照片。沃森想，DNA 的结构形状会不会是双螺旋的，就像一个扶梯，旋转而上，两边各有一个扶手？他便与克里克用 X 光衍射技术反复对多种病毒的 DNA 进行照相，并进行多次模拟实验。最后他们终于发现 DNA 的基本成分必须以一定的配对关系来结合的结构规律，从而揭示出 DNA 的分子式是“双螺旋结构”。1953 年 4 月，他们有关 DNA 结构的论文发表在英国《自然》杂志上。这篇论文只有 1000 多字，其分量却足以和达尔文的《物种起源》相比。

DNA 结构的发现，为解开一切生物（包括人类自身）的遗传和变异之谜带来

了希望。1962 年，沃森、克里克和威尔金斯三人因 DNA 结构的发现而共获诺贝尔医学奖。

从 DNA 结构的发现过程中我们可以看出，想象在科学创新过程中起了决定性作用。

想象不仅能帮助人们摒弃事物的次要方面，而且能帮助人们抓住事物的重要本质特征，并在大脑中把这些特征组合成整体形象，从而探索到新的知识。知识创新需要有卓越的想象力，与计算机相比，想象力是人脑的优势。在逻辑中难以推导出新知识、新发明的地方，想象力能以超常规形式为我们提供全新的目标形象，从而为揭示事物的本质特征提供重要思路或有益线索，为我们开拓出全新的思维天地。

运用想象力探索新知识，首先要善于提出新假说。创造性想象对于提出科学假说具有重要作用。恩格斯说："只要自然科学在思维着，它的发展形式就是假说。"科学知识的一般形成法则可以表达为一个公式：问题——假说——规律（理论）。最初总是从发现问题开始的。然后，根据观察实验得来的事实材料提出科学的假说，假说经过实践检验得到确证以后，就上升为规律或者理论。

从文学角度来看，知识可以使我们明察现在，而丰富的想象力则可以使我们拥有开拓未来、探索新知识的能力。想象能开阔我们的视野，使我们洞察到前所未有的新天地。想象是直觉的延伸与深化，卓越的想象力更有助于人们揭示未知事物的本质。

开启你的右脑

大脑的左、右两个半球分别称为左脑和右脑。它们表面有一层约 3 毫米厚的大脑皮质或大脑皮层。两半球在中间部位相接。美国神经生理学家斯佩里发现了人的左脑、右脑具有不同的功能。右脑主要负责直感和创造力，或者称为司管形象思维、判定方位等。左脑主要负责语言和计算能力，或称为司管逻辑思维。一般认为，左脑是优势半球，而右脑功能普遍得不到充分发挥。

从创新思维的角度来说，开发右脑功能的意义是十分重大的。因为右脑活跃起来有助于打破各种各样的思维定式，提高想象力和形象思维能力。近年来，不少人对锻炼、开拓右脑功能产生浓厚兴趣。提倡开拓右脑，正是为了求得左、右脑平衡、沟通和互补，以期最大限度地提高人脑的效率。两个大脑半球的活动更趋协调后，将进一步提高人的智力和创新能力。

能促进右脑功能发挥的活动有许多，现讲述 8 点：

（1）画知识树，在学习活动中经常把知识点、知识的层次、方面和系统及其整体结构用图表、知识树或知识图的形式表达出来，有助于建构整体知识结构，对大脑右半球机能发展有益。

（2）培养绘画意识，经常欣赏美术图画，还要动手绘画，有助于大脑右半球的功能开发。

（3）发展空间认识，每到一地或外出旅游，都要明确方位，分清东西南北，了解地形地貌或建筑特色，培养空间认识能力。

（4）练习模式识别能力，在认识人和各种事物时，要观察其特征，将特征与整体轮廓相结合，形成独特的模式加以识别和记忆。

（5）冥想训练，经常用美好愉快的形象进行想象，如回忆愉快的往事，遐想美好的未来，想象时形象鲜明、生动，不仅使人产生良好的心理状态，还有助于右脑潜能的发挥。

（6）音乐训练，经常欣赏音乐或弹唱，增强音乐鉴赏能力，能促进大脑右半球功能发挥。

（7）在日常生活中尽可能多使用身体的左侧。身体左侧多活动，右侧大脑就会发达。右侧大脑的功能增强，人的灵感、想象力就会增加。比如在使用小刀和剪子的时候总用左手，拍照时用左眼，打电话时用左耳。

（8）见缝插针练左手。如果每天得在汽车上度过较长时间，可利用它锻炼身体左侧。如用左手指钩住车把手，或手扶把手，让左脚单脚支撑站立。习惯于将钱放在自己的衣服左口袋，上车后以左手取钱买票。此外，还有一些特殊的方法值得借鉴。

①在左手食指和中指上套上一根橡皮筋，使之成为“8”字形，然后用拇指把橡皮筋移套到无名指上，仍使之保持“8”字形。依此类推，再将橡皮筋套到小指上，如此反复多次，可有效地刺激右脑。

②手指刺激法。苏联著名教育家苏霍姆林斯基说，手使脑得到发展，使它

更加聪明。他又说："儿童的智慧在手指头上。"许多人让儿童从小练习用左手弹琴、打字、珠算等，这样双手的协调运动，会把大脑皮层中相应的神经细胞的活力激发起来。

③环球刺激法。尽量活动手指，促进右脑功能，是这类方法的目的。例如：每捏一次健身环需要10～15公斤握力，五指捏握时，又能促进对手掌各穴位的刺激、按摩，使脑部供血通畅。特别是左手捏握，对右脑起激发作用。有人数年坚持"随身带个圈（健身圈），有空就捏转；家中备副球，活动左右手"，确有健脑益智之效。此外，多用左、右手掌转捏核桃，作用也一样。

此外，开拓右脑的方法还有：非语言活动、跳舞、美术、种植花草、手工技艺、烹调、缝纫等。这样既利用左脑，又运用了右脑。如每天练半小时以上的健身操，打乒乓球、羽毛球等，特别需要让左手、右腿多活动，这类活动是"自外而内"地作用于大脑的。

想象中的标靶

许多人认为，只有爱因斯坦式的伟大人物才能够通过想象力创造奇迹，事实上，我们每个人都有创造类似奇迹的天赋，只是我们大多数人没有发挥出来而已。如果你怀疑这个论断，就请从下面的几个实验中选一个验证一下吧。这个论断也告诉我们，倘若我们想象着自己在做某件事，脑子里留下的印象和我们实际做那件事留下的印象几乎是一样的。通过想象力完成的实践还能够强化这种印象。有些事情，甚至单纯通过想象力就可以实现。

通过一个人为控制的实验，心理学家凡戴尔证明：让一个人每天坐在靶子前面，想象着自己正在对靶子投镖。经过一段时间后，这种心理练习几乎和实际投镖练习一样能提高准确性。

《美国研究季刊》曾报道过一项实验，证明想象练习对改进投篮技巧的效果。

第一组学生在20天内每天练习实际投篮，把第一天和最后一天的成绩记录下来。

第二组学生也记录下第一天和最后一天的成绩，但在此期间不做任何练习。

第三组学生记录下第一天的成绩，然后每天花 20 分钟做想象中投篮。倘若投篮不中时，他们便在想象中做出相应的纠正。

实验结果：

第一组每天实际练习 20 分钟，进球增加了 24%。

第二组因为没有练习，也就毫无进步。

第三组每天想象练习投篮 20 分钟，进球增加 40%。

查理·帕罗思在《每年如何推销两万五》的书中，讲到底特律的一些推销员利用一种新方法让推销额增加了 100%，纽约的另一些推销员增加了 150%，其他一些推销员使用同样的方法则让他们的推销额增加了 400%。

推销员们使用的魔法实际上就是所谓的扮演角色。其具体做法是：想象自己完成了多少销售任务，然后找出实现的方法，这样反复想象，直到实际完成的任务量达到想象中完成的任务量。

由此可见，他们取得好成绩也就很正常了。如此，他们越来越善于处理不同的情况了。一些卓有成效的推销员，通过想象力，并结合自己实际的操作，取得了很高的工作业绩。

他们还深刻地得出以下的体会：每次你同顾客谈话时，他说的话、提的问题或反对意见，都体现了一种特定的情境。倘若你总是能估计他要说些什么，并能马上回答他的问题、妥善处理他的反对意见，你就能把货物推销出去。

一个成功的推销员自己就可以想象推销时的情境。想象出客户怎样刁难自己，自己应该怎样对付，等等。

由于事先想象过了，不管在什么情况下，你都能够有备无患。你想象和顾客面对面地站着，他提出反对意见，给你出各种难题，而你能迅速而圆满地加以解决。

从古到今，不少成功者都曾自觉或不自觉地运用了“想象力”和“排练实践”来完善自我，获得成功。

拿破仑在带兵横扫欧洲之前，曾经在想象中“演习”了多年的战法。《充分利用人生》一书中说：“拿破仑在大学时所做的阅读笔记，复印时竟达满满 400 页之多。他把自己想象成一个司令，画出科西嘉岛的地图，经过精确的计算后，标出他可能布防的每一情况。”

世界旅馆业巨头康拉德·希尔顿在拥有一家旅馆之前，就想象自己在经营旅

馆。当他还是一个小孩子的时候，就常常“扮演”旅馆经理的角色。

亨利·凯瑟尔说过，事业上的每一个成就实现之前，他都在想象中预先实现过了。这真是妙不可言，难怪人们过去总是把“想象”和“魔术”联系起来。“想象力”在成功学中，确实具有难以预料的魔力。

但是想象力并非“魔力”，是我们每个人大脑里生来就有的一种思维能力。如果你想看看自己的想象力到底有多大能量，不妨就上面的几个例子自己试验一下。

将你的创意视觉化

将创意视觉化是许多创造人士成功的秘密，也是各行各业高效能表现的秘诀。你也可以试试以下几种想象游戏，去开发自己的天分。

请准备一颗红苹果、一颗橘子、一颗绿色的无花果、几颗红葡萄和一把蓝莓。把这些水果放在你面前的桌上，静静坐一会儿，让自己随着呼吸的起伏放松。接着，请你仔细观看苹果，用大约30秒的时间，研究苹果的形状和色泽。现在请你闭上眼睛，试着在心中重现苹果的形象。用同样的方式，轮流研究每一种水果。接着再重复练习一次，但这一次观察时请把水果握在手里。闻闻苹果的香味，并咬一口。把全部的注意力放在这颗苹果的味道、香味和口感上，在你吞咽下这口苹果时，闭上眼，尽情享受被引发的多重感官体验。请你继续用同样的方式，品尝上述的每一种水果，在你心灵的眼睛里，想象每一种水果的形象。接着再用你的想象力，创造出每种水果的实际形象，再放大一百倍。再把水果缩回原来的大小，再想象自己从不同的角度看水果。这个有趣的练习，能帮助你强化创意想象的逼真度与弹性。

著有《爱因斯坦成功要素》的闻杰博士发现了一种提高想象力的“影像流动法”。影像流动其实非常简单，是刺激右半脑和接触内在天才特质的好方法。

（1）先找个舒服的地方坐下来，“大吐几口气”，用轻松的吐气帮助自己放松。轻轻闭上双眼，再把心中流过的影像大声说出来。

（2）大声形容流过心中的影像，最好是说给另一个人听，或是用录音机录下来亦可。低声的叙述无法造成应有的效应。

(3)用多重感官体验丰富你的形容，五感并用。例如，如果沙滩的影像出现，别忘了描述海沙的质感、香味、口感、声音和外形。当然，形容沙滩的口感听起来很奇怪，但别忘了，这个练习可让你像最有想象力的人物一样思考。

(4)用“现在式”时态去描述影像，更具有引出灵活想象力的效果，所以在你形容一连串流过的影像时，要形容得仿佛影像“现在”正在发生。

做这个练习时，不需要主题，只要把影像流动当作是漫游于想象与合并式思考中、不拘形式而流畅的奇遇。影像流动练习通常无须意识的指示，自行找到前进的动力，表达各种主题。你也可以用这个方法向自己提出某个问题，或是深入探讨某一个特定的主题。

从兴趣中激发形象思维

兴趣，是一个人充满活力的表现。生活本身应该是赤橙黄绿青蓝紫多色调的。从兴趣中激发形象思维，生活才会有七色阳光，才会有许许多多的创造成果。

爱因斯坦把全部的兴趣和想象投入了他热爱的物理学领域。对自己不感兴趣的课程，他很少投入过多心思去学习。不管在哪儿，他的思想都在物理学中，在他研究的问题里漫游着。想象力就是驱动力，驱使着他去寻找问题的答案。

一天，他对经常辅导他数学的舅舅说：“如果我用光在真空中的速度和光一道向前跑，能不能看到空间里的电磁波呢？”舅舅用异样的目光盯着他看了许久，目光中既有赞许，又有担忧。因为他知道，爱因斯坦提出的这个问题非同一般，将会引起出人意料的震动。此后，爱因斯坦全身心地投入到了此项研究，并提出了“相对论”。

物理学问题激发了他的想象，他的想象力又帮他探索着这些物理学问题。在科学研究领域，兴趣与想象是一对无法分开的姊妹。

镭的发现也是这样一种过程。

“镭的母亲”居里夫人从小就对科学实验发生了兴趣。

在与法国年轻物理学家皮埃尔·居里相识后，她正式走入了物理学研究的大门。

居里夫人注意到法国物理学家贝克勒尔的研究工作。自从伦琴发现 X 射线之后，贝克勒尔在检查一种稀有矿物质“铀盐”时，又发现了一种“铀射线”，朋友们都叫它贝克勒尔射线。

贝克勒尔发现的射线，引起了居里夫人极大兴趣，射线放射出来的力量是从哪里来的？居里夫人看到当时欧洲所有的实验室还没有人对铀射线进行过深入研究，于是决心闯进这个领域。

居里夫人受过严格的高等化学教育，她在研究铀盐矿石时想到，没有什么理由可以证明铀是唯一能发射射线的化学元素。她根据门捷列夫的元素周期律排列的元素，逐一进行测定，结果很快发现另外一种钍元素的化合物，也能自动发出射线，与铀射线相似，强度也相像。居里夫人认识到，这种现象绝不只是铀的特性，必须给它起一个新名称。居里夫人提议叫它“放射性”，铀、钍等有这种特殊“放射”功能的物质，叫做“放射性元素”。

一天，居里夫人想到，矿物是否有放射性？在皮埃尔的帮助下，她连续几天测定能够收集到的所有矿物。她发现一种沥青铀矿的放射性强度比预计的强度大得多。

经过仔细地研究，居里夫人不得不承认，用这些沥青铀矿中铀和钍的含量，绝不能解释她观察到的放射性的强度。

这种反常的而且过强的放射性是哪里来的？只能有一种解释：这些沥青矿物中含有一种少量的比铀和钍的放射性作用强得多的新元素。居里夫人在以前所做的试验中，已经检查过当时所有已知的元素了。居里夫人断定，这是一种人类还不知道的新元素，她要找到它！

居里夫人的发现吸引了皮埃尔的注意，居里夫妇一起向未知元素进军。在潮湿的工作室里，经过居里夫妇的合力攻关，1898 年 7 月，他们宣布发现了这种新元素，它比纯铀放射性要强 400 倍。为了纪念居里夫人的祖国——波兰，新元素被命名为“钋”。

1898 年 12 月，居里夫妇又根据实验事实宣布，他们又发现了第二种放射性元素，这种新元素的放射性比钋还强。他们把这种新元素命名为“镭”。可是，当时谁也不能确认他们的发现，因为按化学界的传统，一个科学家在宣布他发现新元素的时候，必须拿到实物，并精确地测定出它的原子量。而居里夫人的报告中却没有钋和镭的原子量，手头也没有镭的样品。居里夫妇克服了人们难以想象的困难，为了提炼镭，他们辛勤地奋斗着。居里夫人每次把 20 多公斤的废矿渣放入冶炼锅熔化，连续几小时不停地用一根粗大的铁棍搅动沸腾的材料，而后从中提取仅含百万分之一的微量物质。

他们从 1898 年一直工作到 1902 年，经过几万次的提炼，处理了几十吨矿石残渣，终于得到 0.1 克的镭盐，测定出了它的原子量是 225。

镭宣告诞生了!

居里夫妇证实了镭元素的存在，使全世界都开始关注放射性现象。镭的发现在科学界爆发了一次真正的革命。

有些人抱怨自己在学习和工作中发挥不出任何想象力，其中的原因也许就在于你对所从事的事情不感兴趣。这时，你需要做的就是换一件事情来做，或者培养自己对目前工作的兴趣。有了兴趣，就会激发出无限的想象力，做什么事情都会感到身心愉悦、轻松愉快，也会觉得浑身有使不完的力气，学习工作都会有持久的活力。

下篇

200 道世界顶级思维名题

第一章

超级思维名题

001 油漆窗户

下图是一个商店的窗户，它的高和宽都是 2 米。这个商店的油漆工想把它的一半面积漆成蓝色，而同时要留出一个无漆的正方形。那么，他是怎么做的呢？

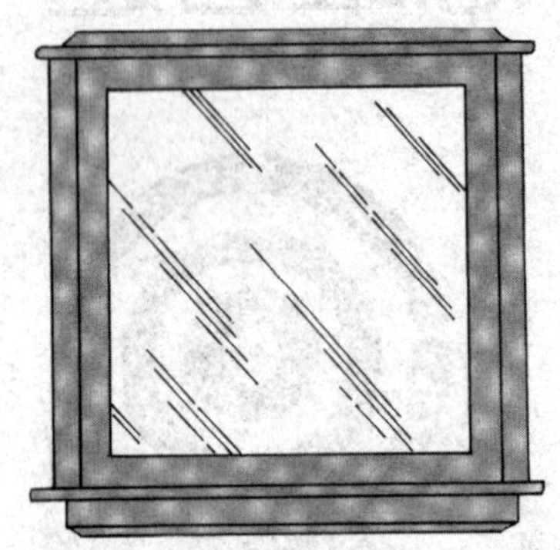

002 麦秆提苏打瓶

这里有一个考验你技术的难题。你必须把一个空苏打水瓶从桌子上拎起来，但是你只能用一只手和一个麦秆。做游戏时，要遵守以下两个规则：不能把麦秆系成结；麦秆不能和瓶子外的任何部分接触。

003 鱼缸

图中的鱼缸已经注满了水。如果不用测量杯或者测量棒，你能否把水从鱼缸中倒出并使水平面正好处于鱼缸的正中间呢？这个办法比你想得要简单！

注意：这个游戏也可以用一个玻璃杯来进行，这样溅出来的水会比较少。

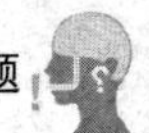

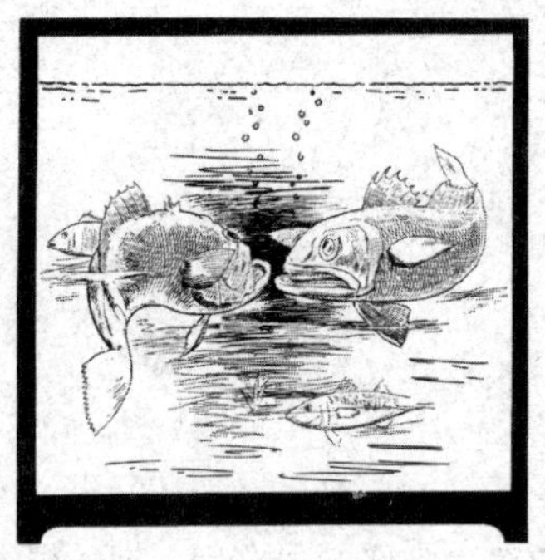

004 五角星上的硬币

这里有一个很有意思的思维游戏等着你来做。将除 8 号硬币之外的 9 枚硬币放在五角星的各个位置上。游戏的目的就是除 1 枚硬币外把其他硬币从五角星上拿下来。拿硬币时，必须用另一枚硬币沿着线从它的上面跳过去，这个硬币跳过去的地方必须是没有硬币的地方（这种移动硬币的方法与跳棋的跳法相同）。

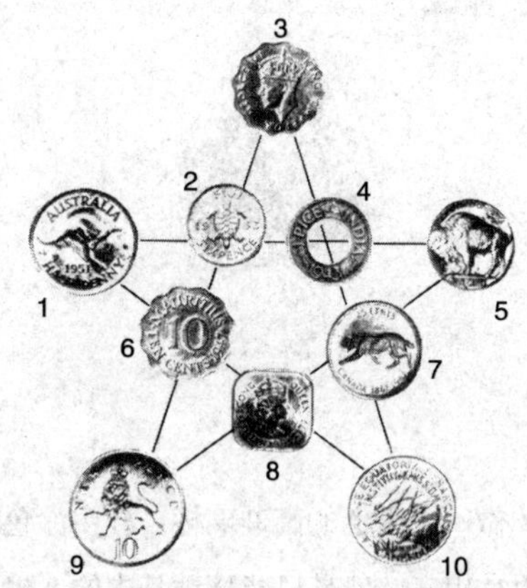

如果你可以在 15 分钟内做完游戏，那么，说明你的水平很高。

005 神奇的风筝

下图就是著名的“风筝思维游戏”。要做这个游戏，你得先画一个风筝。然后画一条线把风筝连接起来，但是必须一步完成（即用一条线连续画出）。线与线之间不能交叉，也不能重复出现。你必须从线团开始画，然后到风筝的正中央结束。

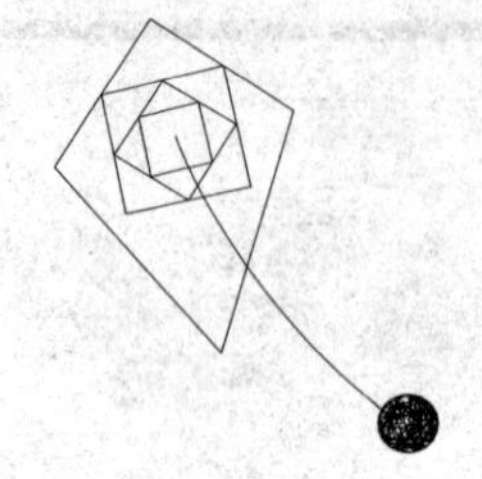

006 书(1)

你可以用这个思维游戏为难你的朋友们。把一根绳子在一本厚重的书（约1000 ~ 1500克）上系一圈，然后将绳子的一端固定在门把手上，并使书悬挂在距地面30厘米的地方。你抓住书下面的绳子，然后对你的朋友们说，你可以随意把书上面或者下面的绳子拽断。这时，他们一定会大吃一惊的。那么，你知道这个神奇的变戏法是如何实现的吗？

007 冰淇凌棒

我们用4根冰淇凌棒做一个带柄的高玻璃杯。杯中涂色的圆圈是一个多汁的樱桃。你要把樱桃从杯子里拿出来，但是只能移动其中的2根木棒的位置。你不能把樱桃拿走，而且必须保证杯子的形状不变。

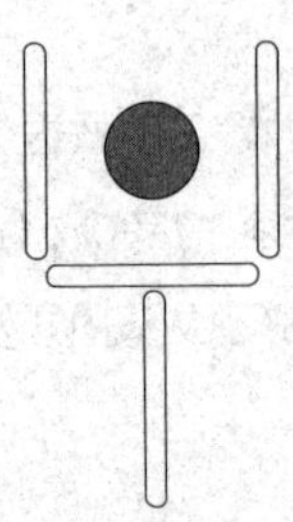

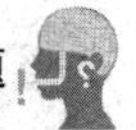

008 牙签

将 8 根牙签按照图中所示的样子摆放。再把一个纽扣当作眼睛放在方框内。

这时，突然我们的“牙签”金枪鱼看见了一条鲨鱼！它必须转身逃命。你能否将 3 根牙签和纽扣移动一下位置，使金枪鱼转到左边呢？

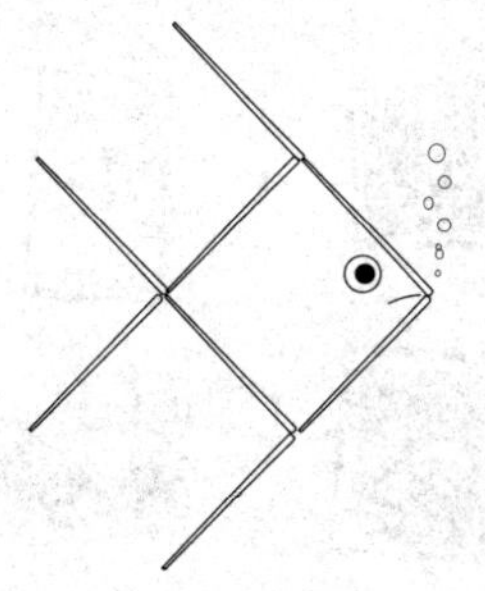

009 绳索

要和一个朋友一起做这个游戏。将绳子的两端松散地分别系在两个手腕上。当然，你的朋友也是这样，同时，套在你的那根绳子上。这样，两根绳子就连接在一起（如下图所示）。

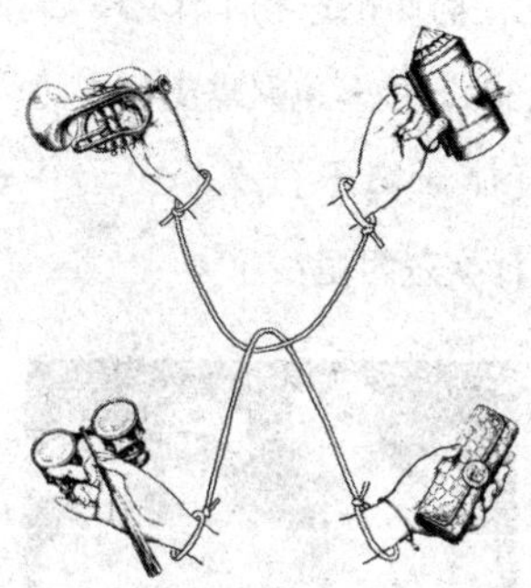

现在，你要和朋友分开，但是不能把结解开，不能割断绳子，也不能把手从绳圈内脱出。

注意：图中所示的物品都是 20 世纪初发明的。请特别注意右上方的闪光灯和左下方的观剧镜。

010 邮票

这是一个很好的“邮票难题”。下图有 6 张来自世界各国的不同邮票，问题是如何将这些邮票摆成一个十字型。但是，要保证十字架的每条线都有 4 张邮票。

提示：1 张邮票可以同时在十字架的 2 条线上。

011 五金店

下图中的 4 个人是老本宁顿五金新店的户主。上周他们搬进了他们在弗莱尔 · 布莱尔庄园购买的房屋里。这个庄园由 9 个单元组成，它们十分漂亮；站在这里，鱼鹰湖可以尽收眼底。户主们到五金店购买施工人员忘记在每个单元都应该安装的东西。每一个价值 1 元，而 8 也只花 1 元；16 要花 2 元；如果顾客需要 150，则一共要花 3 元；如果订购 300，顾客也只需支付 3 元。最后，顾客一共花了 4 元，并买到各自想要的东西开开心心地离开了。

那么，这几个顾客买了什么东西呢？

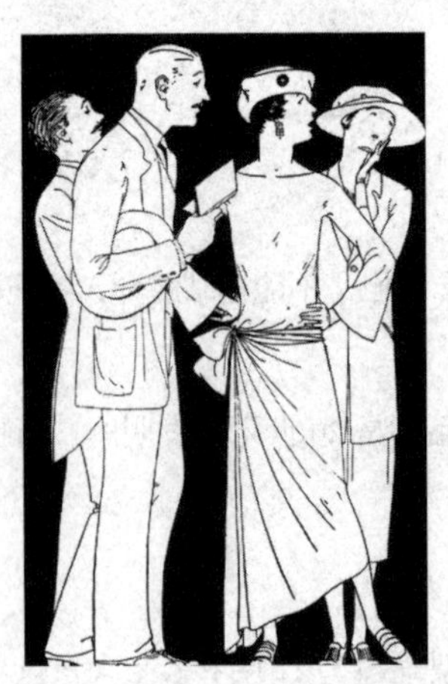

012 1 角硬币

这里有一个让你看起来“不可能”解决的思维游戏。首先，在铺好桌布的桌子上放 1 枚 1 角硬币；然后，在这枚硬币的两边各放 1 枚 1 元硬币，再将 1 个倒置的玻璃杯放在这 2 枚硬币的中间位置上。玻璃杯放好之后的样子要和下图一致。好了，现在做游戏！你必须把那枚 1 角硬币从玻璃杯底下移出来，但是不能移动玻璃杯或者那 2 枚 1 元硬币。而且，你也不能借助其他东西将 1 角硬币从玻璃杯下面推出来。该怎么做呢？

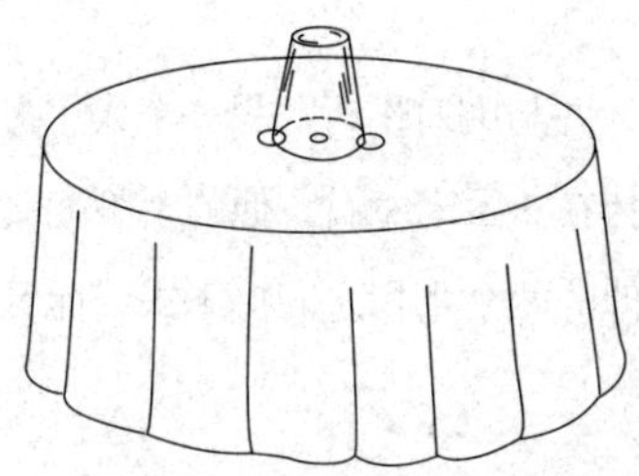

013 箭头

有一种办法可以只通过移动位置就能将这 4 支印第安箭头变成 5 支。你有什么好办法来解决这个难题，请想一想。

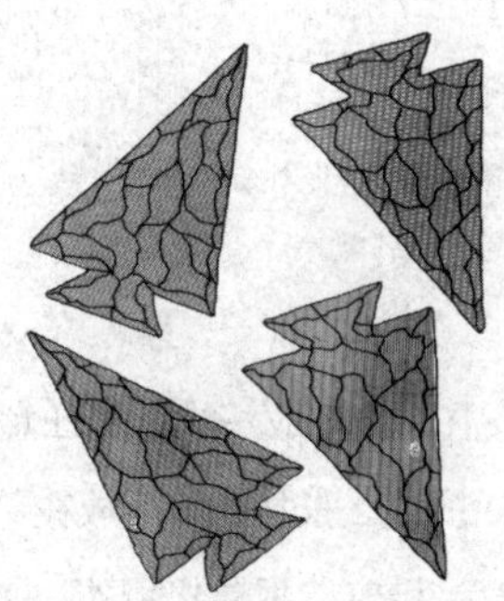

014 糖块

这个有关糖的思维游戏会让你的朋友遇到一些小麻烦。在桌子上放 6 块糖以及 3 个茶杯。做游戏者需要做的是将这 6 块糖按下面的方式放入茶杯中：每个茶杯内的糖块必须是奇数，而且这 6 块糖都必须用上，但是不能有任何损坏。

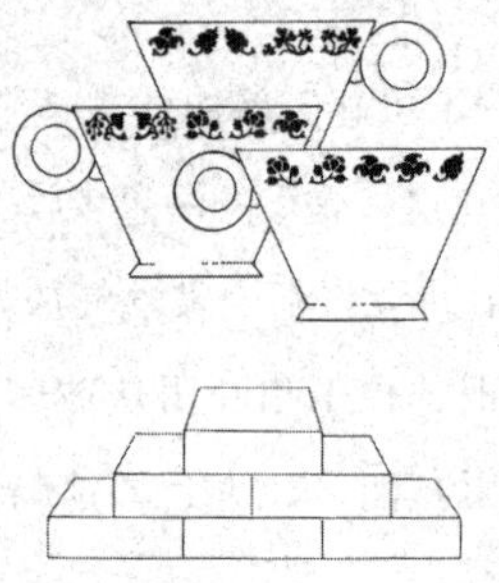

015 钞票

右手拿着1元的钞票，并与胸口平行。另一个人用拇指和食指夹在钞票的中间部位，并与钞票的距离保持在2厘米左右，他的手不能接触钱币。然后，告诉他如果你放手的话，钞票会从他的两个手指之间掉下去，而且他肯定抓不住。这个听起来是不是很简单呢？

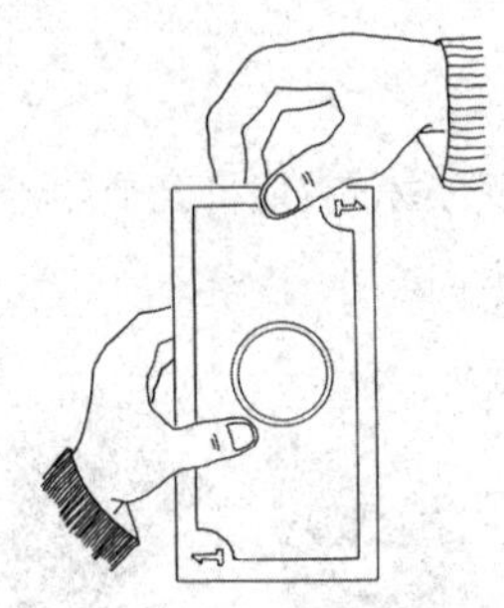

016 扑克牌

把10张扑克牌放在桌子上并且排成一排。从任意一张扑克牌开始，先拿起来然后把它向左或者向右移动，越过2张扑克牌后放在第3张扑克牌上。这样，两张扑克牌就放在一起，成为一对。接着，再拿起另外一张扑克牌，然后向左或者向右越过相邻的两张扑克牌（遇到成对的扑克牌视为一张）并把它放在第3张单独的扑克牌上。如此继续，要求最后桌子上出现5对扑克牌。

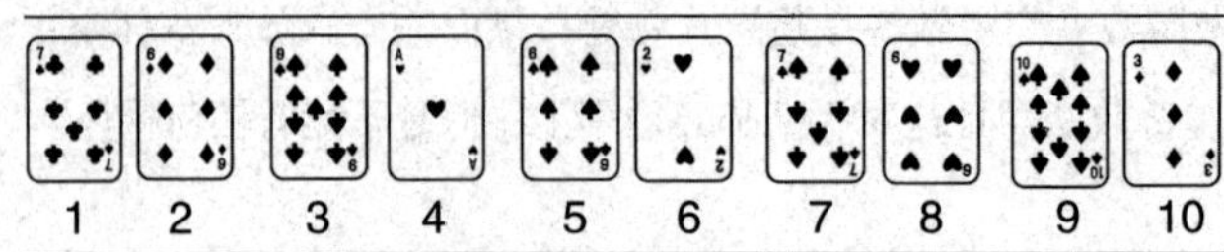

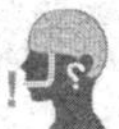

017 拼圆

用 1 张纸或者硬纸板，按照图中所示画出 2 朵花，然后剪下叶、茎杆和花瓣，你是否能把它们拼在一起，形成 1 个圆？

018 几何

这是一个很好看的几何思维游戏，而且要比想象的简单。图中，圆圈的中心点是 O，∠ AOC 是 90° ，线段 AB 与线段 OD 线平行，线段 OC 长 12 厘米，线段 CD 长 2 厘米。你要做的是计算线段 AC 的长度。

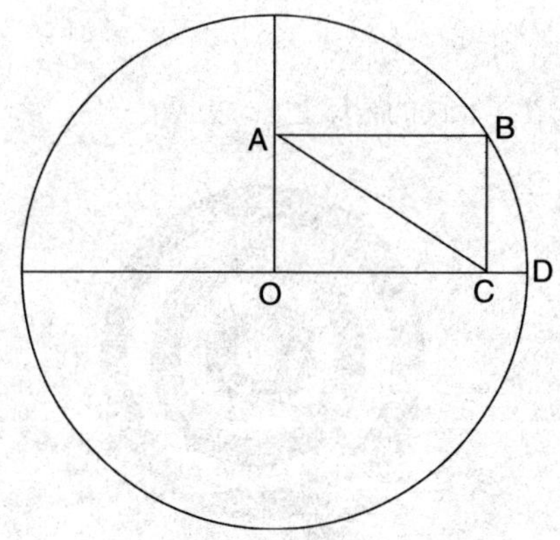

019 飞船

这艘飞船正从月球飞回地球。下图所示的就是前进舱指挥舰板的平面图。伯肯舰长每个小时都会巡视飞船。他将检查从 A 到 M 的每一个走廊，而且只检查一次。但是，通过外走廊 N 的次数不限。同时，进入 4 个指挥中心（1 号、2 号、3 号和 4 号）的次数也不受限制。最后，他总是在 1 号指挥中心结束他的检查。请你把舰长的检查路线展示出来（起点可以从任一指挥中心开始）。

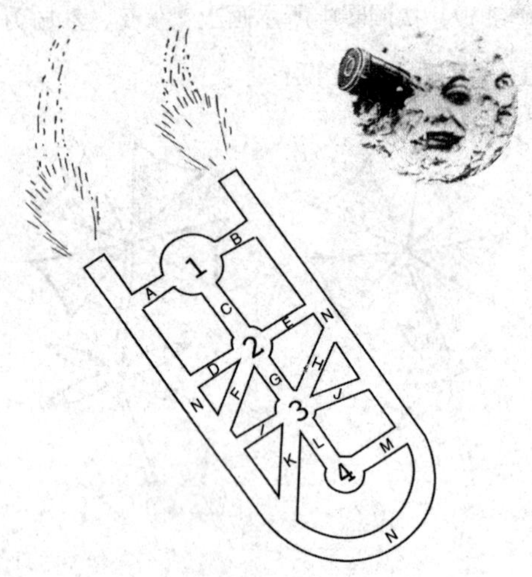

020 射箭

费尔图克曾就一道古老的射箭难题向罗宾汉挑战。他把 6 支箭射在靶子上，这样他的总分就刚好达到 100 分。看样子，费尔图克好像知道答案而且可以摘得奖牌了。

提示：有 4 支箭射在了相同的靶环上。

021 纽扣

这是一道非常有趣的“替代类型”的思维游戏。进行这个游戏时，你只需要准备 2 个白色的纽扣、2 个灰色的纽扣以及图中所示的游戏棋盘。现在，你必须把这

些纽扣交换位置，但是只能移动 8 次。白色的纽扣要移到右边，而灰色的纽扣则移到左边。纽扣可以滑到邻近的空位置内。你也可以把一个纽扣从另一个纽扣上跳过去。但是，跳过去的位置上不能有其他的纽扣。

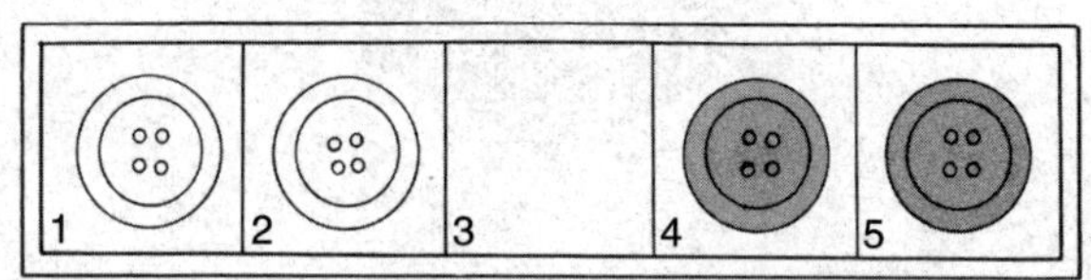

022 链子

一个人有 6 条链子，他想把它们连成一条有 29 个节的链子。他去问铁匠这个需要花费多少钱。铁匠告诉他打开一个环要花 1 元，而要把它焊接在一起则要花 5 角。请问，铁匠做这条链子最少要花多少钱？

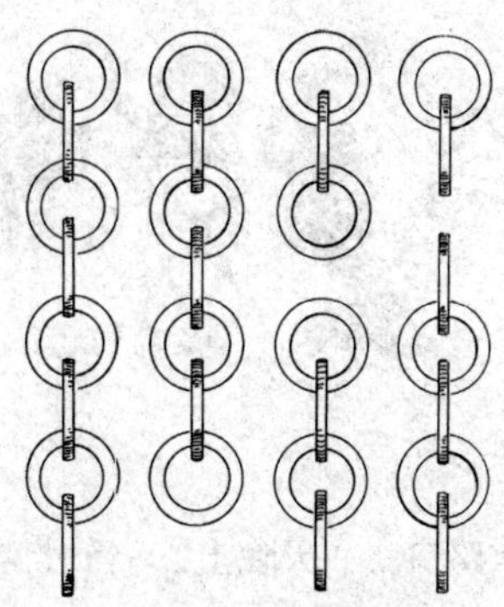

023 立方

在把立方分成 27 个小立方体之前，先把它的 6 个面涂成蓝色。然后，检测你自己能否回答出以下有关这 27 个小立方体的问题：

（1）这个立方的 3 个面上的蓝色小立方体有多少？

（2）这个立方的 2 个面上的蓝色小立方体有多少？

（3）这个立方的 1 个面上的蓝色小立方体有多少？

（4）这个立方的无色小立方体有多少？

024 动物

这是一个有关管理员的游戏，它来自非洲的肯尼亚。有个管理员决定计算一下公园里的狮子和鸵鸟的数量。出于某种原因，他是通过计算这些动物的头和腿的数目来统计动物数量的。最后，他算出一共有 35 个头和 78 条腿。那么，你知道公园里分别有多少狮子和鸵鸟吗?

025 十字路口

假设拿破仑正站在十字路口。一天晚上，一个十字路口的路标被供给马车破坏了。拿破仑军中没有人能把路标放好并使它指向正确的方向。拿破仑沉思片刻之后，发布了命令并把路标放回到了原处。但是，拿破仑以前不曾到过这个十字路口，那么，他是如何做到的呢?

026 杯垫

按照图中的样子在桌子上放6个圆形的饮料杯垫。这几个杯垫必须相互紧挨。现在，你必须把它们重新排列，形成一个“完整的”圆，但是你只能移动其中的3个杯垫，并且每个杯垫只能移动一次。

027 圆圈(1)

如果你想找出一个圆圈的中心点，那么你只需要一支铅笔以及一张比这个圆圈大的正方形纸板。如何操作呢？这个做起来要比看起来简单！你有5分钟的时间寻找解决方法。

028 神谕古文石

这块儿“神谕古文石”是在冰岛的胡萨威克发现的，它曾经吸引很多考古学家前来研究，直到有个上学的小男孩告诉他们那不过是个赝品而已，考古学家们才恍然大悟，原来上面描述的正是一个著名的思维游戏。凿在石头上的是9个秘密字母。上图中的第6个字母（即中间那行第3个字母）故意没有完成。这个游戏就是要猜出来那个字母是什么。而你只有先确定其他字母所代表的事物，才能把那个字母猜出来。

提示：所有字母都有一个共性。

029 卡车

这个故事发生在很多年前。当时，有名卡车司机在警察举旗示意下停下来，警察要检查卡车是否超载。当司机把车开到量重器上后，他从驾驶室跳下来，然后拿起一根木棍敲打卡车的一边。一个旁观者不解地问他为什么要这样做。

“是这样，”他回答，“我的卡车里装了 2000 千克的金丝雀。我很清楚，卡车会超载，但是，如果我使鸟在车里飞起来的话，那么秤上就无法显示它们的重量了。”

请问，司机说得对吗？如果车内的鸟保持飞的状态，那么卡车的重量真的会比鸟栖止于卡车上时的重量小吗？

030 瓶子(1)

把一个空瓶子垂直放在桌子上。然后，剪一个 2 厘米宽、30 厘米长的纸带，按照上图的样子将纸带放在瓶口。在纸带上瓶口处放 4 枚硬币：先放 1 枚 1 元硬币，然后是 1 枚 5 角硬币，接着是 2 枚 1 角硬币。现在，大家来试试在保持硬币平衡的情况下把纸带移走。大家在进行游戏时，既不能接触硬币也不能触摸瓶子，唯一可以接触的就是纸带。

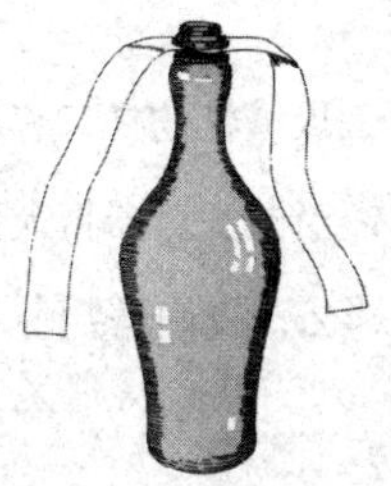

031 X射线

你先转过身，然后任意请1个人把1枚硬币正面朝上放在桌子上。接着，让他将一张空白的纸放在硬币上。现在，转回身，并宣称你要运用你的超能力看穿这张不透明的纸，然后读出这枚硬币上面的日期。这枚硬币自始至终都是完全被遮盖的。如果想使游戏更有趣，你可以建议进行下面所介绍的赌注：如果你可以正确读出日期，那么，你将得到这枚硬币；如果你失败的话，那么，对方将得到这枚硬币。

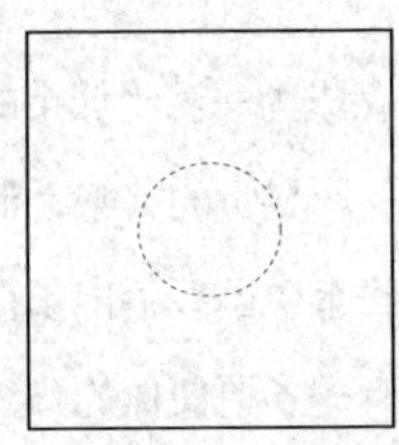

032 青蛙

一口井深3.5米，青蛙每天可以向上爬1米，当晚上休息时，就会滑落0.6米。那么，如果按照这个速度向上爬的话，这只青蛙需要用几天的时间才能从那口井里爬出来呢？

033 细长玻璃杯

下图中有两个细长玻璃杯。大玻璃杯的杯口直径和杯身高度正好是小玻璃杯的2倍。现在要做的就是把小玻璃杯当做度量器将大玻璃杯装满水。先把小玻璃杯装满水，然后把水倒进大玻璃杯。那么，我们需要多少次才能把大玻璃杯装满水?

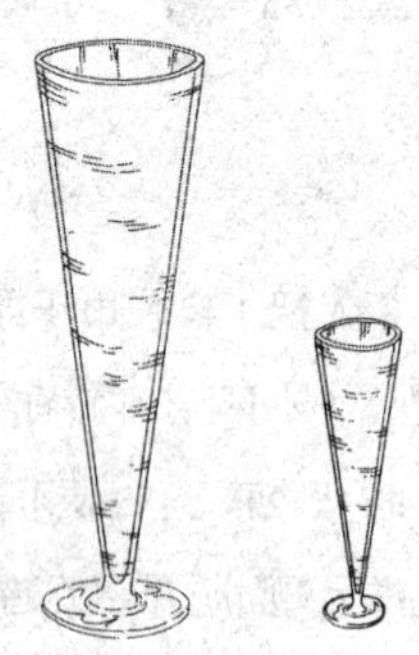

034 警察

在世纪之交，奥拉夫·安德森成为一名小城市的警察。他的任务是巡逻这个城市的6个正方形街区。作为一个尽职尽责的警察，他希望在巡逻时找出一条可以一次把所有街区都巡视完的路线。答案中已经给出了他所制定的路线，我们认为那可能是最好的路线。但是，或许也有一条更便捷的路线，所以在查看答案之前请你来试一试。

035 爱吃醋的丈夫

3个爱吃醋的丈夫在和他们的妻子旅游时发现渡河的船只能容纳2个人。因为，每个丈夫都极力反对自己的妻子和其他2个男性成员中的任何一个人乘船渡

河，除非自己也在场；同时，他们也不同意自己的妻子单独和其他男人站在河对岸。

那么，应该如何安排呢？记住，尽管船只能搭乘2个人，但是，其中的1个人必须把船划回来供其他人使用。

036 自行车

这个故事发生在自行车刚刚出现的时候。一天，有2名年轻的骑车人，贝蒂和纳丁·帕克斯特准备骑车到20千米外的乡村看望姑妈。当走过4千米的时候，贝蒂的自行车出了问题，她不得不把车子用链子拴在树上。由于很着急，她们决定继续尽快向前走。她们有2种选择：要么2人都步行；要么1个人步行，1个人骑车。她们都能以每小时4千米的速度步行或者以每小时8千米的速度骑车前进。她们决定制定一个计划，即在把步行保持在最短的距离的情况下，利用最短的时间同时到达姑妈家。那么，他们是如何安排步行和骑车的呢？

037 聚焦太阳光

如下图所示，平行的太阳光分别通过 4 个不同的透镜射到一张白纸上。

请问哪个透镜下的白纸会着火？哪个透镜下面的火着得更厉害？

038 网球

很多年以前，人们在闲暇时刻乡村俱乐部举行了一场盛大的泰迪·罗斯福混双网球锦标赛。一共有 128 对选手报名参加这项赛事。管理员撒迪厄斯·拉肯卡特熬了半宿才把赛程拟订出来。那么，你知道在冠军产生之前会进行多少场混双比赛吗？

039 钉子

这个游戏来自一位老木匠。你必须重新排列这 6 根钉子，并使它们彼此相接触。这个看似简单，但是要注意：也许你在放弃之前就已经“结束”自己的尝试了。

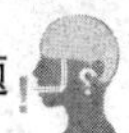

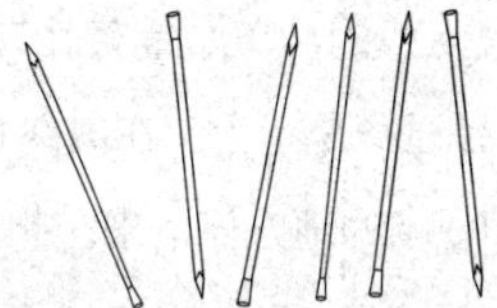

040 古董

有一天，古董商加尔文·克莱克特伯尔买了一个铸铁的喷水龙头：上面是一支鳄鱼，嘴里吞着一条鱼。他为这件绝妙的艺术品支付了90%的“账面”价值。第二天，一个收藏家看见后，说愿意支付高出他25%的费用将其买下。加尔文毫不犹豫地答应了，这样，他就从这笔交易中赚了105元。那么，你能否根据这些实际情况推算出这件诱人的古玩的账面价值吗？

041 苍蝇

那只久经沙场的苍蝇已经在很多思维游戏当中出现过，这次它又来为难我们的读者了。它发现一块儿大理石的底座，并想从上面飞过。它准备从图中所示的这个立方体左下角的A点出发，然后到达立方体对面的右上角B点。这个立方体的每条边都长60厘米。那么，你能为这只苍蝇找出一条最短的路线吗？

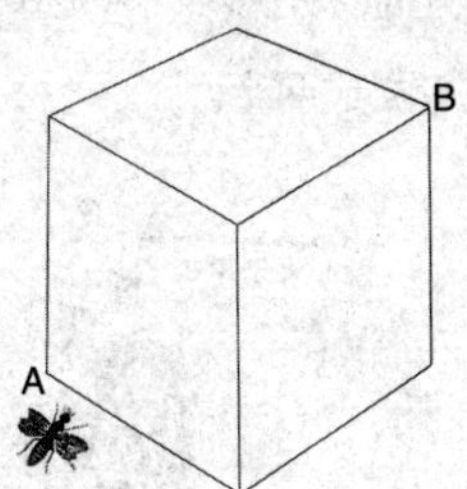

042 赛马(1)

两位喜爱运动的绅士决定进行一场赛马比赛，双方规定谁的马车先到终点线谁将输掉比赛，而第二个到达终点线的马车才是获胜者。他们抽打自己的马向前跑，当跑出 1000 米的时候，马已经通身是汗了。在离终点线不远处，他们两人都开始减速，然后在距终点线只剩 100 米的地方停下来。想到先前打的赌，两人纷纷下车去跟一个在地里观看比赛的农民商量这件事。当这个农民听完他们的故事之后，就给他们提了个建议。而他们听完之后就跳进马车里开始在路上加速行驶，好像每个人都在争着第一个穿过终点线。

那个农民给他们提的建议绝不可能改变他们打过的赌，那么，你能猜出这个建议是什么吗？

043 小甜饼

小阿里阿德涅现在很烦。今天早些时候，她收到妈妈亲手做的一包新鲜小甜饼。正当她打开礼物时，她的 4 个朋友就到了，她们提醒阿里阿德涅以前她们带的小甜饼也曾和她分享过，现在也该她反过来回赠她们了。她不情愿地把其中的一半和半个甜饼分给了她的朋友劳拉；然后把剩下的一半甜饼和半个甜饼分给了梅尔瓦；接着，她又把剩下的一半甜饼和半个甜饼分给了罗伦；最后，她把盒子里剩下的一半甜饼和半个甜饼分给了玛戈特。这样，可怜的阿里阿德涅就把盒子里的甜饼都分了出去，她真是伤心极了。

那么，你能否计算出盒子里原来有多少小甜饼吗？顺便说一下，阿里阿德涅绝对没有把盒子里的甜饼切成或者掰成两半。

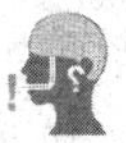

044 喇叭

葛鲁丘·马克斯有一年买了一个喇叭作为弟弟哈波的生日礼物。包装好之后，他把它带到邮局邮寄。

“对不起，马克斯先生，”邮局的职员说，“但是，这个包装实在是太长了。邮局规定任何包装都不能超过1.2米，而这个包裹却长1.5米。”

无奈之下葛鲁丘把这个喇叭带回商店。店员把喇叭上的橡胶球拆掉了，可是即便如此，这个喇叭仍然长1.35米。这时，葛鲁丘想出来一个主意。他让他们用另一种方法把喇叭重新包装。当他再次到邮局时，喇叭的包装得到了认可，因为现在的包装符合要求。那么，他是怎么做的呢？请记住，这个喇叭既没有被截断也没有弯曲。

045 钱包

有一天，威拉德·古特罗克斯先生急匆匆地跑进警察局，大喊自己的钱包被盗了。

“现在要镇静，古特罗克斯先生，”安德森警察说，“有人刚刚交还了一个钱包，也许是你丢的，你能把里面的东西描述一下吗？”

“好的，”威拉德回答说，“里面有一张菲尔兹的照片以及电话卡。哦，对了，还有320元，共8张钞票，而且没有10元的钞票。”

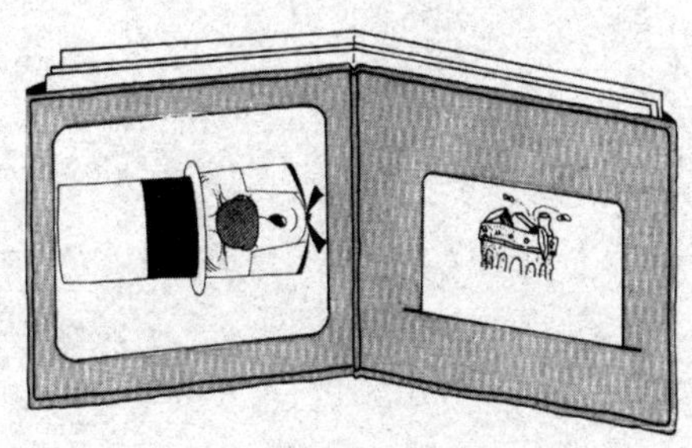

"完全吻合，古特罗克斯先生。给，这是你的钱包。"

那么，你知道他钱包里有哪 8 张钞票相加之后正好是 320 元吗？

046 徽章

思维游戏起源于 3000 多年前的尼罗河流域。这里，我们关注的是那些石匠们正在抛光的智慧之神斯塔姆尤莫斯特的头像。他的头盔上的徽章就是有记载的最早的直线思维游戏。要解决这个题，你必须用一笔把这个饰有宝石的徽章画下来。在画的过程中，你既不可以把铅笔从纸上抬起来，也不可以使线条交叉在一起。

第二章

极具挑战的思维名题

047 火柴

阿布丝诺·隆戈兹是这个游戏的改进者，现在他又开始玩这个游戏了。那么，你是否可以在可怜的贝提伯尔尼先生掏钱包之前完成这个很难的思维游戏呢？

“午餐真是好极了，贝提伯尔尼先生。那么，我们来打个赌看谁付账，好吗？我敢打赌你不可能在桌子上把15根火柴摆成8个大小完全相同的正方形。所有的火柴都不可以重叠或者折断，同时，正方形里面不允许存在别的正方形。”

048 盘子

图中所示的那个人正是19世纪90年代著名的盘子旋转大师约翰·马斯基林。

他可以同时使6个盘子和1个脸盆旋转5分多钟。现在，他有一个关于盘子的游戏等着你。他向你提出挑战：看谁能将盘子的中心点稳稳当当地放在针尖上，而这根针插在瓶口的瓶塞上。你可以利用4个叉子和2个瓶塞来完成这个看似不可能完成的表演。如果你能够正确使用，你就可以与马斯基林先生不相上下。把盘子平稳地放在针尖上后，就可以开始旋转这个盘子了。

049 国际象棋

下图中的米莉·赛克斯是国际象棋俱乐部的女服务员。她正在思考昨晚那个把所有人都难住的思维游戏。把皇后放在正方形棋盘上的一个角（如图所示），你能否只走4步就可以使它经过棋盘左上角的全部9个方格呢？在你移动每一步棋时，你可以穿过任意多个方格，但是只能朝着一个方向移动。现在，试试看你能否在5分钟内把这个难题解答出来。

050 老水手

比利·特里劳尼是一名老水手。一天，他带了100元去南特基特，到了晚上带了1500元回到家。

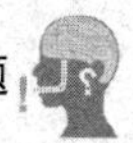

他在水手和船桅服装店为自己买了一条领带，又在宾纳克宠物旅馆为他的鹦鹉买了一些鸟食。然后，他剪了头发。他的工资在每个星期四以支票的形式支付。银行在这个时候只是在周二、周五以及周六营业，理发店每个周六休息，而宾纳克宠物旅馆在周四以及周五不营业。你能根据上面所说的情况判断出老比利是在星期几去镇上的吗？

051 名字

一天，尼德尔瓦勒先生骑自行车外出时碰到了一个老朋友。

“打上次见到你，现在都好几年了。”他说。

“是啊，”他的朋友回答说，“自从上次我们在缅甸见面之后，我就结婚了，我和我的爱人都在仰光工作。你肯定不认识，这是我们的小女儿。”

“好漂亮的孩子，”尼德尔瓦勒先生回答说，“你叫什么名字？”

“谢谢您，先生，我和我妈妈同名。”

“哦，是吗，你和埃莉诺长得真像。这也是我很喜欢的一个名字。”尼德尔瓦勒先生回答说。

那么，尼德尔瓦勒先生是如何知道这个小女孩的名字是埃莉诺的呢？

052 家庭

爷爷汤森曾经讲过这个故事。好像是在他的一次生日宴会上，当时有10位家庭成员，此外还有许多客人。其中，有1个祖父和1个外祖父、1个祖母和1个外祖母、3个父亲和3个母亲、3个儿子和3个女儿、1个婆婆和1个岳母、1个公公和1个岳父、1个女婿、1个儿媳、2个弟兄、2个姐妹。

那么，你能判断出参加祖父生日宴会的家庭成员的家庭关系吗?

053 保险箱

在犯罪记录上，没有哪个贼比纳库克拉斯·哈里伯顿更卑鄙。当他到别人家里行窃时，他会毫不犹豫地去偷孩子们的存钱罐。看着他在上图中的样子，就知道他肯定是历史上最矮的小偷了。他撬开保险箱偷走了125枚硬币，一共有70元。其中没有1角的硬币。那么，你能判断出他偷走的是哪些硬币，而每枚硬币的面值又是多少吗?

054 香烟

图中的这个人叫尼古丁 · 奈德，他是咖啡厅里的饭桶。他看起来十分落魄，甚至连买一盒好烟的钱都没有。他只能在著名的快速卷烟机的帮助下自己卷烟抽。至于烟草，他是从抽过的烟头里积攒下来的。他可以把 3 个烟头卷成一支烟。他攒了 10 个烟头，可是他却想卷 5 支烟。也许这个听起来好像是不可能的，但是奈德却卷成了。那么，你知道他是怎么做的吗？

055 扑克筹码

了不起的龚德尔斐魔镜可以看到一切、知道一切、可以说明一切……只要花 25 元买一张票。当他表演时，龚德尔斐在屏幕上展示了他在全世界搜集来的著名思维游戏题。上图中所放映的正是恶名昭彰的、置人于困境的拉斯维加斯扑克筹码。人们为了解答这道难题花费了许多钱。这个题是指将 5 个扑克筹码排成两行，其中一行有 3 个筹码，而另一行要有 4 个筹码。这个题最难的地方就是你只有 60 秒的时间来解决这个问题。

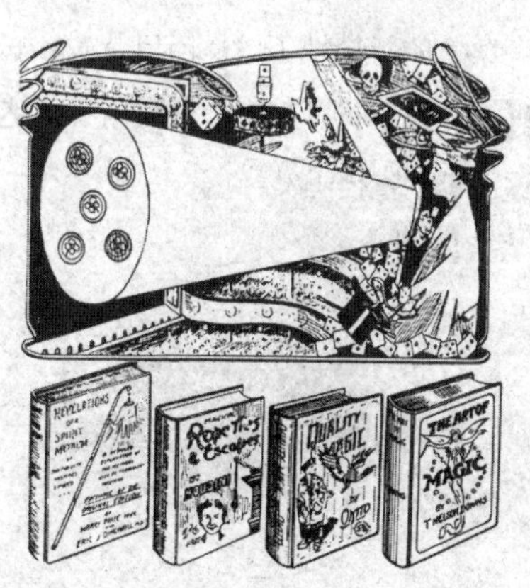

056 瓶塞(1)

这是一个很好的瓶塞思维游戏，你可以在你下次葡萄酒品尝会上拿它来考考你的客人。接下来，我要请19世纪最好的思维游戏出题者，霍夫曼教授介绍这个题：

“准备2个葡萄酒瓶的瓶塞，然后按照图1的样子把它们夹在手上（即：每个瓶塞都横着放在拇指的分岔处）。现在，用右手的拇指和中指抓住左手上的瓶塞（两根手指抓住瓶塞的两端），与此同时，再用左手的拇指和中指抓住右手上的瓶塞，然后，把两个瓶塞分开。”

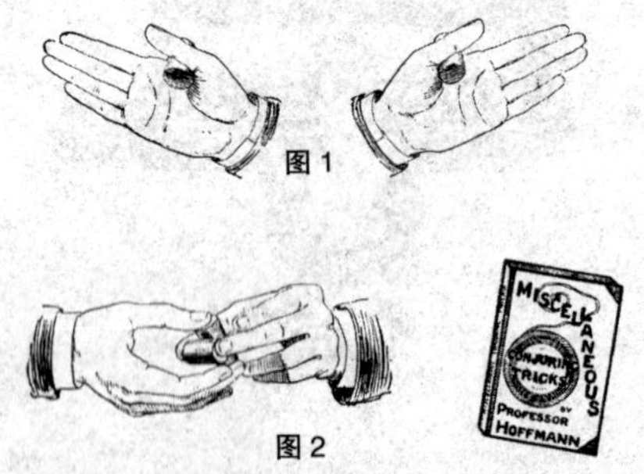

图1

图2

上面的操作听起来很简单，但是初学者在尝试的时候会出现图2的情况。而这正是这个题要避免的，必须将2个瓶塞自然地分开。

057 长角的蜥蜴

伯沙撒是我们镇上的自然博物馆从某个地方得到一只长角的蜥蜴，它十分神奇。工作人员特意把它放在爬行动物观赏大厅新建的一个圆形有顶的窝里。刚放下，伯沙撒就马上开始考察它的新领地了。从门口开始，它向北爬行了4米到达圆的边缘；然后，它急忙转身向东爬行了3米，这时它又到达了围栏边。那么，你能根据这些信息计算出它这个窝的直径吗?

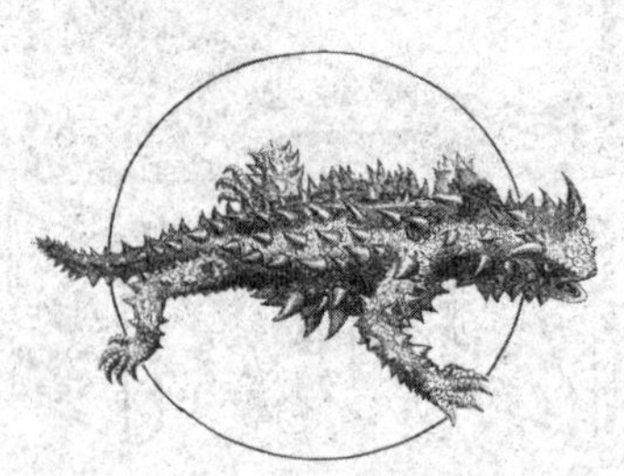

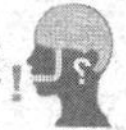

058 数字

让我们来看看你是否有资格在润滑油补给站获得这份免费赠品。你所要做的就是将下图中数学表达式里的字母用数字代替，相同的数字必须代替相同的字母。竞赛的时限是 1 个小时。祝你好运！

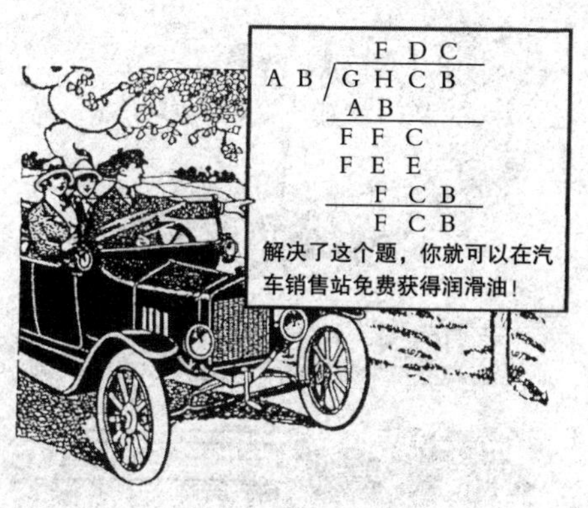

059 纸牌

在很多年以前的棒球联赛赛场上，有这样一个做法，选手在参加完每场比赛之后都会得到报酬。而在早上的不多的时间里则会进行很多纸牌游戏，场面十分火爆。其中有一场有关来自海湾秃鹰队的 4 名选手的游戏。在一场棒球比赛中，这 4 个人——马尔文、哈维、布鲁斯以及罗洛要分享 233 元。比赛结束了，马尔文分得的钱比哈维多 20 元，比布鲁斯多 53 元，比罗洛多 71 元。请问这 4 名选手在那天早晨分别获得多少钱？

060 车厢

小时候，爸爸给我买了一列玩具火车作为我的生日礼物。除了火车配备的车厢之外，他又花了 20 元买了另外 20 个车厢。乘客车厢每个 4 元，货物车厢每个 0.5 元，煤炭车厢每个 0.25 元。那么，你能否计算出这几种类型的车厢各有几个？

061 弹孔

按照过去的西部观念，卡特尔·凯特称得上是位高人。她使用 6 发装左轮手枪的本领堪称传奇，这里我们看到的是她如何打赌取胜的。她说她可以在扭转头的同时往墙上射 12 颗子弹，这 12 个弹孔排列成 7 行，每行 4 个弹孔；当然，某些弹孔将同时存在于多个行列。钢琴师萨姆一点儿也不担心。那么，你认为弹孔在墙上是如何排列的呢？

062 惩罚

思罗克莫顿能写出这个数字吗？彭尼帕克先生给了他一个很难的题。他只能利用 1、3、5、7、9 这些数字来写成这个数字。很显然，诸如 333，753 或者 717 这些数字都不是偶数。那么，你能否帮助思罗克莫顿走出这个困境呢？

063 开商店

哈丽和桃瑞斯正在做开商店游戏。哈丽花了 3.1 元从桃瑞斯那里买了 3 罐草莓酱和 4 罐桃酱。那么，你能否根据上面说的情况计算出每罐草莓酱和每罐桃酱的价钱？

064 卖车

“啊，达芙妮，今天我终于把那辆破车卖掉了。原来我标价 1100 元，可没有人感兴趣，于是我把价钱降到 880 元，还是没有人感兴趣，我又把价钱下调到 704 元。最后，出于绝望，我再一次降价。今天一早，奥维尔·威尼萨普把它买走了。”那么，你能猜出他花了多少钱吗？

065 扑克牌与日历

下图所示的就是 18 世纪时的扑克牌制造商，他自然是在街上叫卖他的产品。现在有人认为扑克牌纯粹是浪费时间。然而，一副扑克牌与一本日历有着很多相似之处。事实上，一副扑克牌至少在 6 个方面与日历有着惊人的相似之处。你能猜出几处相似之处呢？

066 铁圈枪

铁圈枪游戏以前曾经是最棒的娱乐方式之一，同时，这个游戏也花不了多少钱。这里我们看到的是奈德・索尔索特赢得的又一场比赛，对手是她的妹妹和威姆威尔勒家的男孩子们。奈德将 25 个铁圈打进靶槽里，且每个靶槽均有得分，一共得到 500 分。共有 4 个靶槽，每个槽内的分值分别为 10、20、50、100。那么，你能否算出奈德在每个靶槽内打进的铁圈数？

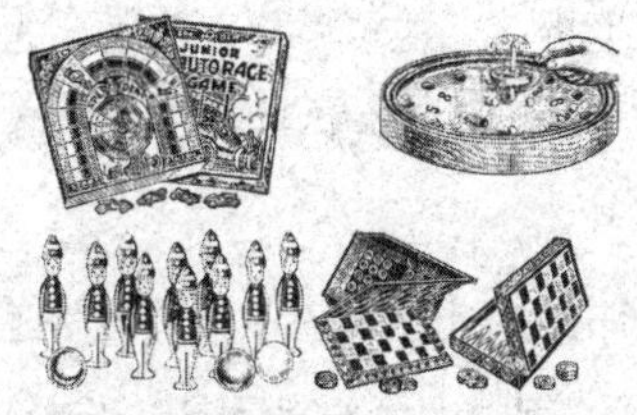

067 计算机

这道计算机题曾让有的人花费了好几个小时仍不得其解。问题是将 1 到 9 这几个数字排列成 3 行，并使第 2 行的 3 个数字相加的和比第 1 行的 3 个数字之和大 3，而且使第 3 行的 3 个数字之和比第一行的 3 个数字之和大 6。那么，请你试试看能否找到答案！

068 绳梯

一艘豪华巨轮于上周驶入纽约港，它的船体需要修理。一个绳梯从甲板放下，一直到达水面。绳梯的各条横档之间相距 30 厘米。当海水落潮时，水面上的横梯一共有 50 条横档。纽约港的水位每小时会上升 15 厘米。那么，你能否计算出 6 个小时过后当海水处于高潮时水面上的横档的个数呢？

069 瓶子(2)

弗朗昆教授的一个学生将一个装着写有下面语句的便条的瓶子交给了他。他向这个博学的人挑战要解读著名的航海船长在这个便条上所写的这首诗中包含了什么：

“我现在指挥着这艘巨轮，船上装载着从世界各地运来的珍贵货物，这些东西我从来没有卖过；风也助我一臂之力，不管是港口还是海港，我最大的愿望就是能在上面自由奔跑。”

那么，你知道这位诗人船长是谁吗？

070 加法

熊爸爸好像被它在佩尔特维利报上看到的一个思维游戏难住了。趁它还没有被烦透，我们来看看这个思维游戏吧：

下图中所示的一行数字相加之后正好等于45。那么，你能否在将其中一个加号改为乘号，使这行数字相加的值变成100呢？

071 魔力商店

我们现在所处的位置就是新牛津街上的布兰德魔宫，这个宫殿在维多利亚时期是个大型商场，这里也是著名的思维游戏大师霍夫曼教授经常到访的地方。我们和他约定下午1点在这里见面。那么，我们进去吧。

“你好，霍夫曼教授。我们来得很准时。您今天有没有新的思维游戏跟我们分享呢？”

“那是当然的！先坐下，那么，就试试这个3份遗产的思维游戏吧。一位绅士临死前留下遗嘱，要将自己的遗产分给自己的3个仆人。会客室的那个仆人跟随主人的时间是女佣人的3倍，而厨师跟随主人的时间又是会客室那个仆人的两倍。遗产是按照跟随主人的时间来分配的。总共分出了7000元。那么，每个人各分得了多少遗产呢？”

072 度假

故事发生在1902年7月10日加利福尼亚的帕尔玛斯。在下图中的尤沙拉·亚伯克拉斯特是位社会名流，她来自纽约的切维格伦，她此时在时髦的帕姆克利夫酒店宴请其他的度假者。席间，她与大家共同分享了有趣的思维游戏以及她世界各地朋友的故事。那么，你能否解决这位女主人的难题呢？

073 吹泡泡

爷爷以前经常说他年轻时最快乐的一件事就是参加吹泡泡派对。派对上，每个人都发一个管，谁吹的泡泡最大或者谁一次吹出来的泡泡最多谁就可以获得奖品。当我问爷爷一次最多吹出来多少个泡泡时，他是这么回答的：

“我要把这个数字放在一个思维游戏里，年轻人！”

“如果在那个数字的基础上加上那个数，然后再加上那个数的一半，接着再加上 7，我就吹出来 32 个泡泡。”

那么，你能否根据他所说的提示计算出他究竟一次吹出来多少个泡泡？

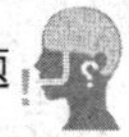

074 替换数字

当一位魔术师在装书的箱子里翻找时遇到了一个很麻烦的思维游戏，他想我们的读者或许会对这个思维游戏感兴趣。他手里拿的木板就是这个思维游戏。要解决这个思维游戏，你必须把全部圆点用 1 至 9 这几个数字代替，这样，其实就形成了一道数学题。上面没有数字 0，同时，每个数字都只能使用一次。请你试一试，看能否在半个小时之内推算出这道题的答案。

075 置换

罗索姆·乔治虽然努力解题但仍无法得到答案，我们来帮帮他吧。将 2 枚 1 分硬币放在 1 号和 2 号位置，然后把 2 枚 1 角硬币放在 8 号和 10 号位置。我们只能通过 18 步把这 4 枚硬币交换位置。在移动硬币时，要遵循下面的规则：你一次可以将一枚硬币移动到任意一条直线上的任何一个带数字的圆圈之内；相同的硬币不能在某条直线上移动 2 次；不允许 1 分硬币和 1 角硬币同时停止在同一条直线上。以上就是规则。你有 15 分钟的时间来解答这个题。

076 狂欢大转盘

狂欢小丑英勒斯说得很对。这个老板是个非常迷信的人。他总是把 1 到 11 这几个数字写在转盘上并使每条线上的 3 个数字相加后等于 18。那么，你能否把这些数字正确填写？

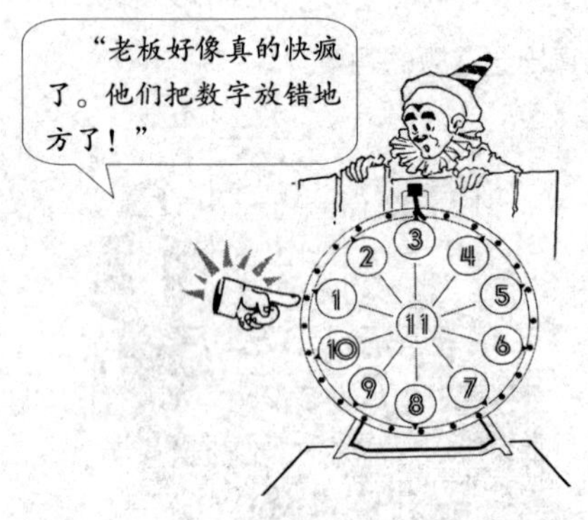

077 小费

"迈克，分摊午餐小费时，你把我骗了！"帕特抱怨说。

"为什么，我还以为你很大方呢，帕特！"迈克回答说，显得十分无辜。

事情是这样的：午餐后，当他们分摊小费时，帕特给迈克的钱与迈克已经有的钱数相同。迈克说："这太多了！"然后又还给帕特一些钱，这些钱与帕特所剩下的钱数相同。帕特说："别，这也多了。"然后也还给迈克一些钱，这些钱与迈克现在所剩下的钱数相同。帕特现在一分钱也没留下，而迈克共得到 80 元。那么，他们在开始交换之前各自有多少钱？

078 蜂箱

下图中的蜜蜂正在设法将蜂箱中从 1 到 14 这几个数字重新排列。它们要使相邻的两个蜂房内的数字彼此不连续；同时，排列完之后，任意一个数字都不能与可以整除它的数字相邻（数字 1 排除在外）。

079 城堡

下图是山上城堡的布局图。城堡各个岗哨都用字母标注出来了，从图中可以看出所有的岗哨都与通道相连接。如果警察想一次检查完所有的岗哨并且最终回到出发点的话，那么，应该走什么路线呢？

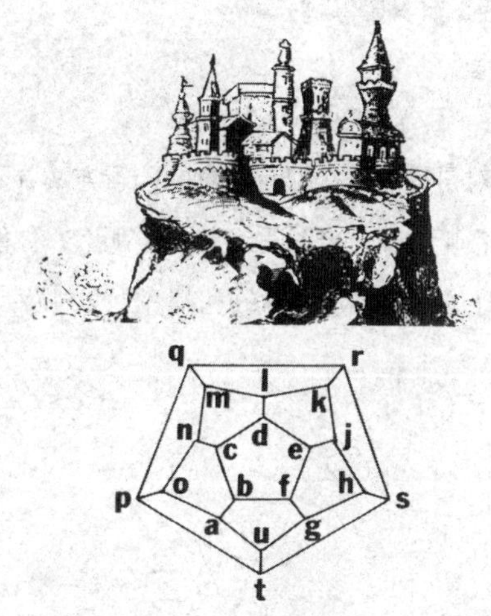

080 弹子

这两幅图所示的就是 1908 年夏天进行的著名北泽西对决，对阵的双方分别是“荷兰人”杜伯曼和“鹿角”卡拉汉，两个选手的弹子袋都是满满的。在奥兰治这两人的拇指功夫最高，现在终于可以一决高低了。比赛开始时，两人的弹子数都相同。第一局，“荷兰人”的弹子数增加了 20 个，然而，在第二局和第三局，他损失了$\frac{2}{3}$的弹子。而“鹿角”的弹子数则是“荷兰人”的 4 倍。那么，你能计算出比赛过后，两人各有多少个弹子吗？

081 气球

小格温多林看上去对哥哥的这一很有创意的照看方式并不感到高兴。然而，标有数字的气球却使我们想起一个古老的思维游戏。那么，你能否将这些气球重新排列使十字线上的 5 个气球的数字相加之后的和都等于 27 呢？

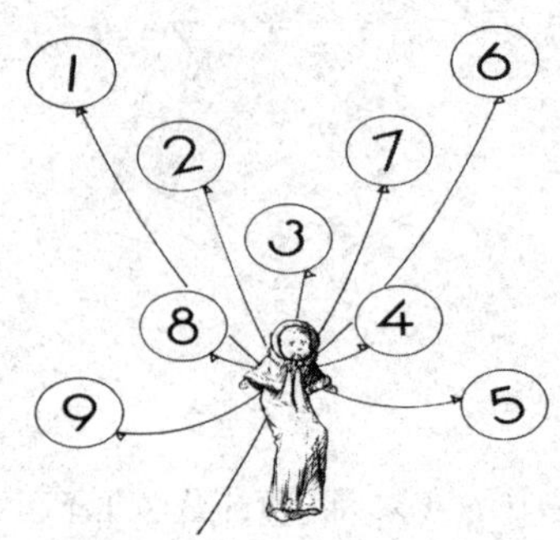

082 葡萄酒

这个思维游戏为老巴克斯所独创。你若想参加他的派对，你就必须计算出这两个酒桶中各有多少酒。这两个酒桶分别贴有字母 A 和 B，而 A 桶的酒比 B 桶的酒多。

首先，将 A 桶中的酒倒入 B 桶，倒入的酒量与 B 桶的酒相等。然后，将 B 桶中的酒倒回 A 桶，倒入的酒与 A 桶中现有的酒相等。最后，再将 A 桶中的酒倒回 B 桶，倒入的酒与 B 桶中现有的酒相等。

这个时候，两个桶内都有 48 升的葡萄酒。那么，两个酒桶原来各有多少葡萄酒呢？

083 多米诺骨牌(1)

这是为数不多的多米诺骨牌思维游戏中的一个，而且你完全可以把它做出来。下图是 4 个空白的多米诺骨牌。你要做的就是按照下面的规则将 18 个点放在多米诺骨牌上：

4 个多米诺骨牌的上半部分的点的总个数等于下半部分的个数。同时，第一个多米诺骨牌上的点数要等于最后一个牌的 2 倍。另外两个中的一个只有一个点，而另一个则有两个点（上下两部分各有一个）。有 3 个多米诺骨牌的上半部分的点数相同，有两个多米诺骨牌的下半部分的点数相同。

这听起来让人很迷惑，但是，我赌你用不了 15 分钟就可以解答这个题。

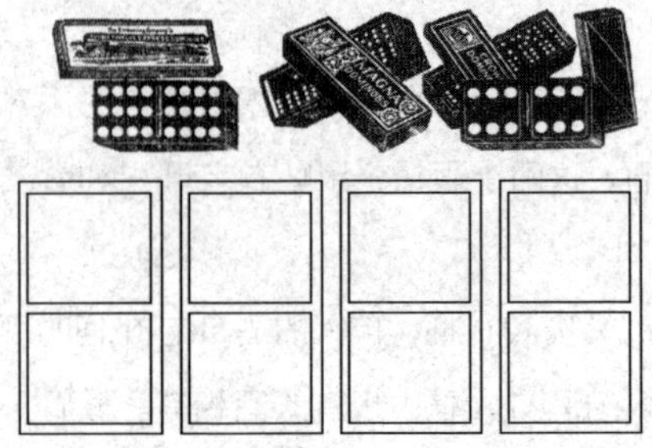

084 灵长类动物

现在是动物园的午餐时间，我们在灵长类动物的观看亭所听到的叫声是它们在抢香蕉的声音。管理员每天都会分给这100只灵长类动物100个香蕉。每只大猩猩有3个香蕉，每只猿有2个香蕉，而狐猴因为最小，只有半个香蕉。

你能否根据上面所给出的信息计算出动物园里的大猩猩、猿、狐猴各有多少只？

085 纸块

在电视机还没有出现前，晚上当人们围坐在餐桌前闲聊时，思维游戏就成了甜点之后最流行的娱乐方式。这里所说的就是“剪刀手”赛明顿向人们炫耀的三角题。他手里拿着一张等边三角形的纸，然后将它剪成5块；他随后把这些小块组成4个小的等边三角形（并不是所有的纸块在组成三角形时都会用上）。所有5个纸块都是三角形。你知道他是怎么剪的吗？

086 铁匠

时间要回到1776年，约克人蒂莫西是波士顿最好的铁匠。每次他做完一件酒杯，都会去路南边的布拉迪·马林·格罗格商店为这家店的老板解决高难度的思维游戏。后面长凳上放着一大块铁皮，蒂莫西把它切成5小块儿后组成了一个正方形。那么，你能推断出他是如何做到的吗？

087 热狗

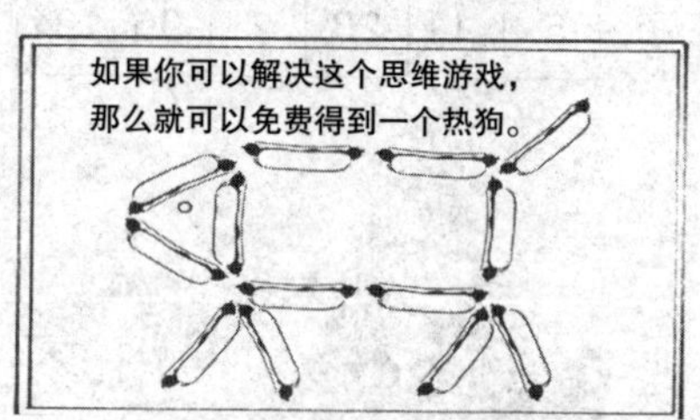

"你好，孩子们，这次我给你们带来另外一个莫尔博斯难题。我已经把13根热狗摆成了一只面朝西的狗。那么，你们能不能只移动其中的两根热狗使这只狗面朝东呢？那只狗的尾巴要保持向上翘。它的眼睛是1枚硬币，你可以自由移动。谁先做到谁就会得到涂了芥末酱的莫尔博斯热狗！"

088 神奇的三角形

昨晚的作业中有一道几何难题。要求是从下图中去掉 4 条短线，这样，只剩下 5 个三角形。你如何解决这个问题呢？

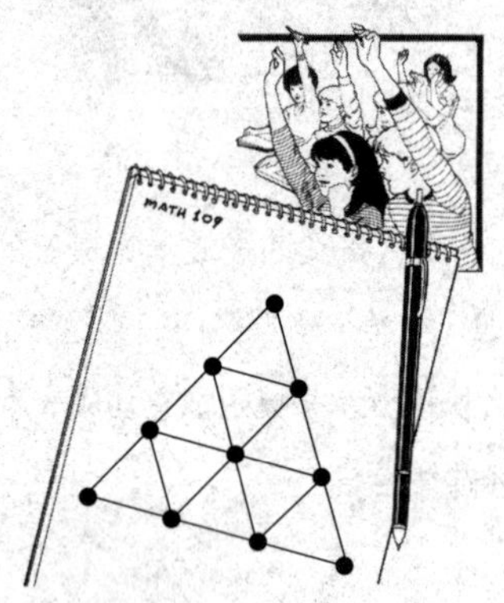

089 思考帽

沃里克·博斯特伯教授是博斯特伯电子思考帽的发明者，现在退休的他接受了枫树林中学计算机俱乐部的挑战。他戴上自己这顶著名的思考帽，试图在身后的这些强大计算机之前把这道题解答出来。那么，你能计算出下面的数字串中第 4 个数是什么吗？

5	11	23	?	95	191

090 影星

20 世纪 20 年代迪丝姐妹艾玛和苏琦曾经风光好莱坞，工作室拒绝泄露她们的年龄，而其中的一位滑稽的广告人员利用这个题嘲弄了这些记者。

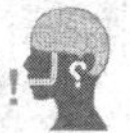

“如果把她们的年龄加在一起，一共是 44 岁。艾玛的年龄曾经是苏琦的 3 倍，而艾玛现在的年龄是当艾玛还是苏琦到了 3 倍于艾玛那个年龄一半的那个年龄时苏琦年龄的两倍。根据这个你们应该可以推算出这两位女士的年龄了。”

091 小雕像

20 年前，当加尔文·克莱克特伯尔刚开始经营他的古董店时，他总是很骄傲地把这两尊小雕像摆放在橱窗的前面。就在上个星期，它们还放在那里。而在两天之内，他先把第一个雕像以 198 元卖掉，赚了 10%，然后又把第二个雕像以 198 元卖掉，这次赔了 10%。那么，加尔文在这两个雕像交易中是赚了还是赔了？

第三章

超难的思维名题

092 胶合板(1)

杂务工人海勒姆·鲍尔皮尼刚刚参加完木匠学院的聚会回来，而在聚会上他新创作的胶合板思维游戏把每个人都给难住了。他向大家展示了一块由5个大小相同的正方形组成的木板。首先，你要沿直线在木板上切两下，将它分成3块，然后，把这几块儿木板拼在一起组成一个正方形。那么，海勒姆是怎么做到的呢？

093 画线

阿莫斯·埃德哈根正在自己的吊床上睡午觉，而他这时本应该在沙滩上享受自己的假期。为了解决一个画线题，他在沙子上画了一个上午。他想要一笔画出左下图的图案，每一部分的线条彼此不能交叉。

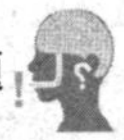

094 面粉

当塞・科恩克利伯核对自己的补给品时，他在面布袋上发现了一些有趣的东西。面布袋每 3 个放在一层，共有 9 个布袋，上面分别标有从 1 到 9 这几个数字。在第一层和第三层，都是一个布袋与另外两个布袋分开放；而中间那层的 3 个布袋则被放在一起。如果他将单个布袋的数字（7）乘以与之相邻的两个布袋的数字（28），得到 196，也就是中间 3 个布袋上的数字。然而，如果他将第三层的两个数字相乘，则得到 170。

塞于是想出来一道题：你能否尽可能少的移动布袋，使得上、下两层上的每一对布袋上的数字与各自单个布袋上的数字相乘的结果都等于中间 3 个布袋上的数字呢？

095 玻璃杯

威灵顿・曼尼拜格斯是赌场中的名家，他身后就是一道“玻璃杯”难题。将一根火柴支撑在两个颠倒的玻璃杯的中间部位（如下图所示）。现在，威灵顿打赌说他即使将其中的一个玻璃杯拿走也可以使那根火柴悬在空中。你只能拿桌子上的第二根火柴与那根火柴接触。那么，谁对他的这个赌感兴趣呢？

096 零件

本上周日去了托特勒尔零件铺，在那里他玩了一会儿祖父托特勒尔的天平，这个天平是他 1903 年在一个古城带回来的。玩了一会儿，本发现：

（1）3 个螺母加上 1 个螺钉等于 12 个垫圈的重量。

（2）1 个螺钉等于 1 个螺母加上 8 个垫圈的重量。

本根据这些信息，想出来一道题：多少个垫圈等于 1 个螺钉的重量？

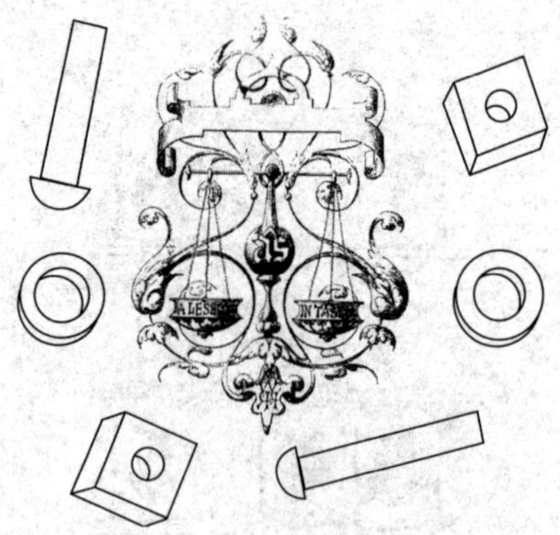

097 年龄（1）

根据下图，你能帮罗杰猜出马奇的真实年龄吗？

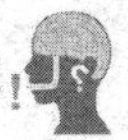

“罗杰，只有无赖才会问一位女士的年龄。但是，为了满足你这一病态的好奇心，我给你一个提示：

我出生在一个大家庭。5年前，我的年龄是我最小那个妹妹维罗妮卡的5倍；而现在，我只是她年龄的3倍。我只能给你这些信息。我可知道你在数学方面的能力，所以我敢肯定你还是无法知道这个秘密的。”

“说真的，马奇，我们现在都交往一年多了。你不觉得应该告诉我你的年龄吗？”

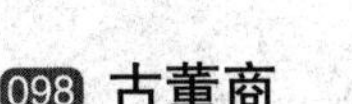

098 古董商

亚历克斯·莫卡托是无新古董市场的所有者。上个月他出乎意料地在思维游戏大会上获胜，而他现在正在兴致勃勃地浏览这一新闻。他向比赛的裁判员提出挑战，看谁能把他带来的17件古董分4行放在地上，而且每行都有5件古董。那么，你能完成那些著名裁判员专家都无法完成的任务吗？

099 立方体

“皮特里，这有一个柏拉图立方体。别人都说那个立方体不存在，可是我们坚持到底，现在付出终于有了回报。柏拉图说，中间的那个大型立方体是由许多小的大理石立方体组成的，而立方体所在的正方形广场也是由小的大理石立方体构成的。广场上的小立方体个数与大立方体中的小立方体个数相同。”

“很好，霍金斯，我们只有一次达成一致。另外，你看，如果正方形广场的边长是大立方体边长的2倍，那么，它就是柏拉图的题了。如果不去测量这个广场，那么你能计算出建造这个广场和大立方体一共用了多少块儿小立方体吗？尽管这个题的答案有好几个，我们只要找出那个最小能够满足所有条件的数。”

100 排列数字

这纯粹是一道数字题。有人向你挑战要将图表中的17个数字重新排列，使排列之后的每一条直线上的数字相加之和都等于55。

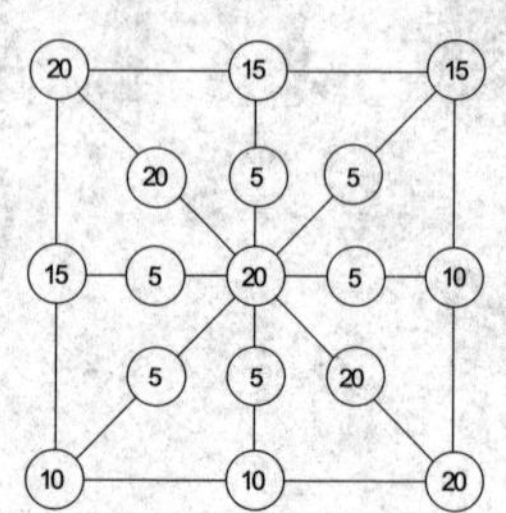

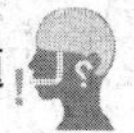

101 圆点

按下图的样子，在纸上画一个方格，分成16个正方形，然后在每一个正方形的中间点一个圆点。现在解答题目：请设法画出6条直线，要求经过每一个正方形中的圆点，但是在画的过程中铅笔不可以从纸上抬起。下面有个小提示：其中有两个圆点要经过两次；而且，第一笔要从这个方格外面开始。

102 落纸

一次，在造纸厂的舞会上，场面很狂热。上图中的沃尔多·彭尼帕克举臂齐肩然后同时仍下两张纸。那么，哪张纸先落地呢？很多人站在他的旁边观看。你为什么断定纸张a比纸张b先落地呢？当然，每张纸上都不可以附加其他东西。

103 幻方游戏

这位绅士正在解答一道设有奖项的幻方思维游戏。要解决这道题，需要将所有方格内的X换成数字，并使每一列、每一行以及两条对角线的数字相加的和都等于34。使用1到16之间的数字；同时，每个数字只能使用一次。

104 轮船

巨轮出现在蒸汽运用的鼎盛时期，而纽约港便成了它们的停泊地。一天，有3艘轮船驶出纽约湾海峡并驶向英国的朴次茅斯。第一艘轮船12天后从朴次茅斯返回，第二艘轮船用了16天完成了航行，而第三艘轮船用了20天才回到纽约港。因为轮船在港内的恢复时间是12个小时，所以轮船抵港的日期就是它们返航的日期。那么，需要多少天这3艘轮船才能再次同一天驶出纽约港，同时，在这期间每一艘轮船将会航行多少次？

105 小鸡

艾米和贝茜是邻居，她们每天都去集市上卖小鸡。贝茜每天卖30只，两只卖1元，回家时她可以卖15元；艾米每天也卖30只，3只卖1元，一共可以卖10元。有一天，艾米生病了，于是她请贝茜帮她卖小鸡。贝茜带了60只小鸡去了集市，并以5只2元的价钱卖。当她回家时，她一共卖了24元。因此，这个要比两人分

别卖所赚的钱少了 1 元。那么，为什么会少 1 元呢？是贝茜拿走了吗？

106 递进

桑迪·班克尔是闲时乡村俱乐部的高尔夫专家，那天他在高尔夫球场的表现不稳定，前 6 洞的成绩看起来就像在过山车，起伏很大。有趣的是，他的相邻两洞的成绩呈现出一定的规律性。那么，你能计算出桑迪第 7 洞的成绩吗？

107 标志语

图中站着的那个人是余武陵，他是著名的香茶出口公司的广告经理人。他胳膊下面夹的是公司的标志—— 一个内有十字的正方形，表示整个世界。许多年前，余武陵根据这个标志想出来一道题。他说他可以用一把东方的喷水刷子在纸上把这个标志画出来，但是前提是笔不离纸、线不重复。那么，你知道他是如何做到的吗？

108 地毯

阿布杜是个地毯商，现在他遇到了一个大麻烦。他必须得在太阳落山之前把一个边长为 10 米的正方形地毯交给一位十分富裕的客户。他在仓库里找出一个长 12 米宽 9 米的地毯，他打算用这个地毯来做客户所要的地毯。可是，当他展开这个地毯时，发现有人在中间剪掉了一块，被剪掉的部分长 8 米宽 1 米。然而，老练的阿布杜却很快想出一个办法，他把剩下的地毯剪成了两块，然后再缝在一起，这样便做出一整块边长为 10 米的正方形地毯。那么，他是怎么做的呢？

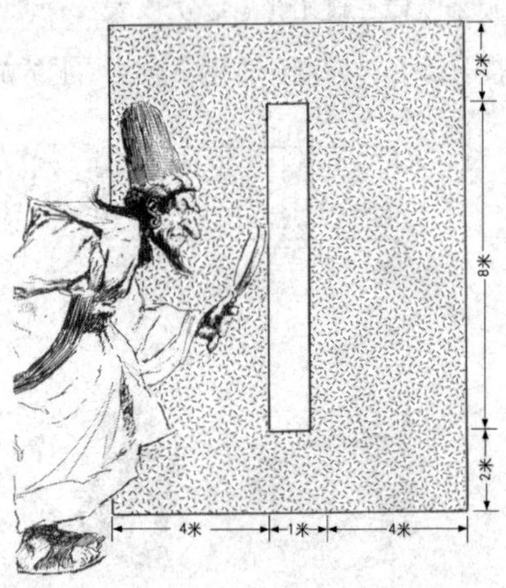

109 赛马（2）

图中戴博士帽的人是贝特萨罗特教授，他是赛马爱好者。现在他正研究有关下一场比赛的赛马新闻，他把比赛的胜者限定在 3 匹马：斯威·贝利，赔率 4 ∶ 1；杨特·萨拉，赔率 3 ∶ 1；桑德·胡弗斯，赔率 2 ∶ 1。教授想计算出应该给每一匹马下注多少钱，无论哪一匹马获胜他都可以赢 13 元。

比如，如果给每匹马下注5元，当斯威·贝利获胜时，他可以在它身上赢20元，而在另外两匹马身上输10元。请你试试，看能否在比赛开始之前解决教授的这个难题。

110 字母连线

这个题虽然很古老，但是很有趣。在图中的格子上有5对圆点，分别标着A至E这几个字母。请将各对字母相连：A与A，B与B，C与C，D与D，E与E。你必须沿着格子上的直线连线，彼此路线不能相交或者重叠。现在，这道难题就交给你负责了。

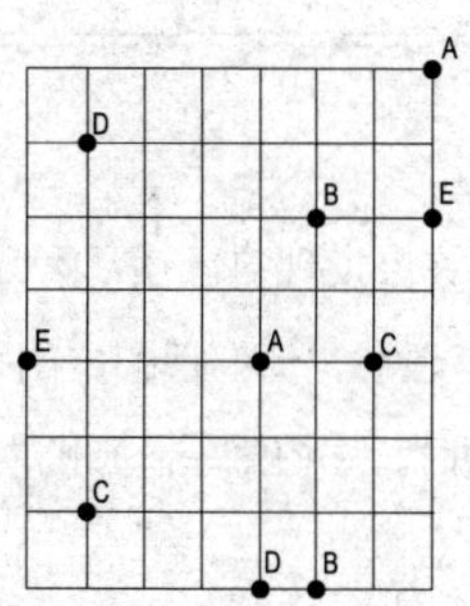

111 跳房子

下面是19世纪年轻人在消磨时间时所玩的跳房子游戏。在跳房子游戏中其中有一种是“难题型”的跳房子游戏。这个题要求你用一笔把这个跳房子的轮廓画出来，但前提是笔不离纸、线不重叠。同时，任何部分也不可以重复。在你还没有尝试之前，请不要跳到答案部分查看结果。

112 火柴杆

下图是用 12 根火柴拼成的一个正方形。每根火柴都长 2 厘米，这样，这个正方形的面积为 6 乘以 6，即 36 平方厘米。现在，请你将这 12 根火柴重新排列，并使形成的新的图形的面积为 12 平方厘米。

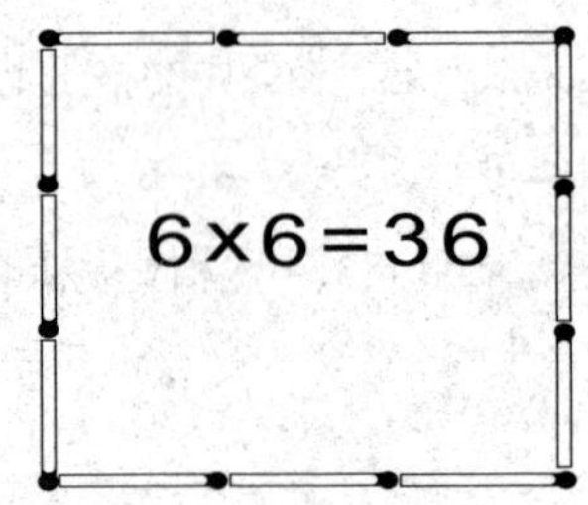

113 圆圈(2)

在解答这个题之前，你也许会发现自己在“看圆圈”。图中是 7 个相互交叉的圆圈，也就有 14 个有限区域。现在，请你把图中的字母用数字代替，这样在图中就只剩下从 1 到 14 的数字。同时，要使每一个圆圈内的数字相加的和等于 21。

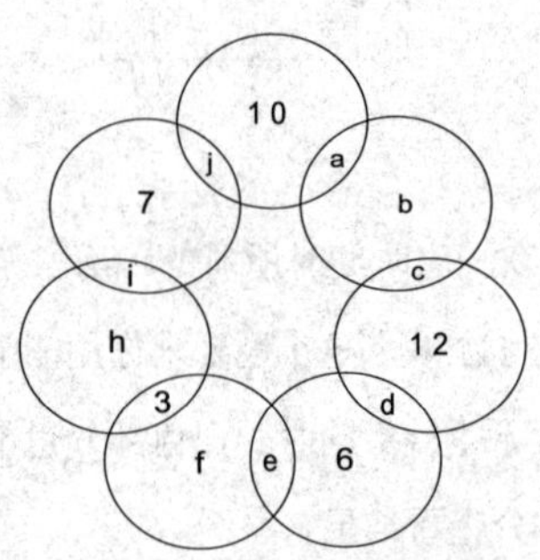

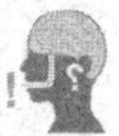

114 面包

“这是个真实的故事！是克莱夫亲口告诉我的。故事是这样的，有个叫弗西斯的年轻人在寻找基奇纳大部队时迷失了方向。在饥肠辘辘之际，他碰到了两个当地的小伙子正准备吃午餐，一个人有3块烤面包，另一个人有5块。如果弗西斯肯掏钱吃他们的面包的话，他们愿意与他共享食物。当然，他只能说愿意，这样，3个人一起把8块面包吃完了；然后，弗西斯付给他们8枚硬币。最后，他终于和大部队会合了。

“但这两个小伙子却为了钱打成一团。拿3块面包的那个人想把钱平分，但是另外那个人却认为他应该得到自己份额的5枚硬币。这样，问题成为一个难题。那么，你应该如何分配这些钱才能不失公平呢？”

115 密码

在世纪之初，那个放在大厅内的存有贵重物品的保险箱被采取了严密的保护措施。上图中的这个保险箱的主人是泰门尼·奥谢，他虽然十分富有，可记性却不怎么好。他这辈子总是记不住自己保险箱上的由3个数字组成的密码。但是，他却可以利用贴在保险箱上的线索提醒自己：

“第1个数字乘以3所得结果中的数字都是1；第2个数字乘以6所得结果中的数字都是2；第3个数字乘以9所得结果中的数字都是3。”如果下图中的保险箱窃贼上过学的话，他们很可能会将这些线索转变成现金。那么，你能将这几个数字依次呈现吗？

116 调换(1)

这纯粹是一个“换位置”的题。将3个白色的棋子分别放在1、2、3号位，把3个黑色棋子分别放在10、11、12号位。你只能通过22步将它们的位置互换。每个颜色的棋子轮流沿着直线从一个圆圈移动到另一个圆圈。任何一个棋子都不可以放在对方棋子下一步可以移动到的圆圈内；每一个棋子只能在它所在的圆圈内停留一次。

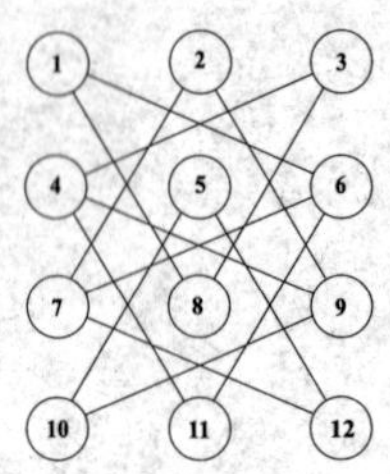

117 筹码

下次如果你碰到纸牌游戏并为此提心吊胆时，不妨用这个题使你紧张的神经放松下来。按照图中的样子，画一个有16个方格的棋盘，然后，将10个扑克筹码放在棋盘上的10个方格内。你的任务是将它们分布在最多行列内，并使每行的筹码个数为偶数。你可以将这些筹码水平、垂直或者沿斜线分布在行列之内。

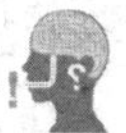

118 死亡三角

我们看到的是杂技团的芬顿·凯奇奥尔，他正在表演自己的拿手好戏——死亡三角，芬顿对这些像剃须刀一样锋利的钢碎片毫无惧色。这些碎片和他在表演中所使用的其他小道具一样都是源自一个著名的思维游戏。如果你把这5个三角形中的任意一个切成两半，那么，就可以把这6个三角形拼成一个完整的正方形。那么，你愿不愿意试一试这个游戏呢？

119 移动

这是一个验证移动的思维游戏。做这个游戏时，你需要准备4根火柴杆。按照图中的样子，将其中的3根火柴摆成一个金字塔形状。接着，把第4根交给你的“受害者”。你来挑战他，看谁能只凭借第4根火柴杆就可以把那3根竖直放置的火柴杆提起来并且在保持金字塔形状的情况下把它们抬起来拿到屋子的对面并放在另一张桌子上面。

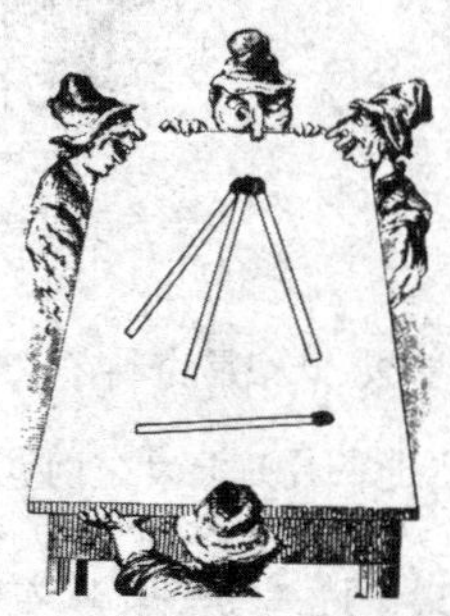

120 瓶塞(2)

“玻璃杯”题中所使用的瓶塞现在又掉进斯迈德维奇女士的玻璃杯里。一般情况下，瓶塞是不会停留在杯内水的中央，相反，它会慢慢漂到玻璃杯的一侧，并且停在那里。然而，却有一个简单的方法可以使瓶塞停留在玻璃杯的中央（使水旋转不算答案）。

121 长方形

古特罗克斯先生正在琢磨一个著名的长方形思维游戏。图中均匀地分布着 12 个黑色圆点，它们之间有间隔。如果利用任意 4 个圆点作为长方形的顶点（角），那么，你能否计算出有多少个长方形呢？记住，正方形也看作是长方形。

122 手提箱

令人称奇的福隆特纳克斯是 20 世纪最奇特的音乐节目。贝莎和莱因霍尔德所演奏的两件乐器叫做贝莎风。当他们开始演奏之前，莱因霍尔德将一个旧的手提箱放在桌子上，使这个箱子伸出桌子边大约$\frac{1}{3}$。接着便投入到经典的混成曲演奏当中。过了一会儿，这个手提箱突然翻倒在地上，演出随即结束，这让大家很吃惊。手提箱里并没有任何钟表装置，那么，你知道福隆特纳克斯他们的演出时间是如何

控制的吗？

123 从A到Z

各位思维游戏爱好者们，现在我们来处理一个很难的题。这个正方形格子每边都有6个小方格，其中，有4个A字母以及4个Z字母。现在，要将这个格子剪切成4块儿，每一块儿的大小和形状都必须一样，同时，每一块都得包括一个A字母以及一个Z字母。剪的时候，一定要沿着方格线。

A					
		Z	Z		
		Z	Z		
		A	A	A	

124 潜水艇拦截网

在世纪之交，为了抵御新式潜水艇，这个潜水艇拦截网便孕育而生。但是，相应的抵抗措施也随之出现，法国人甘默尼特先生发明了著名的潜水服。现在，你要穿上这个潜水服把下图的这个网由上而下剪成两部分，但是要用最少的次数。在你剪的过程中，不可以把网的节点剪断。请你找出最佳位置并开始剪。

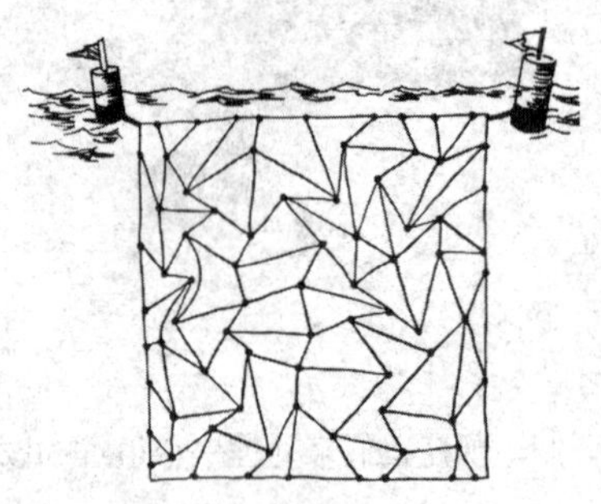

125 遗嘱

这份遗嘱是易斯特维奇伯爵在几个世纪之前留下的，内容十分生动。那么，你能从中推断出他想要给自己的后人留下什么东西吗？

“致我挚爱的家人，他们为此已经等待了很长时间，现将以下东西留给后人：

一个人对什么爱得胜过自己的生命，而恨得却胜过死亡或者致命的斗争。这个东西可以满足人的欲望，它是穷人所有的、却是富人所求的，它是守财奴所想花费的、却是挥霍者所保留的，然而，所有人都要把它带进自己的坟墓。”

126 照相

爷爷汤森年轻时曾买过一个新款的柯达相机作为自己的圣诞礼物。这个相机配有彩虹光圈和快门，里面的胶卷容量也很大。当他把所有的亲戚都叫过来时，他发现如果给每个人照 4 张照片的话，他需要 2 卷胶卷，因为他所需照的相片数比一卷胶卷多 4 张；然而，如果给每个人照 3 张照片的话，胶卷将会剩下 12 张。那么，爷爷需要为多少亲戚朋友照相呢？一卷胶卷可以照出多少张照片呢？

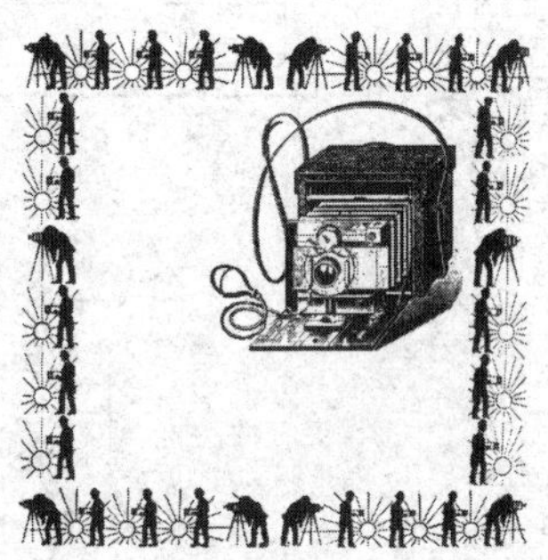

127 撞球

波齐兹 · 普兰德加斯特是闲暇时刻台球社团的经理，他总是千方百计地赚取顾客的钱。图中所示的就是他使用的伎俩之一。他将 8 个撞球排成一条直线，一个彩色目标球和一个白色主球交替放置。他打赌说你在 4 步之内不可能使直线上的 4 个白色球移动到左边、使 4 个彩色球移动到右边。每次移动时，你必须将任意相邻的两个球移动到直线上的其他位置。那么，让我们看看你能否在波齐兹连续将所有的球都打入袋中之前把这个难题解答出来。

128 小狗

图 1 展示了组合图，它是由 3 块硬纸组成的。你的任务是判断出它们是如何组装起来的，但是前提是不能撕开或者损坏纸片。注意：小狗是由小纸环牢固地连接在大纸环上的；小纸环上的口太小，小狗是不可能串进去的。组成这个题的 3 部分纸片分别显示在图 2、图 3 和图 4。请试试，你能否找到解决的办法。

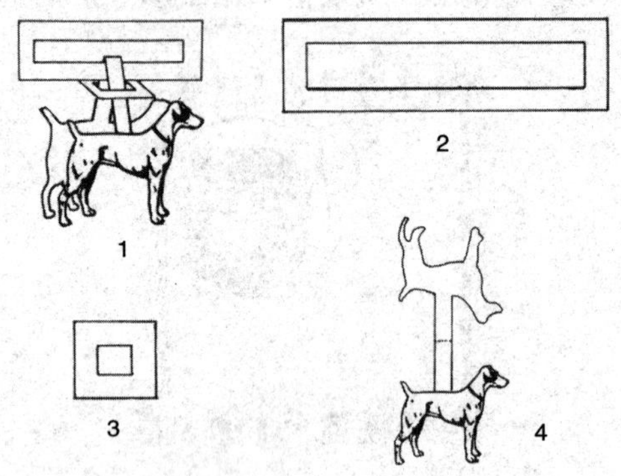

第四章

令人拍案叫绝的思维名题

129 天文

威拉德·斯达芬德在观看自己最新的发现。他发现太阳系中的6个恒星是在3个重叠的轨道上旋转的，他在它们会聚在一点产生超新星之前很快给它们起了名字。威拉德把这几个恒星从1到6标上号，这样就组成一个恒星思维游戏。那么，你能否重新给这几个恒星标号，使每个轨道上的4个恒星相加的和是14呢？

130 咒语

在神秘的东方，我们的巫师朋友为我们带来了著名的咒语金字塔思维游戏题。

如果从金字塔的顶部开始，即从顶部的“A”到底部的那行字母，你能否算出拼写abracadabra的可能途径数呢？在你走下金字塔这11层的过程中，你可以向左或者向右分叉并从分叉点的字母下面的两个字母中再任选一个然后继续。

131 台球

下面我们看到的是库申斯·哈利布尔顿即将打进制胜一球，他随后获得了1903年曼哈顿花式台球锦标赛的冠军。5轮之后，他用球杆打进了100个球。而每轮他都要比前一轮多打进6个球。那么，你能计算出他5轮中的各轮进球数吗？

132 年龄(2)

奈德·诺波是廉价小说中虚构的运动英雄，他在学校的运动生涯比历史上其他任何学生都要长。他运动生涯的$\frac{1}{4}$是在从事橄榄球这个运动项目，接下来的$\frac{1}{5}$是

作为大学一年级学生，随后的$\frac{1}{3}$是作为大学二年级和三年级学生，而他的最后13年则是作为大学四年级学生。这之后，他终于退役并且毕业，但他却是班里最后一个毕业的学生。那么，当奈德获得毕业证书时，他的年龄是多少呢？

133 神庙

公元前1480年，埃及斯塔姆尤莫斯特神庙刚刚建成。在神庙入口旁边的雕刻是最早有记载的思维游戏。问题是要将这个有20条边的图形切成4块儿，而且每一块儿的大小形状都相同，同时，这4部分可以拼成一个完整的正方形。

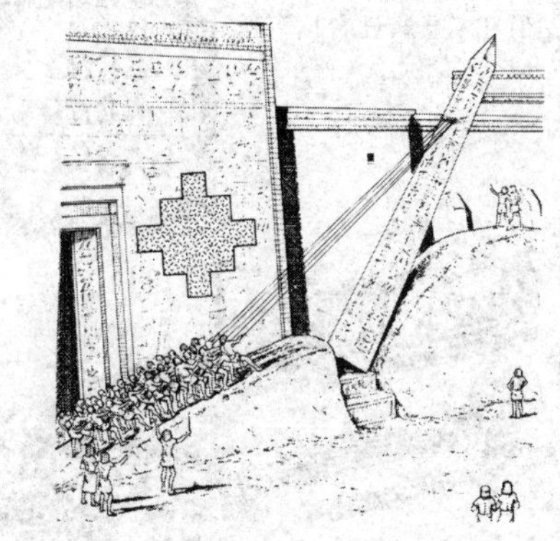

134 铜锣

这名罗马士兵不幸落入敌人手中。如果他无法解开这个铜锣的秘密，那么，他将成为太阳神的祭品。那么，你能在铜锣上只切两下，把它分成至少5块吗？但是，在切第二下时，不可以把一块放在另一块上。

135 标志牌

“波普，你说得不对！那个标志牌才是思维游戏呢！你的任务就是把它解答出来，即把标志牌上所有的相同字母用相同的数字来代替。如果正确完成的话，那么你会得出一个正确的数学表达式。你试试，看能不能在我们到达海滩之前把它解答出来！”

136 数学题

普里西拉·孙珊女士今天是我们的代课老师，可得当心啊。

“同学们，我上次站在这里已是好几个星期之前了，这样吧，我给大家出一道题。大家需要把黑板上的这 8 个数字分成两组，每组各有 4 个数字，将每组的 4 个

数字排列组合成2个数并相加，而两组相加后的结果必须一致。谁能把这个题解答出来呢？”

137 硬币计数器

下图是安装在一个银行的克赖顿硬币计数器。特莱梅尼先生正在用一袋子硬币检测它，这个袋子里装了50枚硬币，且面值分别为1元、5角、1角、5分。经计算后，这些硬币总共20元。那么，袋子里每种硬币各有多少枚呢？

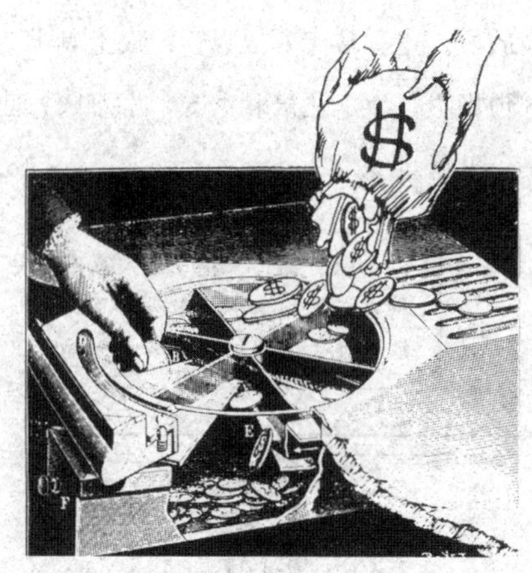

138 风筝

加尔文·博斯特伯这次真的遇到了麻烦。如果风不能平静下来的话，他那个极有“雄心”的风筝真的会把他带到某个神秘之地。这个风筝不仅因为空气动力飞得很高，而且也包含了一道题。风筝的撑木形成了形状各异、彼此相连的正方形。请试试，看你能否正确计算出风筝上大大小小的正方形有多少个。而你只能在 60 秒之内正确地计算出正方形的总数。

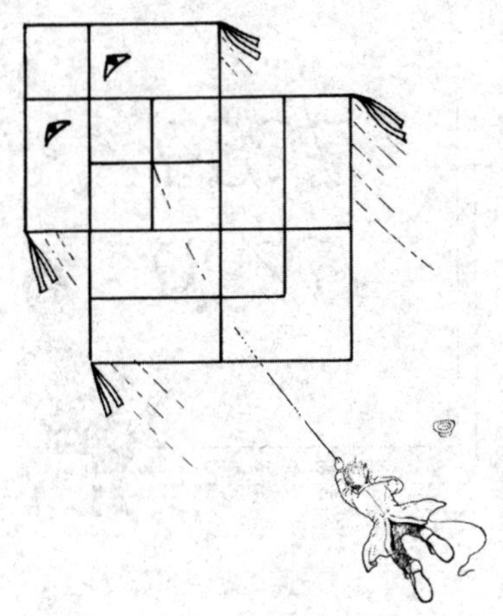

139 汽水吸管

特雷塔尔·本特利这次想出来一个好主意。他在桌上摆了 24 根汽水吸管（如下图所示），这样，便组成了 9 个小方块。首先，他拿走 4 根吸管，桌上剩下了 5 个小方块；把吸管重新放好，这次拿走 6 根吸管，桌上剩下 5 个小方块；再一次把吸管放好，这次拿走 8 根吸管，桌上还是剩下 5 个小方块！他是怎么做的呢？每个方块的每条边都要有一个吸管。

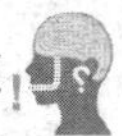

140 欢乐谷

在离开北极之前，圣诞老人停下来制定到城镇——欢乐谷的飞行计划。欢乐谷共有64个家庭，它们的分布位置如下图所示。每个家庭都在他的计划名单上。圣诞老人想从塔克家开始，到维卡家结束。在这个过程中，他的前进路线需要保持直线，按照水平或者垂直方向在家与家之间飞行；但是，不能原路返回或者重复走过的路线。那么，你能否只用21条直线就可以帮圣诞老人把飞行计划画出来呢？

141 货物箱

这里我们看到的是赫尔曼·贾泽尔，他正驾驶他那引人注目的贾泽尔管式电车穿过纽约有100年历史的河流，在水涨上来之前希望他可以穿过那里。当人们把他的电车用船从他在欧立斯康尼的工厂运出来时，大家就造了一个特殊的盒子把它装了起来。这个盒子有14个角、21个边。那么，你能否计算出这个盒子有多少个面呢？

142 游戏天才

比利·索尔皮是一位思维游戏天才。下图中的他正在面对一个巨大的挑战。在台上表演时，他经常解答观众提出的题。最近，一家思维游戏俱乐部的老板十分肯定地认为比利不可能在3分钟之内把下图中的幻方题解答出来；并且他答应如果比利成功的话，他将为比利所热衷的慈善事业捐献1万元。在这个题中，比利需要将下图中格子内的数字重新排列，使每行、每列中的数字不能重复出现两次；同时，两条对角线上的数字也不能重复出现两次。如果排列正确的话，那么每行、每列中的数字相加的总和为10。比利真的在3分钟之内把这个难题解答出来了，那么，你呢？

143 直线

巴罗·威盖特退休后便搬到了山区，他确信他的电视天线大得足够可以接收到他喜欢看的节目。那么，你能否用一笔将这个天线画出来？前提是直线不能在任意点交叉或者与已画直线重复。

144 十字架(1)

古代巫师梅林为你准备了一个有趣的问题。布置5行圆点，每行各有5个。现在，设法用一笔将圆点连成一个希腊十字架。完成的时候，十字架的外面应该有8个圆点，而里面则有5个圆点（十字架的架臂长度都相等）。

145 赛车

著名的佛塔纳兄弟是单轮脚踏车赛的冠军，他们总是在4个长为$\frac{1}{3}$千米的圆形轨道上进行赛前练习。兄弟4人从中午开始每人沿着一个轨道进行骑车练习，他们各自的速度分别为每小时6千米、9千米、12千米以及15千米。直到他们第4次在圆圈中央相遇时才停下来。那么，他们需要骑多长时间呢？

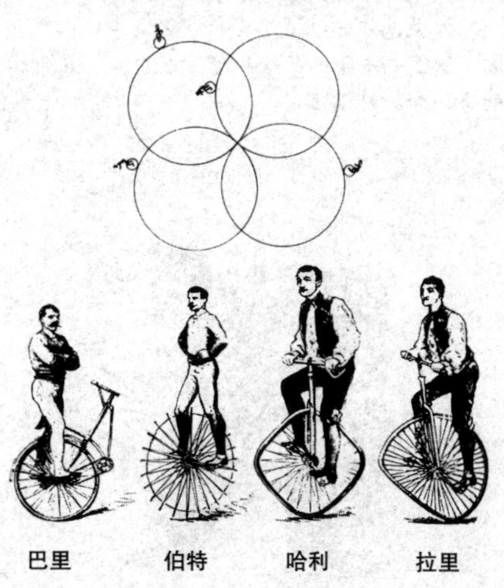

146 玩具店

卡拉培尔又迎来了思维游戏展览会，所有的商人都用思维游戏装饰自己的销售窗口。迪利·托诺尔是提沃利市迪利·托诺尔玩具店的老板，今年她想出来一个很好的题目。她用儿童玩具做了一个由 9 个大小相同的三角形组成的金字塔。如果你想进入最后决赛，你必须使这个金字塔在移走 4 根梁之后留下 5 个相同大小的三角形。那么，你有没有兴趣参加这个比赛呢？

147 蛇

“辛西娅，你觉得它怎么样？这是一个真正的杜德尼线条绘画思维游戏。

“这个题要求你用一笔尽可能地把这条蛇画完整。你可以从任何地方开始画，也可以在任意地方结束，但是你不可以将笔从纸上抬起来也不可以与已画部分交叉或者重复。这是一个很好的绘画题，在它上面花的每一分钟都很值。”

“好极了，巴兹尔。问题是什么？”

148 鸡蛋

当你下次参加派对时，就可以用这个“巨蛋”游戏为难你的朋友。由于这个游戏可能会把周围弄脏，所以最好在厨房进行。挑战在场的所有人，跟他们进行鸡蛋平衡比赛。在桌子上放1个鸡蛋、2把叉子、1个瓶塞和1个拐杖。你事先声明自己可以用2把叉子和1个瓶塞把鸡蛋稳放在拐杖的末端。先让他们来尝试。在清理干净他们遗留的痕迹之后，你再来展示这个过程——但是，你得先下一个适当的赌注。

149 测量

世纪之交时，哈姆雷在伦敦的商店销售各种各样的思维游戏盒子。右上图中的盒子里有白、绿、红3种不同颜色的罐子。绿色罐子的容量比红色罐子多3升，而白色罐子的容量则比绿色罐子多4升。现在的问题是用这3个罐子来准确量出2升的水。那么，你如何只倒9次就可以把水量出来呢？

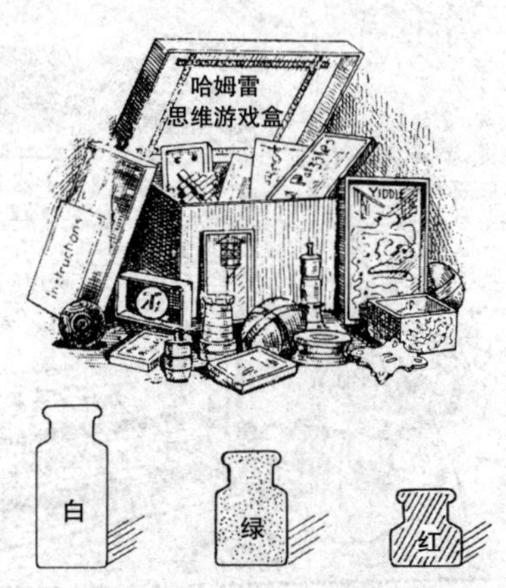

150 亚当和夏娃

亚当从别人那里收到一封信。可是，我们发现这封关于夏娃的信却给我们留下一个很大的难题。那么，你能用相同的数字代替相同的字母最后得出一个正确的数学表达式吗？

151 太妃糖

那个莫尔博斯太太代售各种好吃的东西，也包括糖果。近来，她的生意很不错。她在上面为你准备的是一个有关糖果的题。如果你想免费品尝太妃糖，你需要把 21 块糖排成 9 条直线，每条直线上有 5 块。当然，每块糖不止在一条直线上。

152 调换(2)

在下图的棋盘上将3枚5角硬币放在1、2、3号方格内，然后将3枚1角硬币放在5、6、7号方格内，接着再将它们的位置互换。在这个过程中，你可以将硬币移动到与之相邻的空格内或将其从与之相邻的硬币上跳到后面的空格内，你可以沿水平或者垂直方向移动。请设法在15步之内将硬币相互交换位置。

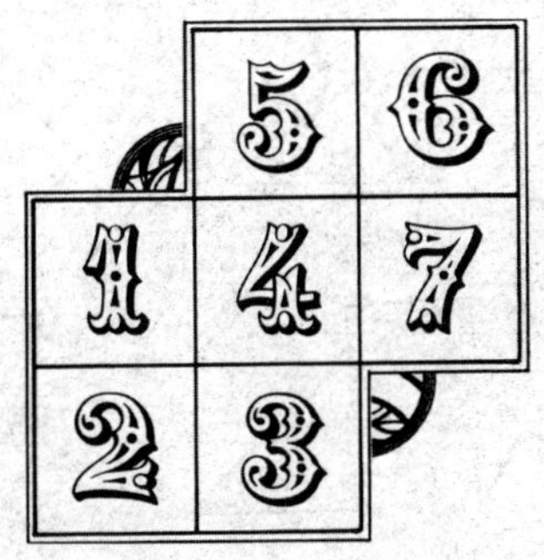

153 多米诺骨牌(2)

当你下次坐下来玩多米诺游戏时，你就可以下一个不错的赌注。准备7个多米诺骨牌，然后把它们搭建成一个小塔（如图中所示）。再拿一个骨牌放在塔的前面，你可以在塔不塌的情况下利用这个骨牌将A骨牌从塔上移开吗？除了用B骨牌之外，你不可以用其他东西接触塔。

154 应聘

珀西瓦尔·彭布罗克丢掉了自己的高薪工作，他想再找一个也不过是小菜一碟。但是，他应聘的金融投资公司却给了他一道难题。公司给他出了一个能力测试题，而他没有通过！他们给了他 4 个正方形和 8 个三角形，他的任务是在 5 分钟之内把它们拼成 1 个正方形。那么，你能否通过金融公司的这个测试呢？

155 瓢虫

蝴蝶表演结束了，接下来桑蒂尼将带来精彩的瓢虫表演，这一有史以来最伟大的表演将展示昆虫如何准确前进的。在 3 分钟之内，将 7 只瓢虫排成一行，这样，它们外壳上的字母就会有很多的排列方式。那么，你能否判断出共有多少种排列方式呢？

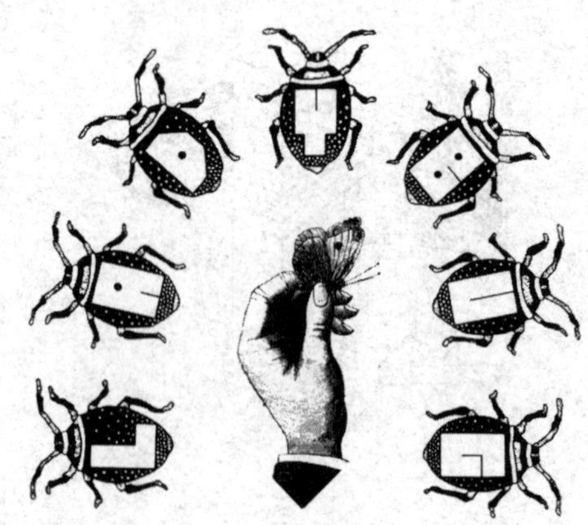

156 英雄

如果你能答出来，那么，你也是英雄。

157 派对

家庭生日派对在过去很流行。当然，他们会做很多游戏。图中就是旧时的一个有名的派对游戏。在桌子上放 12 个盘子，然后在每个盘子里放 1 枚硬币。接着，将一个盘子里的硬币拿走，按逆时针方向移动，并跳过 2 枚硬币，然后放在下一个只放 1 枚硬币的盘子里。重复这个动作，并按逆时针方向从任意一个只放 1 枚硬币的盘子开始游戏。你所跳过的 2 枚硬币是在 1 个盘子里还是在 2 个盘子里都无关紧要。移动 6 次之后，桌子上必须有 6 个空盘子以及 6 个各有 2 枚硬币的盘子。同时，在 6 次之后，你要回到你刚开始的盘子边。这个游戏的目的是找出绕行桌子的最少圈数。

158 雪橇

下次当你外出滑雪时，如果你想在温暖的临时营地赢得一杯热巧克力的话，这里有一个万全之策。跟你的朋友打赌，说他们不可能把 6 个滑雪橇组成 8 个完整的三角形。如果你没有外出滑雪，你也可以用汽水吸管来完成。

159 栅栏

地主查普曼准备在自己房子外边的路上围一个新栅栏。这段路长 99 米，每对栅栏柱相隔 3 米，柱子之间有 3 个横杆。西姆斯拿来 33 根栅栏柱、99 根横杆以及 99 米长的围栅栏用的铁丝，但他却不能完全围成栅栏。那么，西姆斯错在哪里了呢？

160 电池

埃尔默·拉泽罗是电池城的主人，这个电池城位于威斯康星州的拉辛市。他举办了一场比赛，也就是图中的两个人所提到的比赛。他在陈列室的地上将36块儿电池摆成了一个正方形，并答应提供给任何一个答对的人一次为期两周的费用全免的新泽西州海洋树林之旅。但是要求如下：参加比赛的人必须从上面拿走6块电池，使剩下的每行电池不论在水平方向还是垂直方向都保持偶数。从图中我们可以看出威拉德好像找到了解决办法。你呢？

161 泰迪玩具熊

下图中的3个女人在最近的教堂节日期间共同投资经营一家泰迪玩具熊店。在开业的当天上午，她们先将相同数量的玩具以10元出售；下午的时候，她们更改了玩具熊的数量，但仍以10元出售。有趣的是，一天结束的时候，她们虽然卖了不同数量的玩具熊，但是赚的钱数却相同。那么，你能知道这是怎么回事吗?

162 时钟(1)

重达2吨的底特律大钟在费城举办的展览会上大放异彩。这个大钟既可以为13座城市报时，也可以体现季节的变迁，还可以显示太阳周围的行星运行的轨迹。这个大钟同时也引发了下面的疑问：从午夜到正午时分，大钟的时针和分针相遇（重合）了多少次?

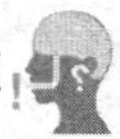

163 机器人

世界上的许多超现实的梦想都源自这个机器人思维游戏。图中的机器人的不同部位已经用从 1 到 12 这几个数字标注。由于某种奇怪的原因，他无法离开这个超自然的行星，除非他身上的数字可以以 7 种不同的方式重新排列，并使各行各列相加的结果都是 26。其中包括水平的两行数字、垂直的两行数字、4 个中间的数字、胳膊上的 4 个数字以及脖子与腿上的 4 个数字。

164 胶合板(2)

海勒姆·鲍尔皮尼不仅是当地最好的杂务工人，而且也是一个思维游戏业余爱好者，他的作品都是自己通过切割创作的。梅尔是他忠实的助手，他买了一块胶合板，下面有 3 个正方形的洞。梅尔向海勒姆提出挑战：把它切成两块，并使它们正好可以拼成一个没有洞的矩形。那么，你认为海勒姆会从哪里下手呢？

165 喂狗的硬饼干

我们的小狗杰姬约了它的几个朋友参加狗食饼干思维游戏派对。像往常一样，它的朋友仍在问题解答出来之前把组成思维游戏的饼干全部吃掉。派对中的问题如图所示，即要求你在铅笔不离开纸的前提下用 4 条直线将这 9 块饼干连起来。这个游戏你可要好好想一会儿。

166 竞技比武大会

这个思维游戏的创作灵感来源于在新泽西州欧文顿的古老奥林匹克公园举行的竞技比武大会。将 8 枚硬币正面朝上放在下图中各圆圈内的动物上，然后，设法用 7 步使其中的 7 枚硬币背面朝上，每一步都要从正面朝上的那枚硬币开始计数。数出 4 枚硬币，并使第 4 枚硬币背面朝上。数硬币时，不用考虑硬币是正面还是背面。

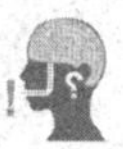

167 香水瓶

图中是一个塞有塞子的未装满的科隆香水瓶，你如何计算出瓶中液体所占瓶子的百分比（瓶塞所占空间面积不计）？你能使用的只有一把尺子，同时，你不能将瓶塞从瓶子上拿走。你有 5 分钟的时间计算出结果。

168 电车

古老的阿斯伯里·帕克电车路线共有 12 站，由 17 条 1 千米的铁轨相连接。巴顿·科鲁尔是铁轨的巡视员，他每天都要检查这 17 条铁轨。检查的时候，他总是不止一次路过某些铁轨。那么，你能否为巴顿设计出最佳的检查路线，使他每天在巡视时走最少的路程呢？

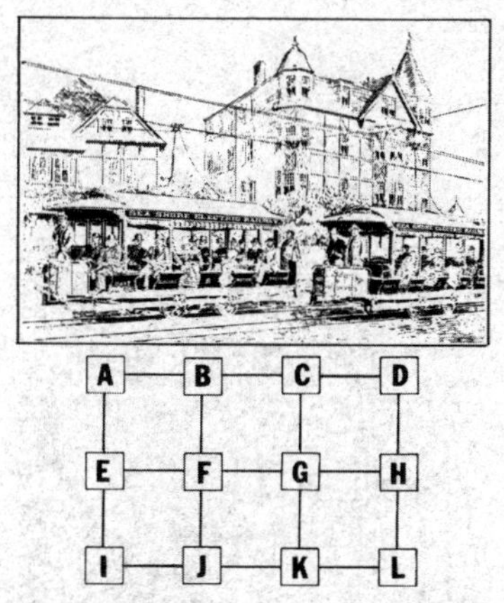

169 序列中的数字

西德尼很迷恋思维游戏，因为会学到许多东西。请你试试，看能否在他从当地的糖果商店回来之前把这个题解答出来。

170 抢劫

当布莱克·巴特第13次袭击丹佛公共马车时，他实在是不走运。唯一的现金是他在一个推销员的旅行包里发现的，这些硬币总计5元。而这5元正好是由丹佛铸币厂铸造的100枚硬币组成。那么，你能判断出各种硬币的面值以及包内各种硬币的个数吗？

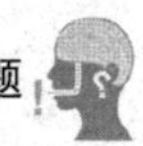

171 竞赛(1)

克尔特林银行正在举行一年一度的思维游戏竞赛，而设立的一等奖几乎世上难寻。这里有个提示可以帮你获胜。找出最小的一个数，使它与2、3、4、5、6、7、8、9、10相除后得出的余数都是1。

172 玩纸牌

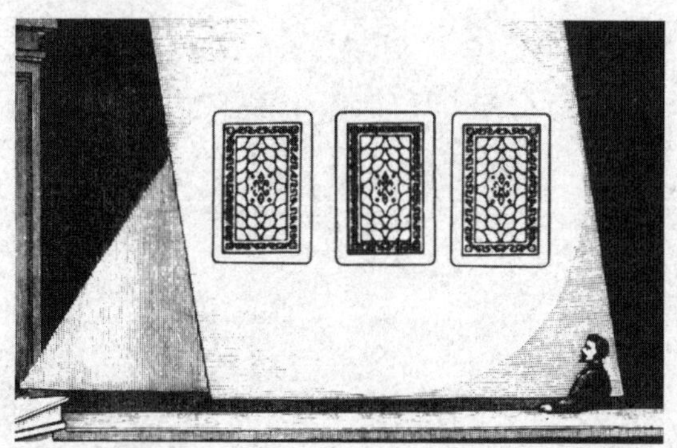

上图是派波尔教授于1896年在伦敦的埃及礼堂展示的著名的幻灯片思维游戏。在这个题当中，3张纸牌并排放置，正面朝下。下面给出了特征线索：有一张牌是2，它在K牌的右边；一张方块牌位于一张黑桃牌的左边；一张A牌位于一张红桃牌的左边；红桃牌位于黑桃牌的左边。那么，你可以把每一张牌都猜出来吗？

173 理发师

法国的一个小镇有两个理发师，亨利和皮埃尔。亨利很注重外表，他的理发店总是很整洁，而皮埃尔的发型却总是很难看而且也该刮脸了。亨利经常说他宁愿为两个德国人理发也不愿意给一个美国人理发。你知道这是为什么吗？如果你拜访那个小城，你会去哪一家理发店理发呢？

第五章

令人莫名其妙的思维名题

174 4个5

解决这个题只需将图中奖状里的4个5重新排列，使排列后的总数值为56。

175 装饰物

圣诞老人为你准备了一个了不起的圣诞节思维游戏。他先把装饰物固定在一条3米长的绳子的一端，然后将另一端系在一束槲寄生树枝的上面。

"我会给你两份圣诞礼物，"他说，"如果你可以将绳子从中间剪断且不使装饰物摔落在地。记住：一旦你剪断绳子，你就不能触摸绳子或者装饰物。"

那么，读者朋友，你会怎么剪呢？

176 三位数

虽然你不是魔术师但同样可以解决这个题，而你的朋友们会认为你是魔术师。告诉他们，你可以向他们展示一个快速计算的思维游戏。除去扑克牌中所有“有脸”的牌（J、Q 和 K），并再拿出另外 10 张牌，将剩下的扑克牌每 3 张为一组放在桌子上。然后，对你的观众说，每一组的 3 张牌可以组成一个三位数，并且它们都可以被 11 完全整除。你要以最快的速度将这些三位数排列出来。

我们下图的例子是数字 231，它正好是 11 的 21 倍。那么，这一壮举是如何完成的呢？

177 十字架(2)

斯皮尔牧师又一次在教堂遇到麻烦。昨天晚上，狂风暴雨袭来，狂风将教堂尖

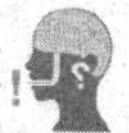

塔上的十字架刮倒在地，并将它摔成了5块儿。教堂司事温斯洛宣称他知道如何将它们重新拼在一起使十字架重现天日。各部分已经全部展现在下图之中。那么，你能帮助牧师和教堂司事了解其中的神秘之处吗？

178 商业调查

从表面上看，可以说西尔威斯特的调查结果越来越让人担心了。我们先不说芥末账目的出入。火山芥末公司委托他们调查有多少人喜欢辛辣的芥末、有多少人喜欢清淡的芥末。下面是他们呈交的报告：

接受调查的人数..............300人

喜欢辛辣芥末的人数............234人

喜欢清淡芥末的人数............213人

既喜欢辛辣芥末又喜欢清淡芥末的人数................................144人

从来不使用芥末的人数...........0人

当火山芥末公司认真研究这份报告之后，公司十分生气并立刻解除与西尔威斯特调查公司的合作关系，原因是总数计算不正确。那么，你能否找出报告中的错误呢？

179 水与酒

珀西·波因德克斯特先生是著名的饭后思维游戏专家，他正设法解答一道古老的水与酒的题，但他现在已经不知所措了。这个题是这样的：有 2 个玻璃杯，里面装着相同数量的液体。一个装有水，另一个装有酒。首先，从水杯中盛一匙的水倒入酒杯。然后，搅拌均匀。接着，再盛一匙的酒水混合物，并倒入水杯。那么，水杯里的酒比酒杯里的水多还是少？

180 占卜写板

虽然你不是巫师但同样可以解决这个题，而且可以令人刮目相看！下图中的

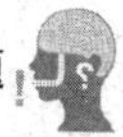

保罗和维维安正在与样子看起来像暹罗的好斗鱼进行交流。我不知道他们是怎么做的，他们告诉我这幅画是这个占卜写板用一条线画出来的，写板上的笔没有离开纸，而且线条也没有相互交叉。那么，你能按照这些规则重复以上的过程吗?

181 印度方块

喜爱思维游戏的印度王子正在去往阿格拉的路上，那里将举行思维游戏大会。这头皇家大象身上的布的上面印有一道题，而它就是由印度王子设计的。这个题需要你找出图画里大小正方形（最大的正方形边长为8厘米）的个数。在队伍出发前，你有5分钟的时间把这个问题解答出来。

182 可可豆盒

在这个甜味题当中，你遇到的是一个密封的贝克早餐可可豆盒，里面装满了可可豆。另外，还有一把15厘米长的尺子。那么，你能否在不打开盒子的情况下，测量盒子内部的尺寸并计算出盒子主要对角线的长度呢？

比如这条从底部右侧前角（B）到顶部左侧后角（A）的直线，盒子内有4条这样的直线。盒子侧面、底顶部以及底部的厚度可以忽略不计。通过数学计算你可以得出结果，但是有一个更为简单的方法，即只利用尺子直接测量，我们要找出这个方法。

我们已经将体积因素排除在外，因为它们并不是找出这个方法的关键所在。那么，你能找到这个题的解答方法吗？

183 棋子

这个思维游戏需要准备黑、白棋子各4个，然后放在棋盘上（如图所示）。你所面临的挑战是要用10步将这8个棋子交换位置。

游戏规则很简单，即：黑棋向下移动，白棋向上移动。所有的棋子要么向前移动到空格内要么跳过一个或者两个棋子跳到空格内。你有10分钟的时间解答这个题。

1 ●	2 ●
3 ●	4 ●
5	6
7 ○	8 ○
9 ○	10 ○

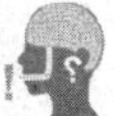

184 浴缸

威拉德·沃兹沃斯教授居住在马·巴斯卡姆的寄宿公寓里。二楼浴室有一个维多利亚燃气式浴缸，而他观察到了一些有关它的事情：如果打开凉水的水龙头，浴缸放满水需要6分40秒；如果打开热水的水龙头，放满水需要8分钟；如果拔掉塞子，放完水需要13分20秒。

现在，威拉德的题是：如果拿开塞子，并同时打开热水和凉水的水龙头，那么，将浴缸放满水需要多长时间呢？

185 接触

当你尝试一下这个游戏时，也许你会认为只有求助某种魔术才能把它解决。这里放了5枚魔术师使用的硬币，我们要使它们彼此相接触。如果你手头没有这种硬币，你也可以使用1角硬币。我们这只爱为难人的小兔子认为解决这个题最多用10分钟。

186 磨坊

对于安格斯的讨价还价，你不能怪他。然而，他的确遇到了麻烦。如果在伊恩扣除 10% 之后要正好带回 100 千克的玉米面，他应该带来多少玉米呢？

假设磨面的过程当中没有浪费。

187 数学

普里西拉·孙珊女士就是那位出色的代课教师，又来检测你们的数学才能了。

“同学们，现在注意了！黑板上的这个题是不正确的。但是，如果你在等式左边的某些数字中间添加两个减号（-）和一个加号（+），就可以得出一个正确的数学表达式，并且可以使结果等于 100。你们要在这堂课结束之前把符号放在正确的位置。”

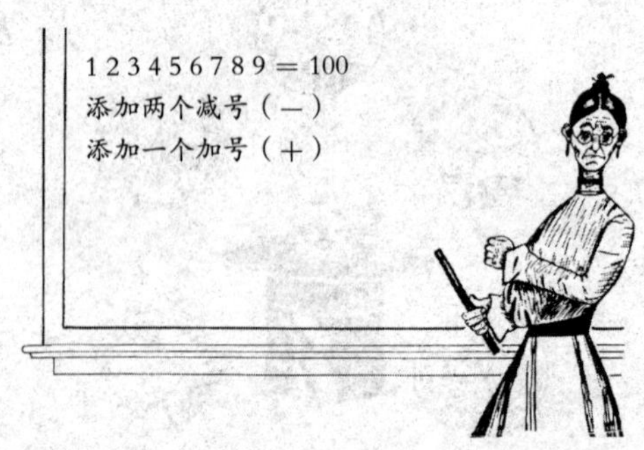

188 重新排列

我们这台著名的游戏计算机好像感染某种黑客病毒了。程序应该使计算机在水平方向、垂直方向以及对角线的数字相加结果为6。可是，却出现了上面的现象。那么，你能否重新排列显示屏上的数字使这个幻方显示正确呢？

189 雕刻品

“米利森特，你说你的花园里的那个雕刻品其实是一个很不错的思维游戏。那么，它所隐藏的题是什么呢？”

“珀西，那个题最早是由奥利弗·维尔德莱特设计的。这个题要求你找出奥利佛应该在哪里焊接3根铁条才能使它们经过雕刻品上的所有方格。希望你在下午茶之前把答案想出来！”

190 射击

慈善盛宴正在举行，巴尼·布朗德巴斯想在长廊上进行的射击比赛中赢得奖品。射击3次需要支付10元；如果击倒的3只鸟上的数字相加正好等于50，那么，你将赢得1只喂饱了的短吻鳄。但是，巴尼却把钱输光了。那么，你有没有兴趣试试呢？

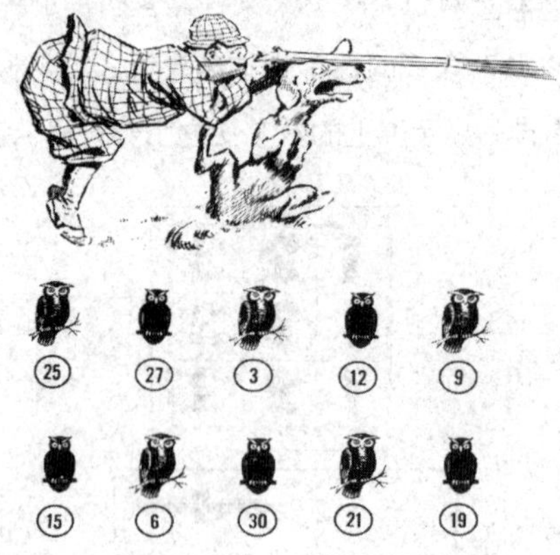

191 动物园

沃尔特·斯奈尔特拉普是当地动物园里的公园管理员，他在为一群动物划分界线时遇到了麻烦，可以说都怪狮子不安分守己。斯奈尔特拉普把 9 只动物混合圈在一个正方形围栏里。可是，没过多久，狮子开始咬骆驼，而大象却把狮子踩了，这让大家很是不悦。于是，斯奈尔特拉普决定把每只动物分别圈在各自的围栏里。他只在大围栏里建了两个围栏就把所有的动物各自分开了。那么，你知道他是如何修建围栏的吗？

192 时钟(2)

那天虽然没有下雨，但是雨却浇在善良的斯皮尔牧师的心里。他不但失去了

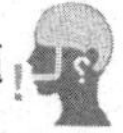

教堂尖塔上的十字架，而且时钟的表面也被飞来的树枝撞成4块儿。当他检查损坏的钟表时，他发现了一件不同寻常的事情。每块碎片上的罗马数字相加的结果都是20。那么，你知道时钟表面是如何断裂以致发生了这样的事情吗？

193 巨型鱼

下图中的那个渔夫上岸后肯定会把这个刻骨铭心的故事告诉给他的朋友们。好像他的祈祷真的应验了，那个庞然大物从他身边经过。那条鱼有多大呢？据他猜测，这条巨型鱼的头有60米长，它的尾巴是身体长度的一半与头的长度的总和，而它的身体又是整个长度的一半。那么，这个深水动物各部分的长度该如何计算呢？

194 骰子

这个题需要你准备3个骰子。先在桌子上放一个骰子，然后把另外2个骰子夹在拇指和食指之间。接着，与在场的人打赌，说他们不能（按照下图所示的角度）

将2个骰子并排放在桌上的那个骰子的顶部。不用说，他们每次都会失败。当他们最终认输时，你可以毫不犹豫地将骰子稳稳当当地放在上面。你如何去做呢？

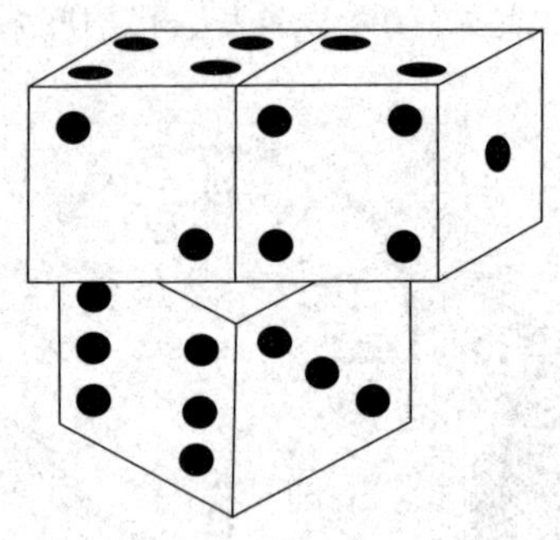

195 握手

圣诞老人学校又迎来了毕业典礼。今年，8名圣诞老人已经做好准备到城市商场履行职责。当他们离开之前，每个圣诞老人都要彼此握手。那么，他们会握手多少次呢？

196 逻辑

解决这个思维游戏，完全依靠的是你在金字塔方面的能力。下图三角形中的数字遵循某种模式排列，如果你能够发现这种模式，那么，你就可以找出三角形中5个问号所代表的数字。你要在沙漏中的沙子全部落在下面之前找出答案。

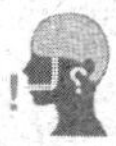

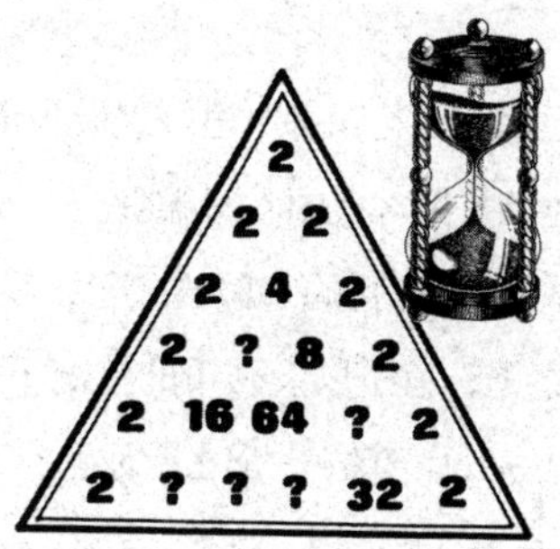

197 皇冠

这里我们看到的是一位城堡的护卫，他的任务是保护英王的皇冠。这个坚强的小伙子注视这些世界瑰宝已经好几个小时了。当哈罗德注视这个装有 12 个镶嵌了宝石的箱子时，他突然想出来一道题，即能否用 5 条直线将这 12 个皇冠全部连起来呢？每条直线都是从前一条直线的末端开始。10 分钟之后，哈罗德就找出了答案。如果你也能找出答案，我们将授予你“思维游戏王子”的称号！

198 服务员

克拉姆兹·卡拉汉是巴伐利亚花园餐厅里行走最快也是最邋遢的服务员，正是由于他快如飓风的步伐，他总是把客人的衣服弄脏。一天，一位愤慨的顾客只给了卡拉汉 1 角钱的小费，并说："你把我的衣服给毁了，我就给你 1 角钱的小费。但是，如果你能够在不接触桌子、盘子以及硬币的情况下把硬币拿开，我就赏你 25 元的小费。"然而，克拉姆兹却没能解决。那么，你呢？

199 心灵感应

曼特尔·维扎德又一次看透了你的心思。他是这样做的：让一个人写下任意一个三位数，每位上的数字可以不一样。然后，让出题者把数字颠倒，并且用大的数减去小的数。最后，让出题者告诉他这个结果的末位数。在下图例子当中，这个末位数字是 8。根据这些信息，他就可以猜出完整的结果。在查看答案之前，请你试试，看能否明白维扎德的计算方法。

200 H 到 O

许多移动硬币的思维游戏都可以使人愉快，而这就是其中之一。你要用 5 步将图 1 中的 H 变成图 2 中的 O，每一步都要使一枚硬币在不打乱其他硬币位置的情况下移动一次。当这枚硬币移动到新位置后，它必须与另外 2 枚硬币相接触。

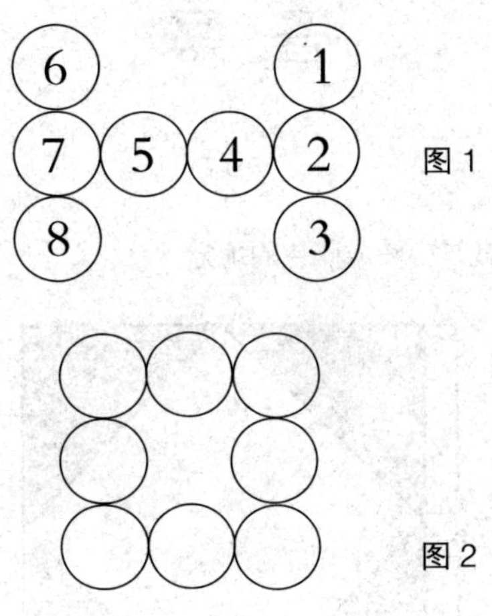

图 1

图 2

答　案

001 油漆窗户

下图中的阴影部分就是应漆成蓝色的地方。

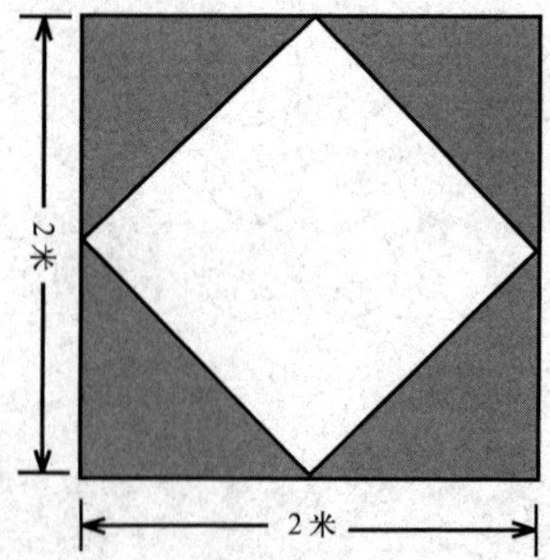

002 麦秆提苏打瓶

将麦秆从一端约 3 厘米的地方轻轻地折起来，使麦秆呈现“V”形。然后，把这一端插入瓶内，慢慢调整麦秆直到把它楔牢（如下图所示）。这样，你便可以把瓶子从桌子上提起来了。

003 鱼缸

把鱼缸从一边抬起，这样水就会从另一边溢出 。当水平面正好处于鱼缸的一个上角到鱼缸的一个下角的对角线时，鱼缸内的水正好处于鱼缸的中间位置。

004 五角星上的硬币

移动的顺序是:（1）5 号跳到 8 号，拿掉 7 号;（2）2 号跳到 5 号，拿掉 4 号;（3）9 号跳到 2 号，拿掉 6 号;（4）10 号跳到 6 号，拿掉 8 号;（5）1 号跳到 4 号，拿掉 2 号;（6）3 号跳到 7 号，拿掉 4 号;（7）5 号跳到 8 号，拿掉 7 号;（8）6 号跳到 10 号，拿掉 8 号。

005 神奇的风筝

答案如下图。

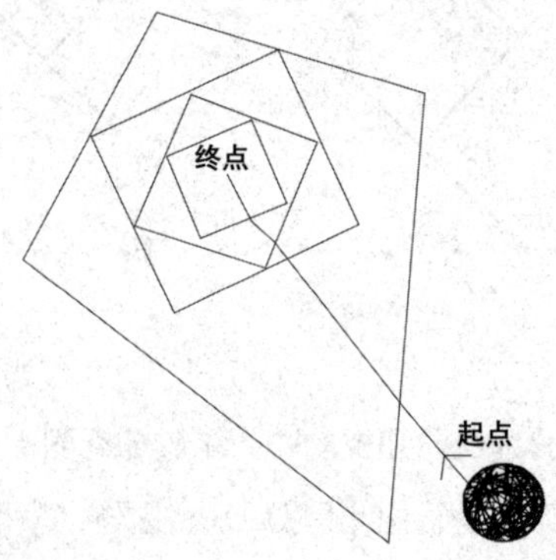

006 书

如果想要拽断书下面的绳子，你可以把绳子向下猛拉。由于书的惯性，在拉力尚未传到书上面的绳子时，下面的绳子就已经拉断了。如果想要拽断这本书的上面的绳子，你可以慢慢地拉绳子，这时拉力发挥作用，再加上书的重量，书上面的绳子就会断掉。

007 冰淇凌棒

将玻璃杯的“底”向左滑动，紧接着把玻璃杯“右边”的木棒挪到玻璃杯的柄脚的左边（如下图所示）。这样，杯子就倒过来了，同时，樱桃也就到了杯子的外边。

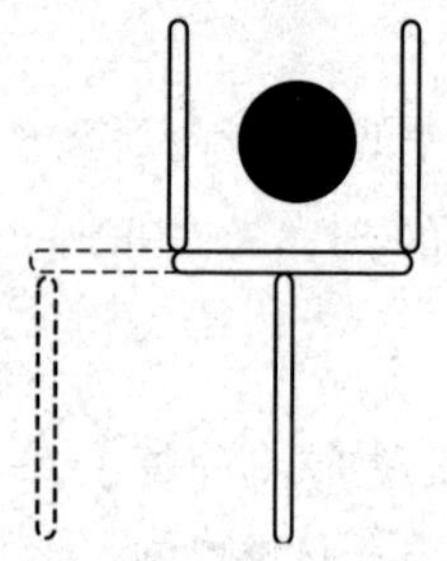

008 牙签

将左图（A）中虚线上的3根牙签放到右图（B）虚线上的位置。

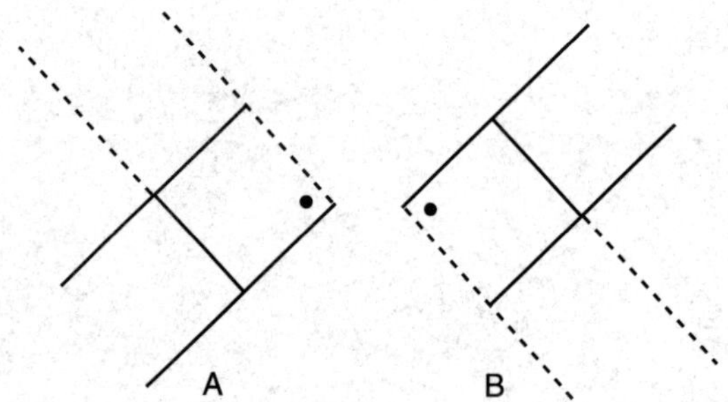

009 绳索

将自己手腕上的一个绳圈从朋友的一个手腕的绳圈上穿过，然后从他的那只手上掠过去，之后再从他的那个绳圈上撤回来。这样，两根绳子就分开了。

010 邮票

将2枚邮票叠放在一起，放在中间的位置上。这样，在十字架的每条线上就都有4枚邮票。

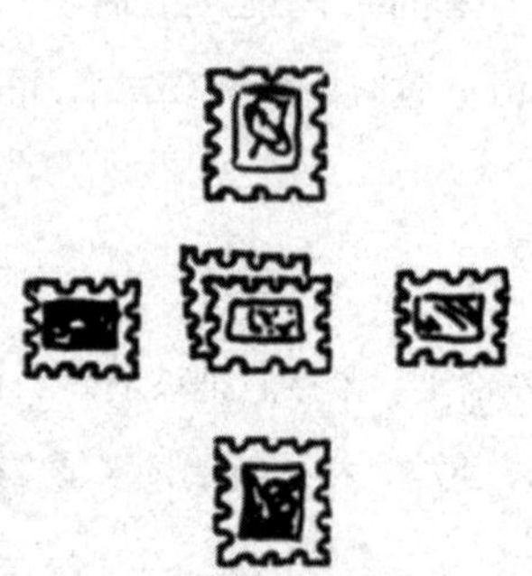

011 五金店

房屋的施工人员忘记把门牌号安装在各个单元内的各个房间上。他们在五金店把这些号码以每个 1 元出售。因为弗莱尔·布莱尔庄园只有 9 个单元，每间房屋只需要一个号码。因此，4 个顾客买 4 个号码一共要花 4 元。

012 1 角硬币

将食指放在桌子上，方向要与这枚 1 角硬币相对。然后，轻轻地用手指抓动桌布。这样，硬币会慢慢地向相反的方向移动，不一会儿，它就可以从玻璃杯下面“走”出来。

013 箭头

按照下图的样子放置箭头，你就会“发现”在中间的位置上出现第五个箭头的轮廓。

014 糖块

这是一个讲究“搭配”的思维游戏。在第 1 个杯子里放 1 个糖块，在第 2 个杯子里放 2 个糖块，在第 3 个杯子里放 3 个糖块，然后把第 1 个杯子和第 3 个杯子放到第 2 个杯子里。这样就能保证每个杯子里的糖块都是“奇数”。

015 钞票

尽管抓住纸币看上去是很简单的事情，但是如果没有尝试一次就想抓住它是不可能的。因为，你的反应不够快。

016 扑克牌

移动的顺序如下:(1)4号扑克牌放在1号扑克牌上;(2)6号扑克牌放在9号扑克牌上;(3)8号扑克牌放在3号扑克牌上;(4)2号扑克牌放在7号扑克牌上;(5)5号扑克牌放在10号扑克牌上。

017 拼圆

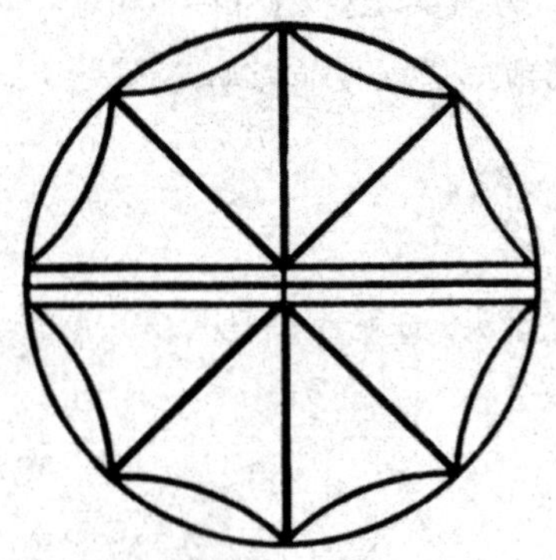

018 几何

线段OD是圆的半径，它的长度是14厘米。图形ABCO是个长方形，它与圆的中心以及圆边都相交。因此，线段OB(即圆的半径)的长度为14厘米。因为长方形的两个对角线的长度都相等，所以，线段AC与线段OB的长度相等，即14厘米。

019 飞船

舰长的检查路线如下：从2号指挥中心进去，然后是E，N，H，3，J，M，4，L，3，G，2，C，1，B，N，K，3，I，N，F，2，D，N，A，1。

020 射箭

6支箭的分数刚好达到100分，那么他射中的靶环依次为:16、16、17、17、17、17。

021 纽扣

以下是移动的步骤(B表示白色，H表示灰色；以纽扣所在的棋盘位置标识):(1)B2移到3;(2)H4移到2;(3)H5移到4;(4)B3移到5;(5)B1移到3;(6)

H2 移到 1；（7）H4 移到 2；（8）B3 移到 4。

022 链子

把那条带 4 个环的链子拿出来，将上面的 4 个环都打开，这样会花费 4 元。接着，利用这 4 个环把剩余的 5 条链子连在一起；然后，把这 4 个环焊接在一起，这会花费 2 元。所以，一条 29 个节的链子一共会花费 6 元。

023 立方

答案如下：

（1）3 个面蓝色的小立方体数：8 个；

（2）2 个面蓝色的小立方体数：12 个；

（3）1 个面蓝色的小立方体数：6 个；

（4）无色的小立方体数：1 个。

024 动物

公园里有 4 只狮子、31 只鸵鸟。以下是解题的方法：因为他算出有 35 个头，所以，最少有 70 条腿。但是，他算出一共有 78 条腿，也就是比最少的数多了 8 条腿，因此，多出的 8 条腿必定是狮子的。8 除以 2 便是四条腿的动物的数量。这样，狮子的数量是 4。

025 十字路口

拿破仑将路标杆放回原处，这样，上面标有他刚刚去过的城镇的名字的牌子就指向他来的方向，同时，他也知道应该去的地方了。

026 杯垫

A 图到 C 图向我们展示了如何将这些杯垫重新排列形成一个“完整的圆”的过程。

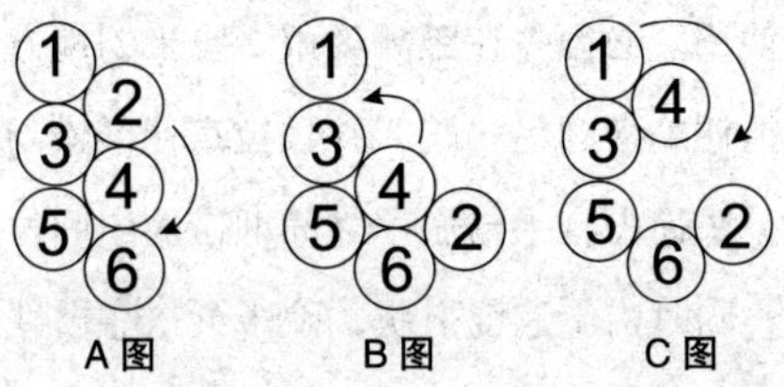

027 圆圈(1)

把这个正方形的纸板的任意一个角的顶点放在这个圆圈内边的任意一点。在A点和B点（即正方形与圆圈相交的两个点）作两个标记（参见图1）。把纸板当直尺，将A、B两点连接。然后，用正方形的这个角的顶点放在这个圆圈内边的另外一点，并重复刚才的步骤，在另外的两个交点，即C、D两点作标记（参见图2）。将C、D两点连接。这样，这个圆圈的中心点就是线段AB与线段CD的交点（参见图3）。

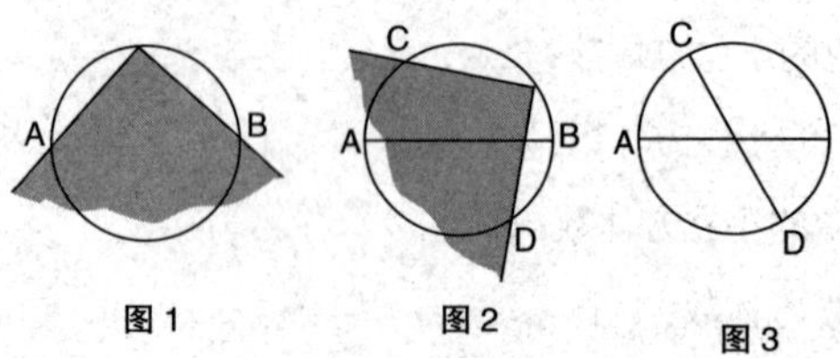

图1　图2　图3

028 神谕古文石

这些字母的共性在于它们都是数字。每个数字，即从1到9，都与各自的镜像刻在一起。如果你把每个字母的左半部分遮住，你就会看到真的是这样。所以，所缺的数字是6。

029 卡车

这种情况只有当卡车的平板是敞开的时候才会发生。但是，这辆卡车的车厢是封起来的，当鸟保持飞的状态时，它们必然会利用与自身体重相当的力量在空气中挥动翅膀。这样，这种力量就会通过空气施加于卡车的平板上。因此，无论鸟是静止还是保持飞的状态，卡车的重量均会保持一致。

030 瓶子(1)

尽管在解决这个难题时有人会采取将纸带猛拉出来的办法，但是，由于这个纸带太长，因而无法使用。必须先在距离硬币2厘米的地方把纸带从一边剪断或者撕掉才行。然后，抓住纸带的另一端，并且拉直使纸带与瓶子成90度。然后，伸出另一只手的食指，快速击打手与瓶子之间纸带的中间位置。这样，纸带就会快速从硬币下面脱出，同时由于速度很快，硬币会依靠惯性而不至于从瓶子的顶部掉落。

031 X 射线

把这张纸放在这枚硬币上，用一支铅笔在硬币上的纸上直接涂画。这时，硬币的轮廓将会显现在纸上，当然也就看到了硬币的日期。

032 青蛙

看起来，青蛙是按照每天 0.4 米的速度向上爬的。第 7 天的时候，它将向上爬了 2.8 米。到了第 8 天的白天时候，它就会从井里爬出。所以，答案就是 8 天。

033 细长玻璃杯

如果用小玻璃杯的话，我们倒 8 次才能把大玻璃杯装满水。因为大玻璃杯在杯身直径和高度上是小玻璃杯的 2 倍，所以它的体积就是小玻璃杯的体积乘以 8。比如，我们拿一个 1 厘米 ×1 厘米 ×1 厘米的立方体举例，它的体积为 1 立方厘米；那么，大玻璃杯的体积，即 2 厘米 ×2 厘米 ×2 厘米，这时它的体积就是 8 立方厘米。

034 警察

这名警察的巡视路线已经展示在下面的图中。

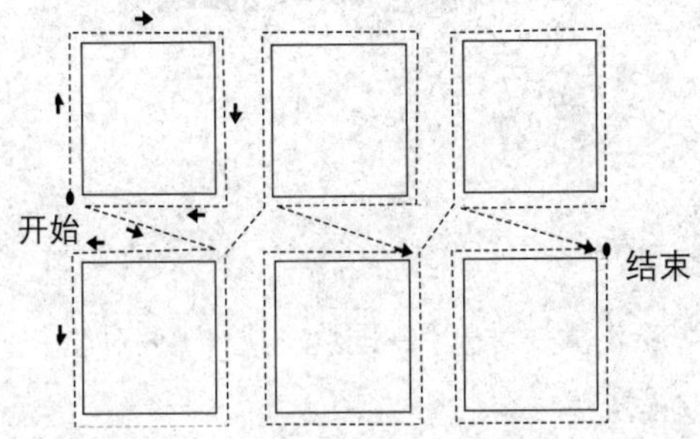

035 爱吃醋的丈夫

把 3 个丈夫用 A、B、C 来表示，他们妻子分别是 a、b、c。他们可以按照下面的方法渡河：

（1）a 和 b 先渡河，然后 b 把船划回来。

（2）b 和 c 渡河，然后 c 把船划回来。

（3）c 下船并和她的丈夫留下来，然后 A 和 B 渡河；A 下船，B 和 b 一起把船划回来。

（4）B 和 C 渡河，把 b 和 c 留在出发点。

（5）a 把船划回来，然后让 c 和她一起渡河。

（6）a 下船，然后 b 把船划回来。

（7）接着，b 和 c 渡河，这样所有人都重聚。成功抵达对岸！

036 自行车

贝蒂骑 1 个小时的自行车后把自行车放在路边，并继续步行 2 个小时，行走 8 千米后到达她的姑妈家；纳丁步行 2 个小时后到达放自行车的地方，然后骑 1 个小时的自行车，这样她就能和贝蒂同时在最短的时间到达姑妈家。

037 聚焦太阳光

透镜 2 比透镜 1 更厚，因此经过透镜 2 的光线弯曲度更大，会聚太阳光也更强。如下图所示。

透镜 3 和透镜 4 都是凹透镜，它们根本不会会聚太阳光，因此它们下面的纸不可能燃起来。

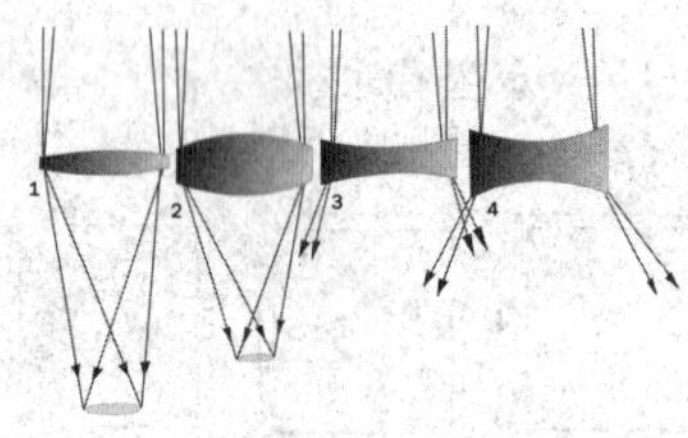

038 网球

因为每场比赛都会淘汰一对选手，既然一共有 128 对选手，那么在冠军队伍产生之前会进行 127 场淘汰赛。

039 钉子

按照下图中的排列方式，你会发现，所有的钉子都会彼此相接触。

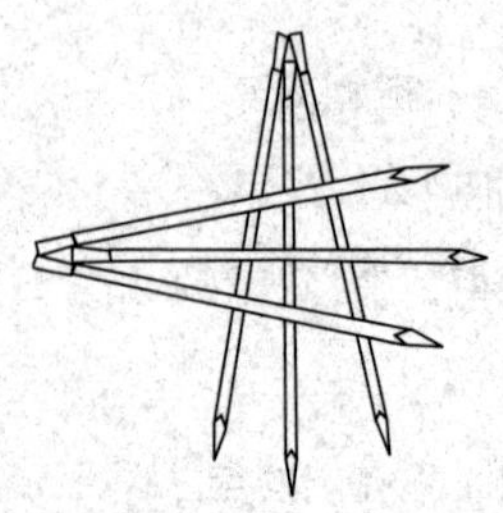

040 古董

90% 的账面价值与 125% 的账面价值之间差了 35%。因为 35% 相当于 105 元，所以 1% 就是 3 元。因此，原账面价值就等于 300 元。

041 苍蝇

大多人都认为苍蝇飞行的最短的路线是从 A 点先到 D 点，然后沿着边飞到 B 点。运用勾股定理，线段 AD 的长度为$60\sqrt{2}$厘米（勾股定理是指直角三角形的斜边长度等于另外两条直角边的平方和的平方根）。再加上线段 DB 的长度（即 60 厘米，这样，我们得到的总长度为 $60+60\sqrt{2}$厘米。如果，我们从立方体的顶部一条边的中点 C 画出线路 AC，它的长度为$30\sqrt{5}$厘米，同时，线段 CB 的长度也是$30\sqrt{5}$厘米。这样，我们得到的总长度为$30\sqrt{5}+30\sqrt{5}$厘米，很明显这要比第一条路线要短得多。

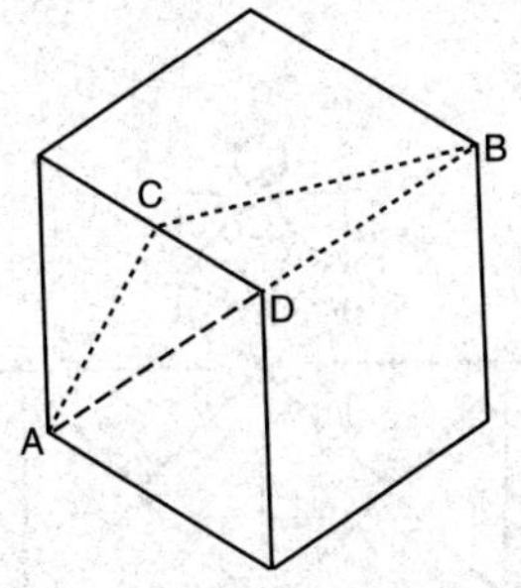

042 赛马(1)

那个农民建议每个选手驾驶对手的马车。因为他们打的赌是说“第一个穿过终点线的马车将输掉比赛”。

043 小甜饼

可怜的阿里阿德涅一共有 15 块甜饼。劳拉得到 7.5+0.5，即 8 块甜饼，还剩下 7 块；梅尔瓦得到 3.5+0.5，即 4 块甜饼，还剩下 3 块；罗伦得到 1.5+0.5，即 2 块甜饼，还剩下 1 块；玛戈特得到 0.5+0.5，即 1 块甜饼，而阿里阿德涅则一块也没有。

044 喇叭

葛鲁丘想出来一个十分巧妙的方法。他让商店的包装师找出一个 0.9 米宽、1.2

米长的大盒子。他把喇叭的橡胶球拆掉，然后把喇叭放在盒子的对角线位置上（这个对角线的长度为 1.5 米）。这样，就符合邮局的标准了。

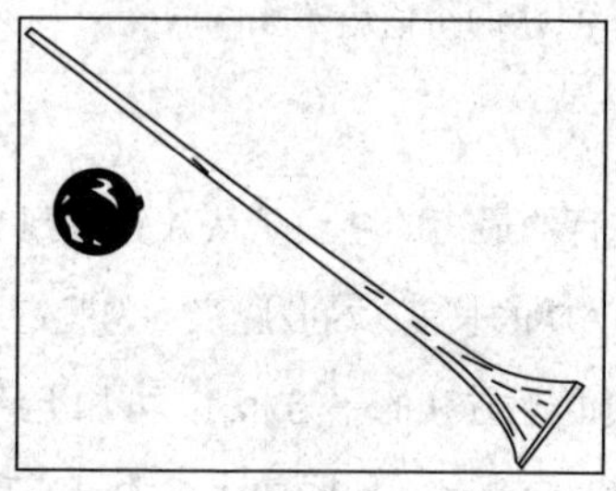

045 钱包

钱包里有 2 张 50 元的钞票、2 张 100 元的钞票、 4 张 5 元的钞票。

046 徽章

答案如下图。

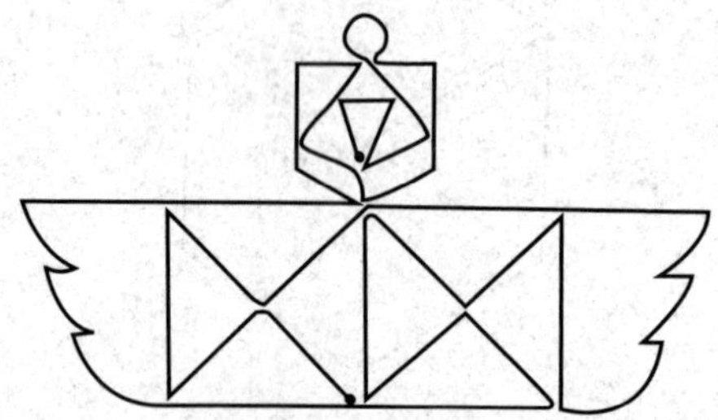

047 火柴

要解决这种类型的难题实在是很困难。下图中展示了如何把 15 根火柴摆成 8 个大小相同的正方形。

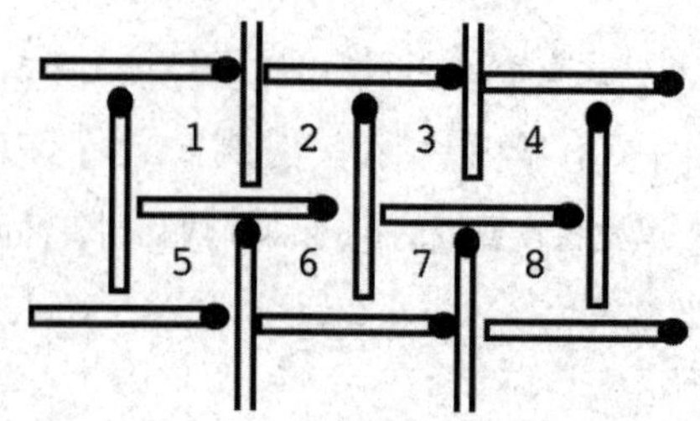

048 盘子

将两个瓶塞纵向切开，然后，把每半个瓶塞插进4个叉子的齿上（如下图所示）。保证叉子与齿的角度小于90度。现在，把这4个叉子放在盘子的四周；同时，叉子要面向盘子的边。这样，叉子就不会乱动。然后，你就可以轻而易举地把盘子稳稳地放在针尖上了。

049 国际象棋

要解决这个问题，你必须经过除了左上角的9个方格之外的方格，但是仍然不易解决。你要通过四步使“皇后”经过左上角的全部9个方格。在下次俱乐部会战时，你可以按照下图所示的步骤一展身手。

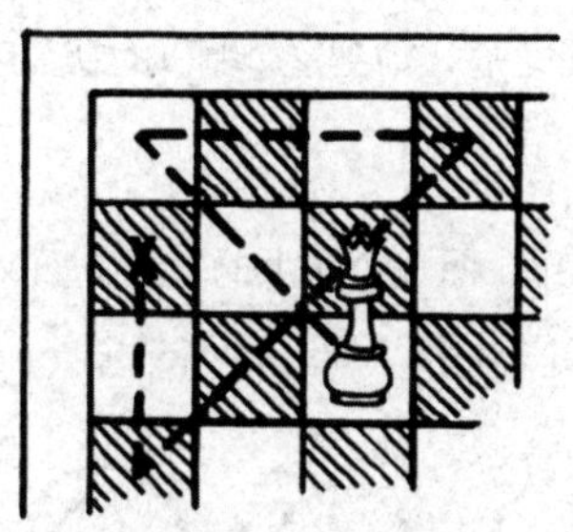

050 老水手

老比利是星期二去那个港口城镇的。先说第一个地方，即宾纳克宠物旅馆，这个旅馆周四和周五不营业，我们只能排除这两天。然后，可以排除周六，因为那天理发店休息。由于比利回家时带的钱要比去城镇时带的多，所以他兑现了支票。他是周四领工资，但是，接下来的两天都已经被排除了，因此，说他是周二去城镇的是合乎道理的，那时，银行正好营业。同时，理发店和宠物旅馆都营业。

051 名字

尼德尔瓦勒先生的那个朋友是位女士，而不是男士；她女儿的名字当然就是埃莉诺。

052 家庭

祖父的生日宴会有许多人参加。下面列出的是在场的家庭成员，其中也包括祖父：2个弟兄、2个姐妹，他们的父母，以及父母各自的父母——这样，对孩子而言就有1个祖父和1个外祖父，1个祖母和1个外祖母。因此，共有10位家庭成员。

053 保险箱

比纳库克拉斯偷走了60枚1元硬币、15枚5角硬币以及50枚5分硬币。

054 香烟

奈德可以把10个烟头中的9个卷成3支烟。这时，他只剩下一个烟头。当他满足自己的烟瘾之后，他又有3个新烟头，这样，他就可以卷第四支烟了。把这支烟吸完后，再加上原来第十个烟头，奈德就剩下两个烟头。他转到和自己相邻的桌子，并且问座位上的人是否可以从他们的烟灰缸里借一个烟头，这样，他就可以卷成第五支烟了。当他抽完这最后一支烟之后，他把这个剩下的烟头还给了刚才借他烟头的人。

055 扑克筹码

两行筹码要相交在一个角。而那个角上的筹码上面又有另一个筹码，这样，一行有3个筹码，而另一行有4个筹码（如下图所示）。

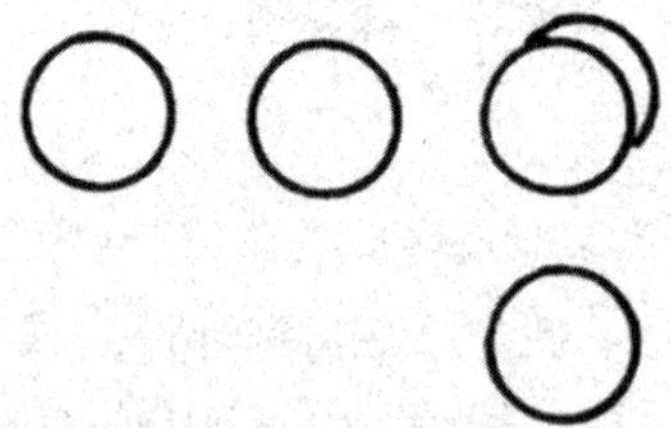

056 瓶塞（1）

这个题的秘密就在于两只手交叉时的位置。没有经验的人将两只手交叉时，手掌往往朝向身体，这样就会出现我们所描述的结果。要解决这个难题，要把右手的手掌向内转并把左手的手掌向外转，然后再抓住瓶塞。这样，两只手不仅不会相互交叉在一起反而会轻而易举地分开。

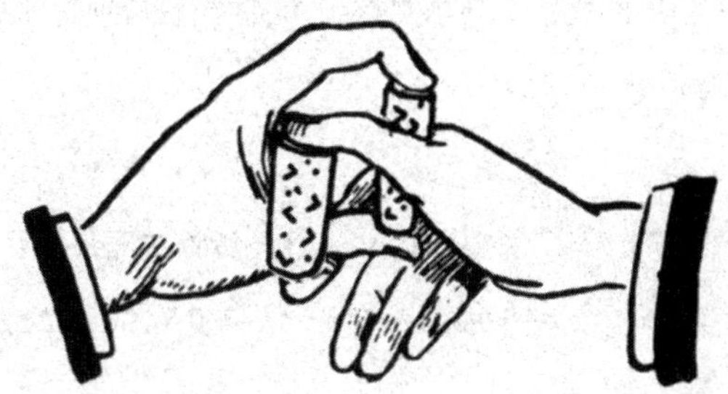

057 长角的蜥蜴

这只蜥蜴爬行时正好是一个直角三角形。如果一个直角三角形的三个点都与一个圆的边相接触，那么，这个直角三角形的长边，即斜边就等于这个圆的直径。所以，圆（窝）的直径就是 5 米（直角三角形的斜边的平方等于两条直角边的平方和（即 42 ＋ 32 ＝ 25，25 的平方根等于 5）。

058 数字

答案如下。

$$
\begin{array}{r@{\,}r}
 & 147 \\
\cline{2-2}
25 & \big)\,3675 \\
 & 25 \\
\cline{2-2}
 & 117 \\
 & 100 \\
\cline{2-2}
 & 175 \\
 & 175 \\
\end{array}
$$

解题步骤:（1）因为第一个值与除数相同，所以，商的第一个值就是 1；（2）根据第二次减运算，可用得知字母 E 肯定是 0，因为字母 FC 原搬不动的放在了下面；（3）字母 FEE 所代表的数字就是 100，而这正是字母 AB 与第二个值的乘积，除数不可以是 0，所以当一个两位数和一个一位数相乘能够得出 100 的只有 25，因此，商的第二个值就是 4；（4）在第一次减运算中，字母 GH 与 25 的差是 11，所以，字母 GH 肯定是 36；（5）这最后一个字母 C 就是 7、8 或者 9。如果你每一个都试一试，那么，你很快就可以发现只有 7 最合适。

059 纸牌

下面就是每人分得的钱数：马尔文得到 94.25 元、哈维得到 74.25 元、布鲁斯得到 41.25 元、罗洛得到 23.25 元。

060 车厢

乘客车厢每个 4 元，买了 3 个（共 12 元）；货物车厢每个 0.5 元，买了 15 个（共 7.5 元）；煤炭车厢每个 0.25 元，买了 2 个（共 0.5 元）。这些费用加起来就是 $12 + 7.5 + 0.5 = 20$。

061 弹孔

答案如下图：

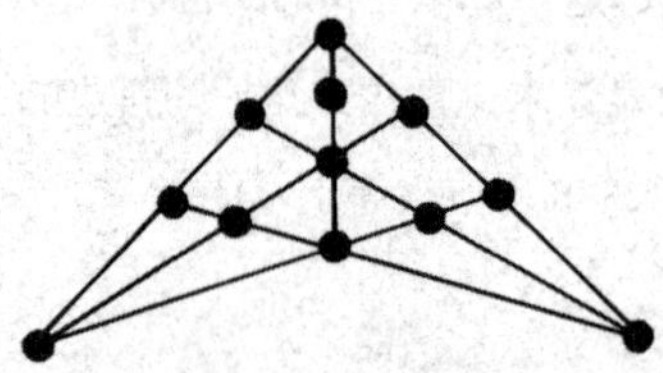

062 惩罚

这个问题的答案就是用分数来表示整数，比如 $3\frac{3}{3}$，即等于偶数 4。其他例子：$9\frac{9}{9}$，即偶数 10；$7\frac{7}{7}$，即偶数 8。

063 开商店

其中的一个答案为：草莓酱每罐 0.5 元，而桃酱每罐 0.4 元。在原先的交易中，3 罐草莓酱花费 1.5 元，而 4 罐桃酱则花费 1.6 元，这样，一共花费了 3.1 元。

064 卖车

达夫妮的主人每次都在前一次的基础上降价 20%，所以，最后的售价是 563.20 元。

065 扑克牌与日历

（1）常用的扑克牌有 52 张（除两张王牌），而一年则有 52 周；（2）每一种花色的扑克牌都有 13 张，而每个季节都有 13 周；（3）扑克牌有 4 种花色，而一年有四季；（4）一副扑克牌有 12 张肖像画（J、Q、K 的总数），而一年则有 12 个月；（5）

红色的扑克牌代表白天，而黑色的扑克牌则代表黑夜；（6）如果你把所有的数值都相加，其中J等于11，Q等于12，K等于13，总数等于364。再加上1张王牌或两张王牌（每张当做1看），就得到一年的天数。

066 铁圈枪

奈德的得分如下：10分靶槽内有14个铁圈，共得分140；20分靶槽内有8个铁圈，共得分160；50分靶槽内有2个铁圈，共得分100；100分靶槽内有1个铁圈，得分100。这样，140+160+100+100=500。

067 计算机

这个思维游戏至少有两种解题方法，见下图。

2	1	9
4	3	8
6	5	7

3	2	7
6	5	4
9	8	1

068 绳梯

因为船会随着潮水而上下浮动，所以潮水涨至最高点时水面上仍有50条横档。

069 瓶子(2)

这位船长当然就是诺亚了。他的那艘巨轮装载了来自世界各地的动物，这些动物自然不是为了出售。因为没有陆地，所以他根本无需担心风向问题，所有的港口都被水淹没，他最希望的就是找到陆地将船停泊。

070 加法

答案如下。

1+2+3+4+5+6+7+8×9=100

071 魔力商店

因为每个人所能分得的财产与各自服务的时间长短相一致。女佣人分得了1份遗产，会客室那个仆人分得了3份遗产，厨师则分得了6份遗产，这样，总共有10份。每一份遗产为7000元的$\frac{1}{10}$，即700元，也就是那个女佣人所得的遗产。同时，会客室那个仆人得到 2100 元，而厨师得到 4200 元。

072 度假

S、H、O、N、I、X 是字母表中颠倒后照样可以读出来的字母。因此，可以加在它们后面的就只剩下“Z”了。

073 吹泡泡

证明如下：10+10+5+67=32。

答案就是 10 个泡泡。

074 替换数字

答案如下。

$$\begin{array}{r} 17 \\ \times\ \ 4 \\ \hline 68 \\ +\ 25 \\ \hline 93 \end{array}$$

075 置换（1）

移动的步骤如下：从 2 号到 3 号、从 8 号到 5 号、从 10 号到 7 号、从 3 号到 9 号、从 5 号到 2 号、从 7 号到 4 号、从 9 号到 6 号、从 4 号到 10 号、从 6 号到 8 号、从 1 号到 6 号、从 2 号到 4 号、从 6 号到 5 号、从 4 号到 3 号、从 10 号到 9 号、从 5 号到 7 号、从 3 号到 2 号、从 9 号到 1 号、从 7 号到 10 号。

076 狂欢大转盘

中间数字为：6。

5+6+7

9+6+3

10+6+2

11+6+1

8+6+4

如下图所示。

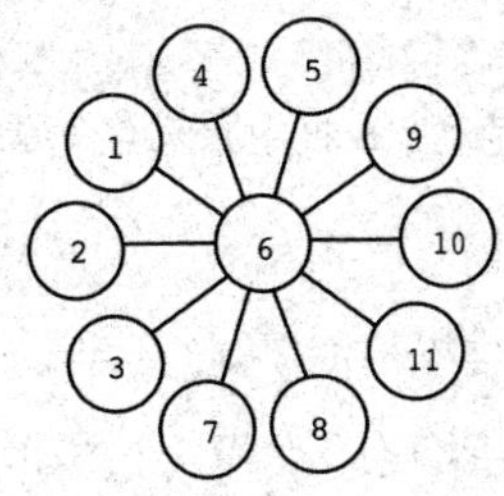

077 小费

帕特开始有 50 元，而迈克有 30 元。

078 蜂箱

这个题的解法有很多，下面是其中一个。

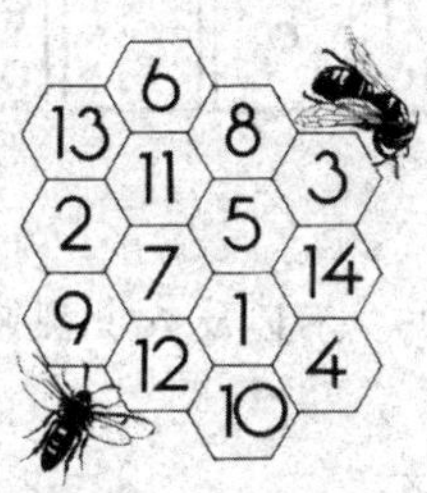

079 城堡

有好几条路线供你选择，其中的一条是：f–b–a–u–t–p–o–n–c–d–e–j–k–l–m–q–r–s–h–g–f。

080 弹子

“荷兰人”所剩下的弹子占两人开始时弹子总数的$\frac{1}{5}$，或者占“荷兰人”原来弹子数的$\frac{2}{5}$。“荷兰人”的原弹子数在增加 20 个之后，就变成原来的$\frac{1}{5}$；20 个弹子占原来的$\frac{1}{5}$。所以，每个人在开始游戏之前，都各有 100 个弹子。而当游戏结束时，“荷兰人”有 40 个弹子，“鹿角”有 160 个弹子。

081 气球

你可以用好几种方法排列这些数字。下面是其中的一种方法：一条线上的数字为 3、6、9、7、2，另一条线的数字为 5、4、9、8、1。当然，两条线中都有数字 9。

082 葡萄酒

A 桶中原来有 66 升的葡萄酒，B 桶中原来有 30 升的葡萄酒。

083 多米诺骨牌(1)

第 1 个多米诺骨牌：上半部分有 6 个点；下半部分有 4 个点。

第 2 个多米诺骨牌：上半部分有 1 个点；下半部分有 1 个点。

第 3 个多米诺骨牌：上半部分有 1 个点。

第 4 个多米诺骨牌：上半部分有 1 个点；下半部分有 4 个点。

如下图所示。

084 灵长类动物

动物园里有 5 只大猩猩、25 只猿以及 70 只狐猴。

085 纸块

如下图所示：图 A 所示的是最初的三角形，上面显示了将要被剪成的 5 个部分。纸片 1 便是这 4 个等边三角形中的一个。图 B、C、D 展示了其余 3 个三角形是如何利用这些纸片组成的。

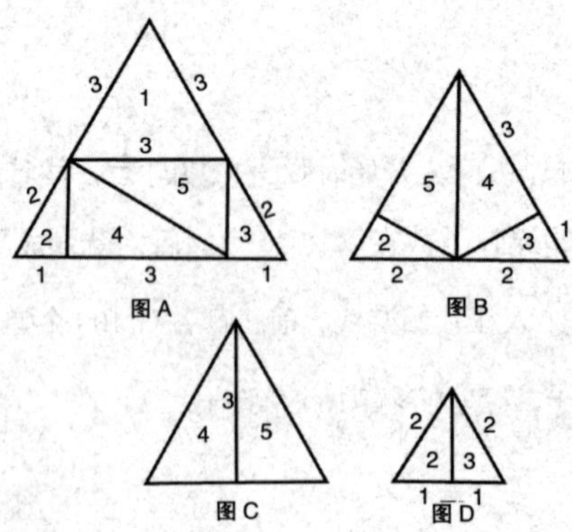

图 A　图 B　图 C　图 D

086 铁匠

答案如下图所示。

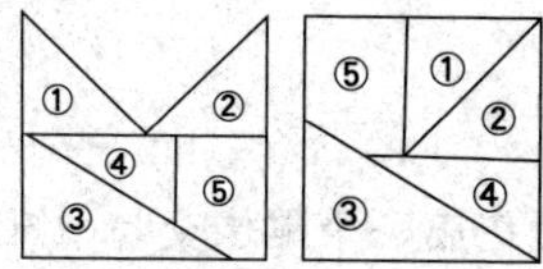

087 热狗

答案如下图所示。

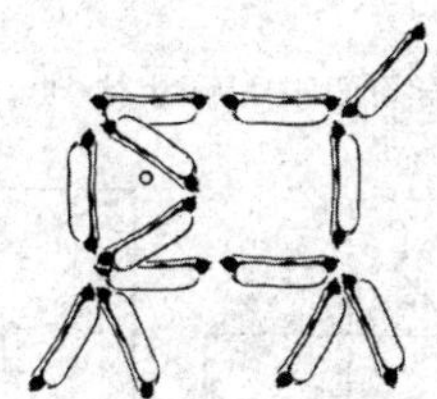

088 神奇的三角形

将图中虚线位置上的短线去掉就可以了。这样，就只剩下 4 个小三角形和 1 个大三角形。

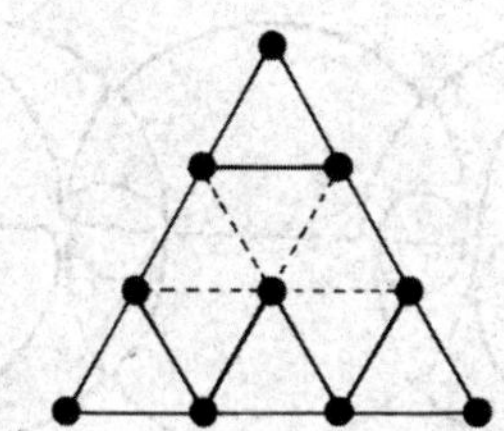

089 思考帽

这个题的关键在于了解每个数字都是前一个数字的两倍再加 1。所以，5 的两倍再加 1 等于 11，11 的两倍再加 1 等于 23，23 的两倍再加 1 等于 47，这样，就得出答案了。

090 影星

艾玛是 27.5 岁，苏琦是 16.5 岁。要算出这个答案，你必须得从后往前算。当苏琦 5.5 岁时，艾玛是 16.5 岁，即艾玛的年龄是苏琦的 3 倍；当苏琦到了 3 倍于艾玛的这个年龄时，她就 49.5 岁了；当艾玛还是这个年龄的一半时，即 24.75 岁，苏琦的年龄就是 13.75 岁；而艾玛现在年龄的正好是苏琦那时年龄的两倍，即 27.5 岁。

091 小雕像

加尔文赔了 4 元钱。他在第一个雕像交易中赚了 18 元（198 元除以 11 就是 10% 的利润）。然而，在第二个雕像交易中他却赔了 22 元（198 元除以 9 就是 10% 的损失）。这样，赔的 22 元减去赚的 18 元就是损失的钱。

092 胶合板(1)

沿图 1 虚线切木板，然后按图 2 中的样子排列。

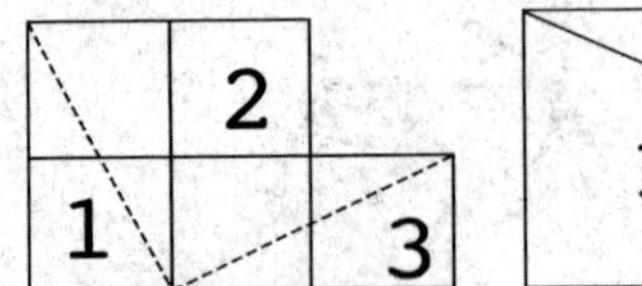

093 画线

答案如下。

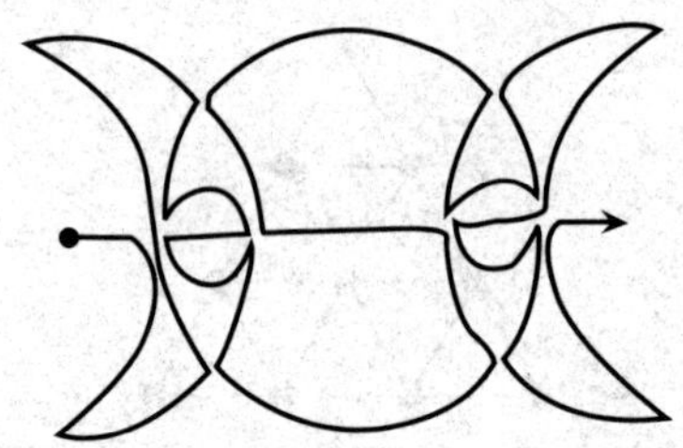

094 面粉

在第一层，将布袋（7）和（2）交换，这样就得到单个布袋数字（2）和两位数字（78），两个数相乘结果为 156。接着，把第三行的单个布袋（5）与中间那行的布袋（9）交换，这样，中间那行数字就是 156。然后，将布袋（9）与第三行两位数中的布袋（4）交换，这样，布袋（4）移到右边成为单个布袋。这时，第三行的数字为（39）和（4），相乘的结果为 156。总共移动了 5 步就把这个题完成了。

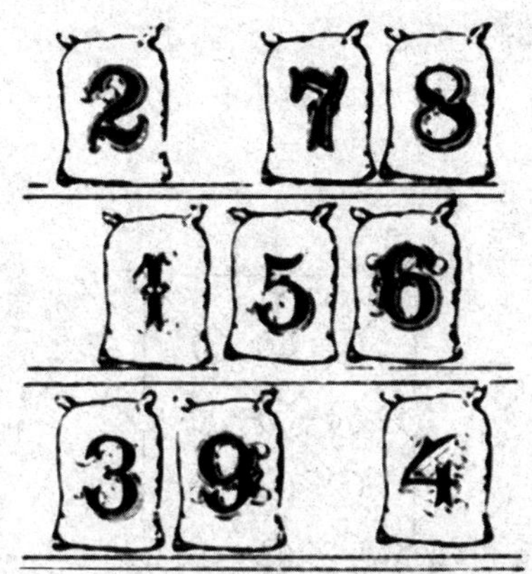

095 玻璃杯

在拿走玻璃杯之前，先把第二根火柴点着。然后，再用它点着支撑在两个玻璃杯之间的那根火柴；当这根也点着时，等一两秒钟，然后吹灭。稍等片刻，这根火柴就会熔贴在玻璃杯上。然后，你可以将另一侧的玻璃杯拿走，这时，这根火柴将会悬在空中。

096 零件

9 个垫圈等于 1 个螺钉的重量。

097 年龄(1)

马奇现在 30 岁，她的妹妹维罗妮卡 10 岁。

098 古董商

答案如下图。

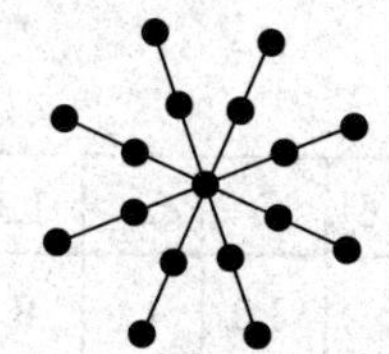

099 立方体

所需要的最少的石块数是 128。立方体的每条边上有 4 个石块（4×4×4=64 个石块）。广场的每条边有 8 个石块（8×8=64）。这样一来，广场边长是立方体边长的两倍的条件就可以满足了。

100 排列数字

答案如下图。

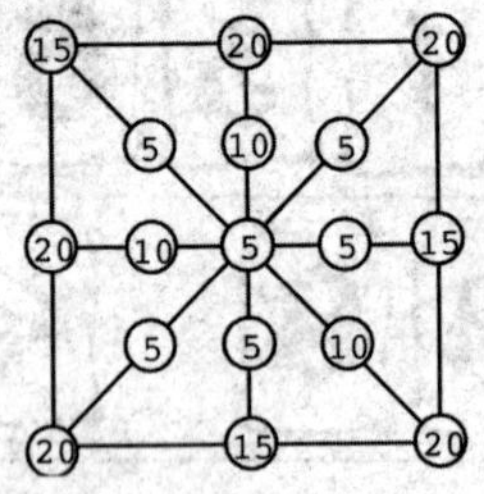

101 圆点

答案如下图。

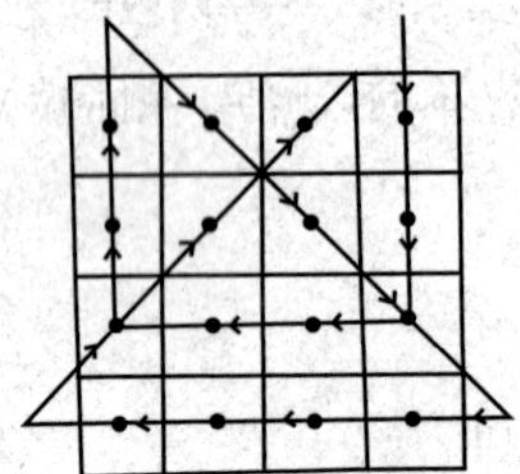

102 落纸

将纸张 a 抟成球，当同时松手时，抟成球的纸会直接落地，而纸张 b 则会缓缓落地。

103 幻方游戏

答案如下图。

16	3	2	13
5	10	11	8
9	6	7	12
4	15	14	1

104 轮船

这 3 艘轮船下次同一天驶出纽约港需要等到 240 天以后。因为 240 是 12、16、20 的最小公倍数，在这期间 3 艘轮船都可以完成航行。至于这段时间，每一艘轮船所航行的次数，可以按以下方式计算。

第一艘轮船: 240 ÷ 12 ＝ 20 次；

第二艘轮船: 240 ÷ 16 ＝ 15 次；

第三艘轮船: 240 ÷ 20 ＝ 12 次。

105 小鸡

如果按照正常计算，艾米和贝茜分别会卖得 15 元和 10 元，一共是 25 元。当贝茜带 60 只小鸡去集市，每 5 只小鸡中，2 只是自己的，3 只是艾米的，这样直到把艾米的小鸡卖完；接下来，她开始卖自己剩下的 10 只小鸡。按理说，她自己的 5 只小鸡应该价值 2.5 元，但是，在最后两笔交易中她每次都损失了 5 角。所以，最终少了 1 元。

106 递进

数字 3 是这组递进数字的关键。你必须按照减去 3，除以 3，加上 3，减去 3，除以 3，加上 3 的顺序计算。我们先从第 1 洞的分数 12 中减去 3，得出 9，即第 2 洞的分数；然后让 9 除以 3，得出 3，即第 3 洞的分数；接着，再加上 3，得出 6，即第 4 洞的分数；再从 6 中减去 3，得出 3，即第 5 洞的分数；然后，再除以 3，得出 1，即第 6 洞的分数；最后，第 7 洞的分数就是 1 加上 3，得出 4，即这个题的答案。

107 标志语

首先，按照图 1 所示的样子，将纸折叠。然后，再连画三笔。现在，握住笔不动，并按照图 2 所示的样子将纸打开。接下来，你就可以按题中的要求，即笔不离纸、线不重复，将这个标志画出来了。

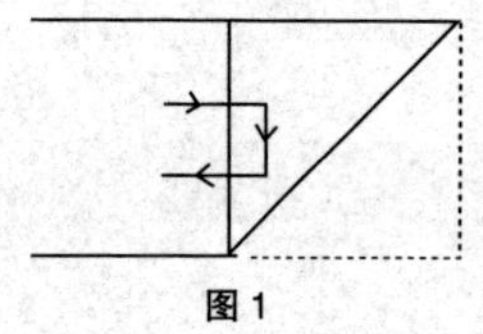
图 1

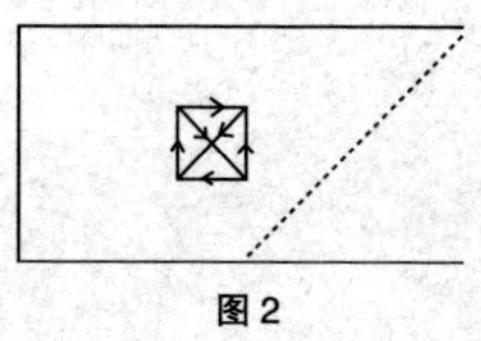
图 2

108 地毯

他先沿着图 1 中虚线把地毯剪开，然后，再把上半部分的地毯向左下方移动，这样，就正好可以与下半部分的地毯合并在一起（参见图 2）。然后，将它们缝合成一个完整的正方形地毯。

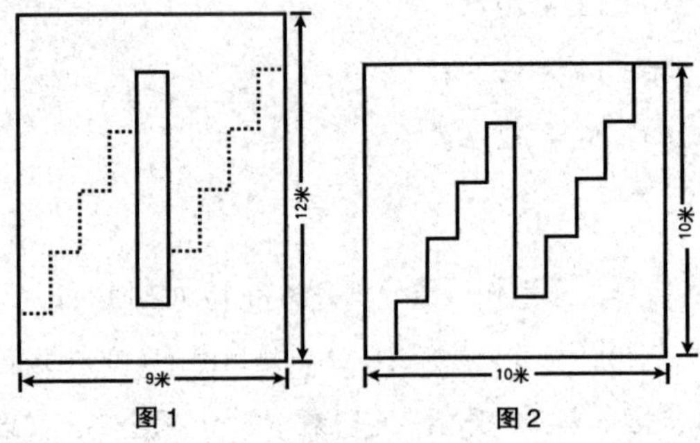

图 1　　图 2

109 赛马(2)

贝特萨罗特教授应该按以下方式下注：斯威·贝利，12 元；杨特·萨拉，15 元；桑德·胡弗斯，20 元。当然，如果别的马获胜的话，教授就太不走运了。

110 字母连线

答案如下。

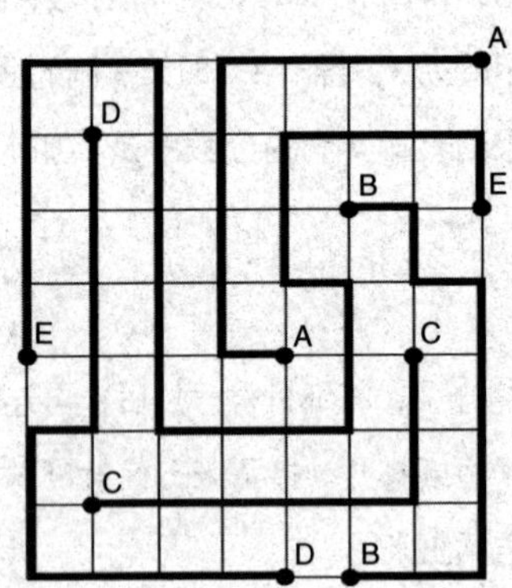

111 跳房子

答案如下图。

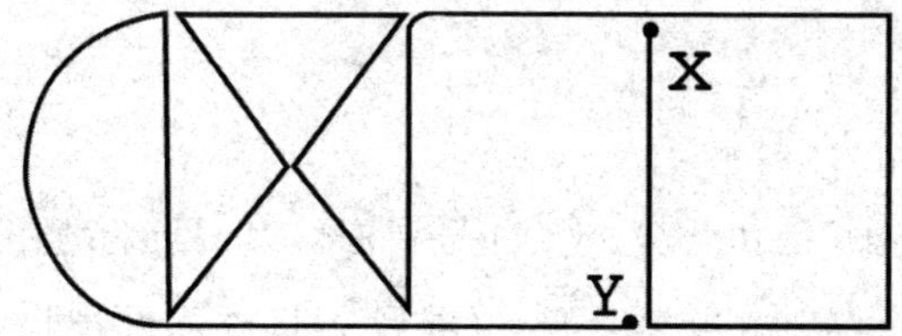

112 火柴杆

如果我们把这些火柴拼成一个直角三角形（如下图所示），那么这个三角形的面积为 24 平方厘米（8 厘米 ×6 厘米 ÷2=24 平方厘米）。然后，按照图中的样子将 4 根火柴放进三角形内，这样，减去阴影部分的 12 平方厘米的面积，剩下就是一个面积为 12 平方厘米的区域。

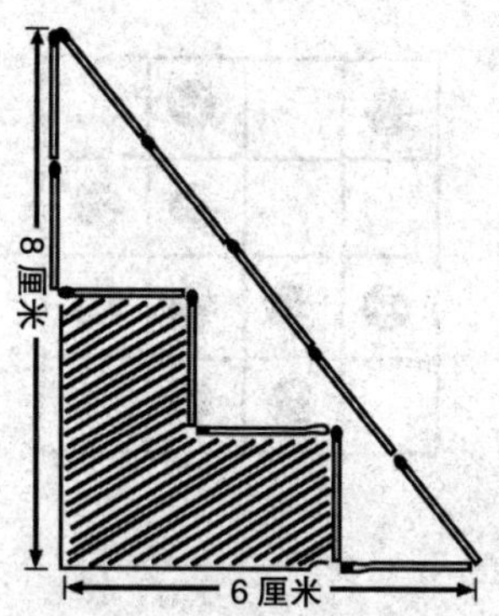

113 圆圈(2)

将字母用以下数字来代替：a=2，b=11，c=8，d=1，e=14，f=4，h=13，i=5，j=9。

114 面包

因为面包是 3 个人平分的，那么，每个人就吃了 $2\frac{2}{3}$片面包。这就是说那个拿 3 片面包的人只分给了弗西斯$\frac{1}{3}$片面包，而那个拿 5 片面包的人则分给了弗西斯 $2\frac{1}{3}$片面包，这样，他分出的面包是第一个人的 7 倍。因此，他有资格分得 7 枚硬币，而第一个人只能分得 1 枚硬币。这就是公平的解决办法。

115 密码

答案为：37—37—37。这几个数计算如下：37×3=111；37×6=222；

37×9=333。

116 调换(1)

这22步依次如下：10号到5号、1号到8号、11号到6号、2号到9号、12号到7号、3号到4号、5号到12号、8号到3号、6号到1号、9号到10号、7号到6号、4号到9号、12号到7号、3号到4号、1号到8号、10号到5号、6号到1号、9号到10号、7号到2号、4号到11号、8号到3号、5号到12号。

117 筹码

我们知道，可以排列的最多的偶数行列数是16。下图就是所要画出的棋盘。你也可以把筹码放在与之不同的地方，但是结果要保持一致。

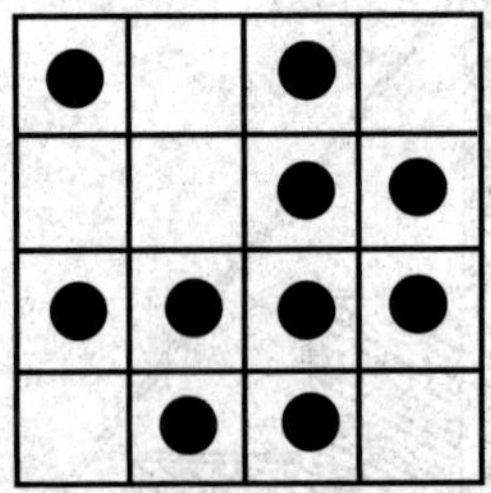

118 死亡三角

答案如下图所示。

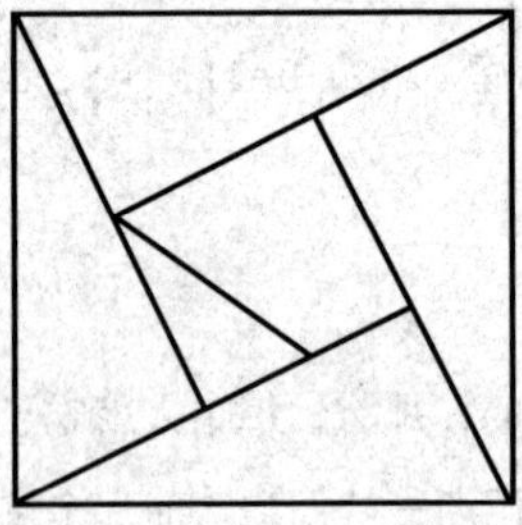

119 移动

首先，将第4根火柴点着，然后，用它点燃3根按金字塔形状放置的火柴。之后，快速将这4根火柴熄灭。这时，你会发现组成金字塔的3根火柴已经熔合在一起，这样，你就可以用第4根火柴轻而易举地把它们从桌子上抬起来。

120 瓶塞(2)

将水缓缓倒入玻璃杯，直到水平面几乎超出杯口。如果你小心操作的话，液体的表面张力会使水稍稍凸起。这样，瓶塞便会向上“漂”直到杯子的中央并停留在那里。

121 长方形

题中的12个黑色圆点可以画出20个长方形。大家可能漏掉的2个长方形已经在下图中画出。

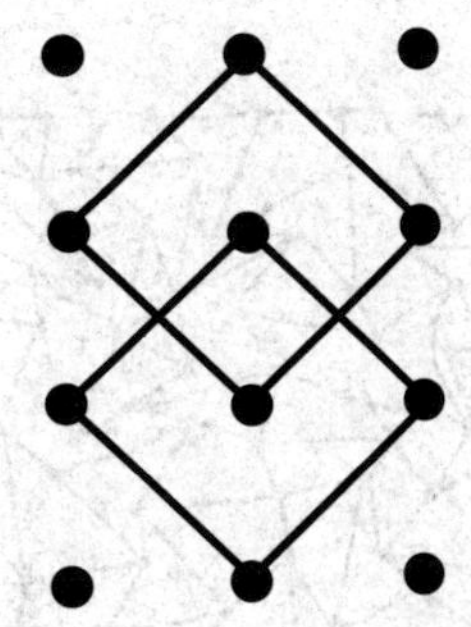

122 手提箱

在演出开始之前，先在手提箱内放两样东西。在伸出桌子的那边放一大块铁，而在另一边放一大块冰，冰块的重量再加上手提箱这边的重量便可以抵消铁块的重量。但是，当冰块融化的时候，水就会均匀地分布在手提箱里，这样，铁块的重量足以使手提箱从桌子上掉下来。这也可以称得上是一种计时装置。

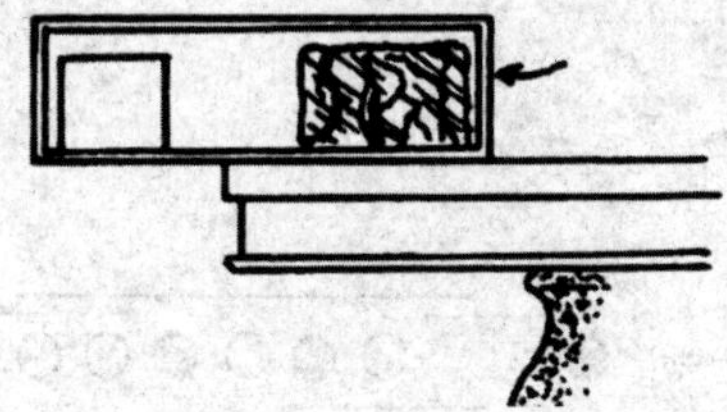

123 从A到Z

答案如下图所示。

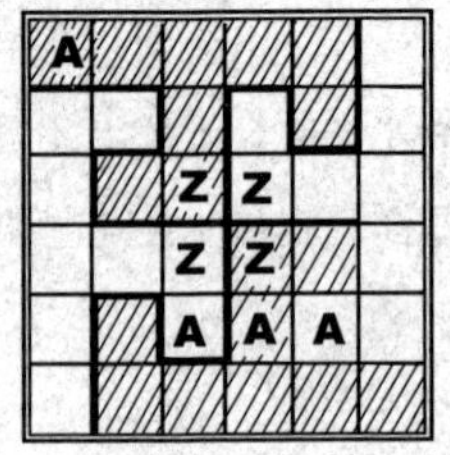

124 潜水艇拦截网

如果将这个网剪成两半，最少需要 8 步。从 A 开始，由上向下剪到 B。

125 遗嘱

他留给后人的是“一无所有”。

126 照相

爷爷一共邀请了 16 个亲戚朋友，一卷胶卷可以照出 60 张照片。

127 撞球

答案如下图所示。

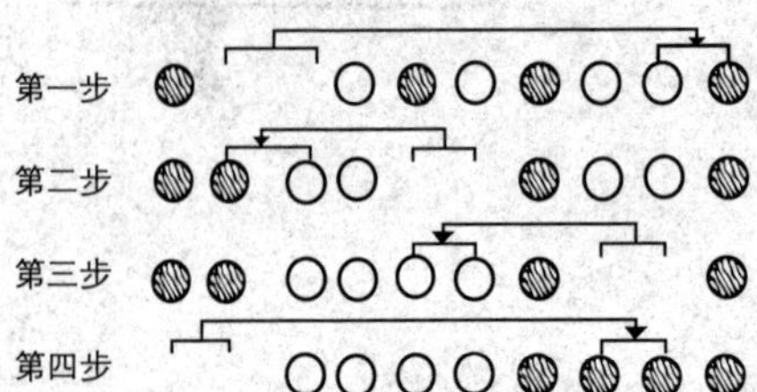

128 小狗

如下图，将图 1 中的大纸环（b）折叠，然后把小纸环从 d 处塞入。现在，将小狗挂在纸环上（如图 1 所示）。然后，把小纸环再滑回末端（d），并套在小狗上。展开大纸环，这样，便完成了（如图 2 所示）。提示：当你折叠大纸环时，只需将纸弯曲，不要把它弄皱。只有这样，你再展开纸环时就看不出它被折叠的痕迹了。

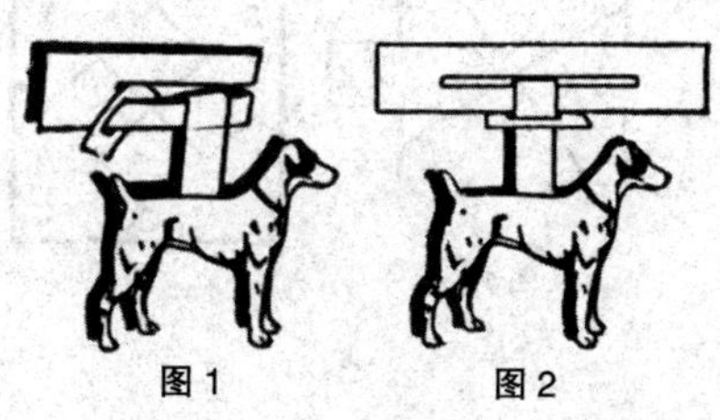

图 1　　图 2

129 天文

答案如下。

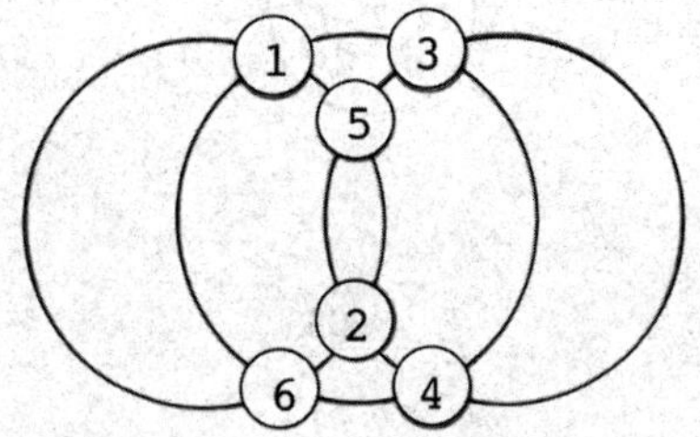

130 咒语

从顶部 A 开始，下面有两条路可以选择。而从两个 B 分别向下一行移动，那么，可以有 4 种选择到达第三行。也就是说，每到下一行可以选择的移动方法是所在行的 2 倍。从顶部 A 向下共有 10 层。所以，如果按照 1×2 来算，然后将所得结果乘以 2，接着再乘以 2，这样重复 10 次，你便得到所有可能的移动方法，即 1024 种。用数学表达式表示就是 210，或者是 2×2×2×2×2×2×2×2×2×2。

131 台球

他这五轮中，每轮分别打进了 8、14、20、26、32 个球。

132 年龄(2)

当奈德毕业时，他已经 60 岁了。

133 神庙

先按照图 1 的样子切开，然后按照图 2 所示将它们拼成一个正方形。

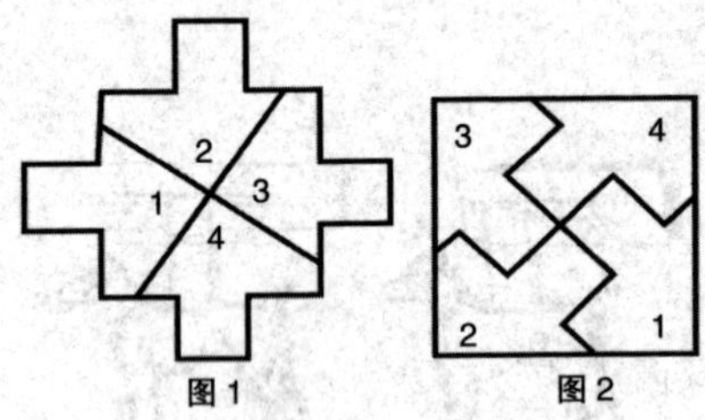

图 1　　图 2

134 铜锣

沿图中的切线可以将铜锣切成 5 部分。

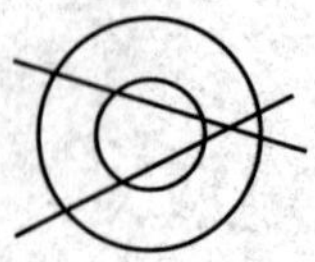

135 标志牌

$$\begin{array}{r} 96233 \\ +\ 62513 \\ \hline 158746 \end{array}$$

136 数学题

答案如下。

$$\begin{array}{r} 173 \\ +\ \ 4 \\ \hline 177 \end{array} \qquad \begin{array}{r} 85 \\ +\ 92 \\ \hline 177 \end{array}$$

137 硬币计数器

这 50 枚硬币分别是：12 枚 1 元硬币、12 枚 5 角硬币、14 枚 1 角硬币、12 枚 5

分硬币，总共为 1×12+0.5×12+0.1×14+0.05×12=20 元。

138 风筝

这个风筝上有 17 个正方形，它们是由 4 种不同大小的正方形组成的。每一种大小的正方形的个数见下图：

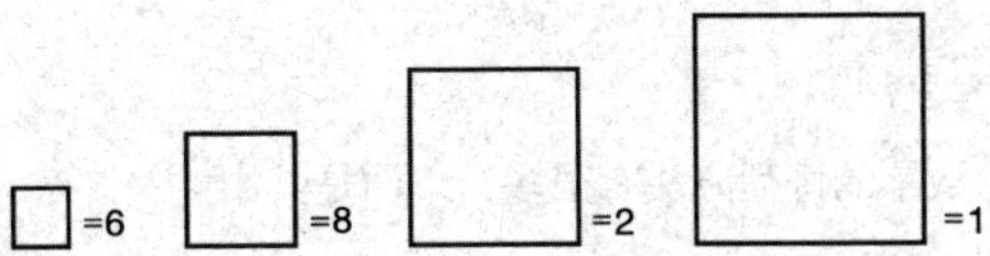

139 汽水吸管

答案如下图所示（图 1 拿走 4 根，图 2 拿走 6 根，图 3 拿走 8 根）：

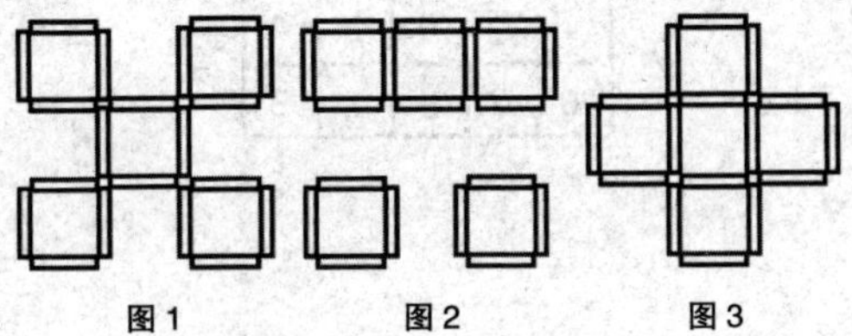
图 1　图 2　图 3

140 欢乐谷

下图是解决方案中的一种。

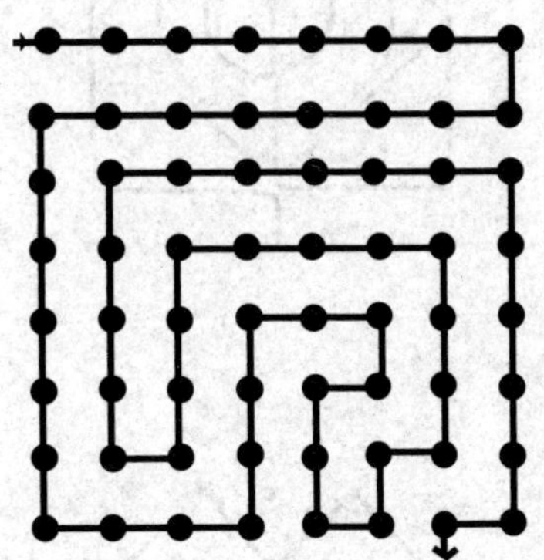

141 货物箱

因为固体表面很平，上面并没有洞，所以盒子的面和角的总数要比边多 2 个。因此，货物箱有 9 个面（如下图所示）。

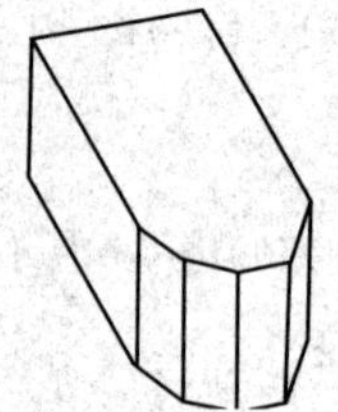

142 游戏天才

在这个题中，数字的排列方法有很多，下面是其中之一。

4	1	3	0	2
3	0	2	4	1
2	4	1	3	0
1	3	0	2	4
0	2	4	1	3

143 直线

答案如图所示。

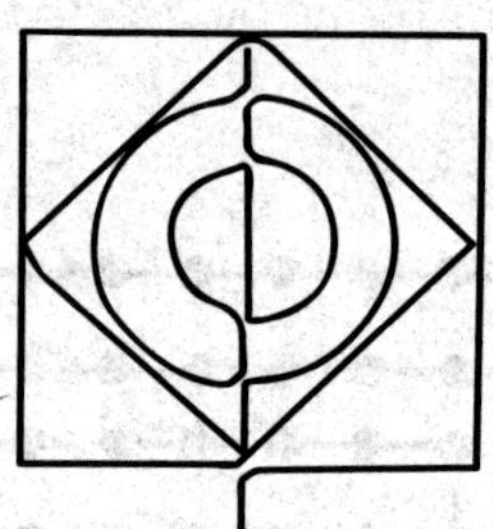

144 十字架(1)

答案如下图所示。

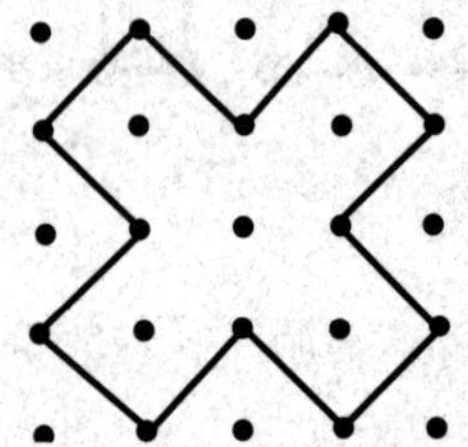

145 赛车

巴里、伯特、哈利和拉里骑车行走 1 千米所用的时间分别是$\frac{1}{6}$小时、$\frac{1}{9}$小时、$\frac{1}{12}$小时和$\frac{1}{15}$小时。所以，他们行走一圈所用的时间就分别是$\frac{1}{18}$小时、$\frac{1}{27}$小时、$\frac{1}{36}$小时和$\frac{1}{45}$小时。这样，他们会在$\frac{1}{9}$小时之后第一次相遇（即 $6\frac{2}{3}$分钟）。4 乘以 $6\frac{2}{3}$分钟得出 $26\frac{2}{3}$分钟，即他们第四次相遇所需要的时间。

146 玩具店

答案如下图所示。

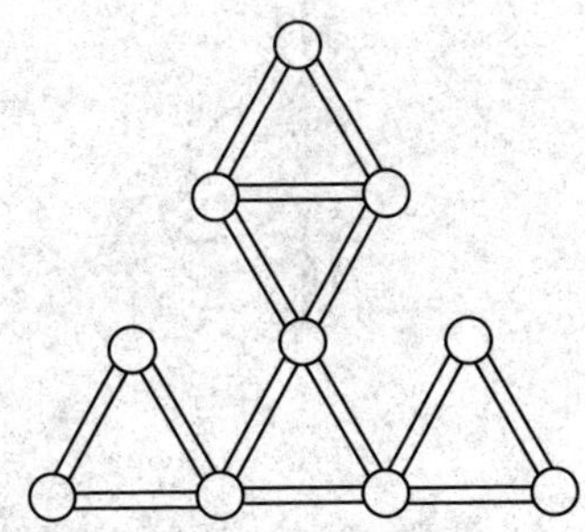

147 蛇

和大多数线条思维游戏不同，这幅画不可能用一笔画出来。它需要画 12 条线才可以完成。这个思维游戏要求你找出最长的那条线。在下图中，从 A 点开始、在 B 结束的线条是本题的答案。另外的 11 条线已经用虚线标出。

148 鸡蛋

将两把叉子插在瓶塞上，使它们与瓶塞保持 60° （如下图所示）。然后，把瓶塞底部挖空，使它能够紧贴在鸡蛋大头那边。现在，把插有叉子的瓶塞放在鸡蛋上面；然后把鸡蛋放在拐杖的末端。稍微调整之后，你就可以把鸡蛋完好地放在上面。

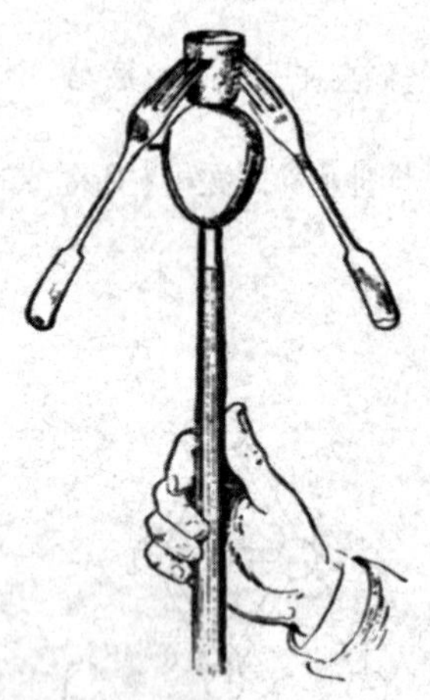

149 测量

以下是解决这个题的 9 个步骤:（1）将绿色罐子注满水;（2）将绿色罐子内的水倒入红色罐子;（3）把红色罐子内的水倒回水池;（4）将绿色罐子内剩下的水倒入白色罐子内;（5）将绿色罐子注满水;（6）将绿色罐子内的水倒入红色罐子;（7）将绿色罐子内剩下的水倒入白色罐子内;（8）将绿色罐子注满水;（9）将绿色罐子内的水倒入白色罐子内。这时，绿色罐子内就剩下 2 升的水。

150 亚当和夏娃

这个题的答案是:

$$\frac{242}{303}=0.798679867986\cdots\cdots$$

151 太妃糖

答案如下图所示。

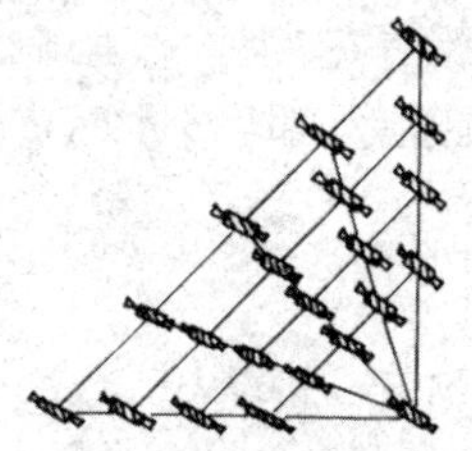

152 调换(2)

答案为：从1号移到4号、从7号移到1号、从6号移到7号、从5号移到6号、从3号移到5号、从2号移到3号、从1号移到2号、从7号移到1号、从6移到7号、从5号移到6号、从3号移到5号、从2号移到3号、从1号移到2号、从7号移到1号、从4号移到7号。

153 多米诺骨牌(2)

这个题的答案就是快速行动。移动B骨牌使其垂直竖立时正好可以碰到A骨牌的边。将你的食指穿过塔的拱门，然后放在B骨牌的底边并且按紧；之后，“弹起”并迅速击打A骨牌。这样，A骨牌便会从塔上分离，它上面的骨牌随即落在两边竖立的骨牌上，而塔安然无恙。

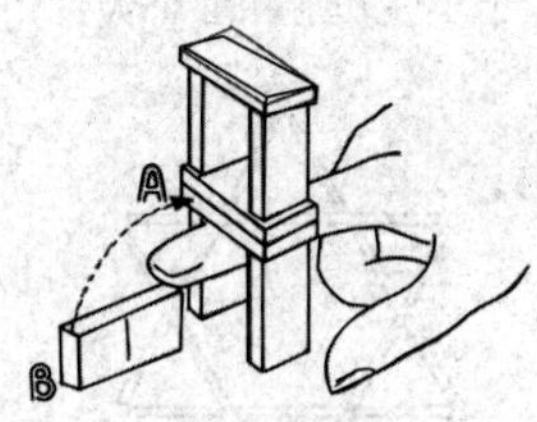

154 应聘

答案如下图所示。

155 瓢虫

一共有5040种不同的排列方式（即：$7\times6\times5\times4\times3\times2\times1=5040$）。

156 英雄

答案如下。

$$\begin{array}{r} 98765 \\ +\ 1234 \\ \hline 99999 \end{array}$$

157 派对

这里有一个解决办法，即从离那个男孩子最近的1号盘子开始：将1号盘子内的硬币移到4号盘子，将5号盘子内的硬币移到8号盘子，将9号盘子内的硬币移到12号盘子，将3号盘子内的硬币移到6号盘子，将7号盘子内的硬币移到10号盘子，将11号盘子内的硬币移到2号盘子。再次绕桌子一圈便可回到1号盘子。这时，你一共绕桌子3圈。如果绕桌子4圈，那么这个题很容易解决。

158 雪橇

答案如图所示（下图有6个小三角形和2个大三角形）。

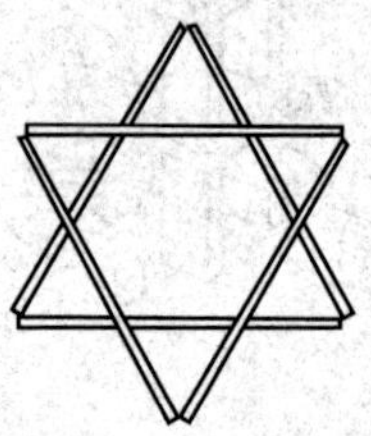

159 栅栏

每3米长的栅栏都是从左边的栅栏柱开始延伸，唯有最后3米长的栅栏是从左边的栅栏柱开始、在右边的栅栏柱结束。因而西姆斯应该买34个栅栏柱，并非33个。

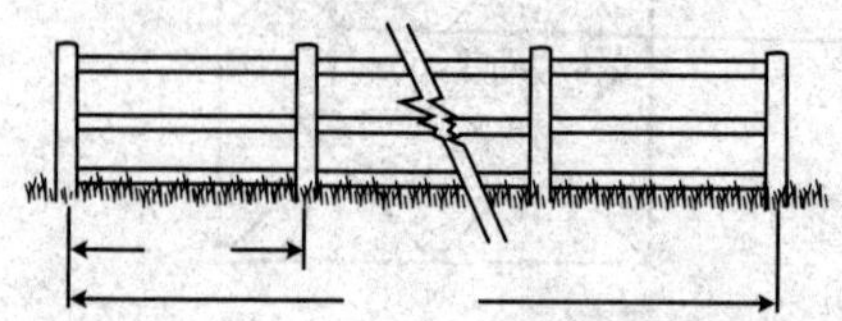

160 电池

下面是解决这个题的一种方法。

```
O O O O O O
O O O O O O
O O O O O O
O O O O · ·
O O O · · O
O O O · O ·
```

161 泰迪玩具熊

她们开始以 10 元出售 3 个玩具熊。第一个女人卖了 30 只玩具熊，赚了 100 元；第二个女人卖了 24 只玩具熊，赚了 80 元；第 3 个女人卖了 21 只玩具熊，赚了 70 元。下午的时候，她们开始以 10 元出售 1 只玩具熊。这样，第一个女人卖了她最后的 3 只玩具熊，赚了 30 元；第二个女人卖了剩下的 5 只玩具熊，赚了 50 元；第三个女人卖了剩下的 6 只玩具熊，赚了 60 元。所以，她们每个人都赚了 130 元。

162 时钟(1)

答案是 11 次。时针和分针在每个小时里相遇的时间会比前一个小时晚大约 5 分钟。从午夜开始计算，两个指针会在以下时间相遇：1∶05；2∶10；3∶16；4∶21；5∶27；6∶32；7∶38；8∶43；9∶49；10∶54；12∶00。

163 机器人

答案中的一种如下图所示。

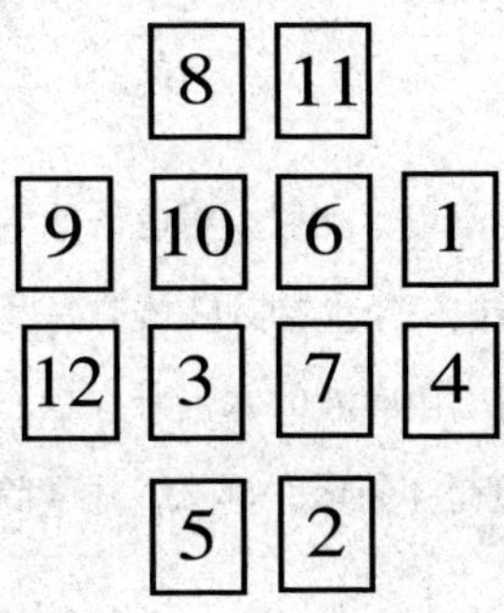

164 胶合板(2)

先沿着图1中的虚线切割，然后，将上面那块板向下滑动，使它挪到左边，这样便可得到一块实心板（如图2所示）。

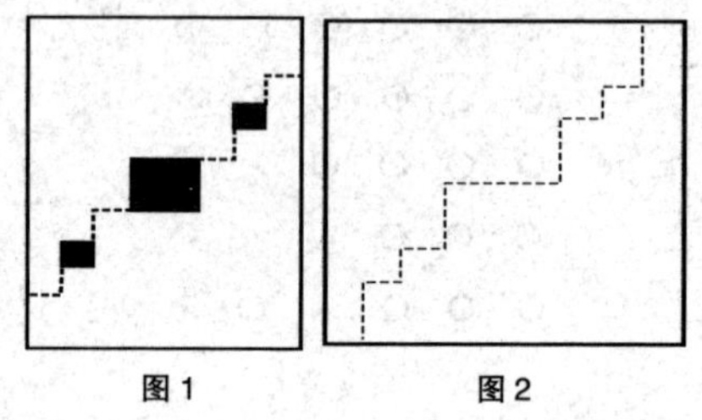

图1　　图2

165 喂狗的硬饼干

答案如下图所示。

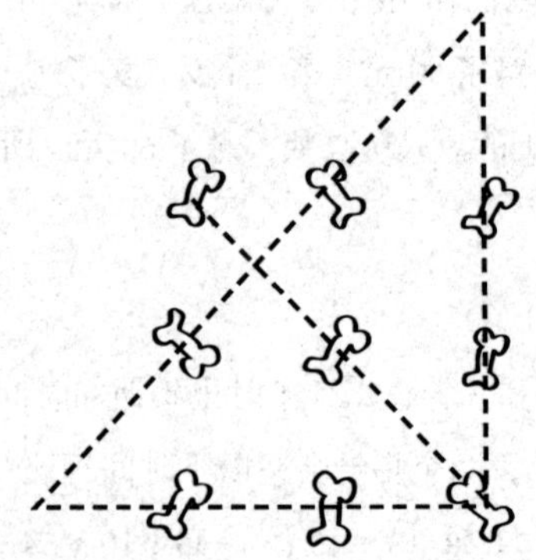

166 竞技比武大会

首先，要从一个方向进行。第二，当你把一枚硬币翻过来后，先跳过下一枚硬币，然后再开始计数。

167 香水瓶

首先，测量瓶子内液体的高度。然后，将瓶子颠倒，并测量瓶子内空气柱的高度。将这两个高度相加，便得出一个虚构圆柱体的高度。现在，用液体的高度除以圆柱体的高度，这样便可以得出瓶内液体体积所占瓶子的百分比。如果虚构圆柱体的高度是5厘米，而液体高度是4厘米，那么，用4除以5，得出80%，即液体体积所占的百分比。

168 电车

巡视员的行走路程可以减少到 19 千米，他只需重复两次路过两条铁轨。他的巡查路线为：E–I–J–K–J–F–B–C–B–A–E–F–G–H–D–C–G–K–L–H。重复路过的两条铁轨是 JK 段和 BC 段。

169 序列中的数字

第 1 个到第 6 个数字已列出，用序列数乘以它前一个序列数的数值便可得出该序列数的数值。这样，第 2 个数值为 $2\times1=2$；第 3 个数值为 $3\times2=6$；第 4 个数值为 $4\times6=24$。那么，第 7 个数值就是 5040（7×720）。

170 抢劫

旅行包里有 1 枚 5 角硬币、39 枚 1 角硬币以及 60 枚 1 分硬币。

171 竞赛

答案为 2521。

172 玩纸牌

3 张扑克牌（从左到右）为：方块 A、红桃 K 以及黑桃 2。

173 理发师

亨利当然愿意为两个德国人理发，因为给两个人理发比给一个人理发多赚一倍的钱！由于亨利注重外表并且小镇上只有两个理发师，他只能让皮埃尔为自己理发。而皮埃尔也需要理发，他只能找亨利，但是，亨利总是太忙而无法为他理发。所以，如果你拜访这个小镇，就只能让皮埃尔为你理发了。

174 4 个 5

答案为 $55\frac{5}{5}$。

175 装饰物

在剪绳子之前，先在绳子中间打一个环并系牢，然后拿起剪刀将绳环被剪断。绳子被剪为两段，而装饰物却安然无恙。

176 三位数

你只需保证第一张牌和第三张牌的相加的和等于中间那张牌的数值。

177 十字架（2）

答案如下图所示。

178 商业调查

先分析一下调查结果：

（1）在食用辛辣芥末的 234 人当中，有 90 个人只食用辛辣芥末（234 − 144 = 90）。

（2）在食用清淡芥末的 213 个人当中，有 69 个人只食用清淡芥末（213 − 144 = 69）。

这就说明有三类人群：

（1）只食用辛辣芥末的有 90 人。

（2）只食用清淡芥末的有 69 人。

（3）既食用辛辣芥末又食用清淡芥末的有 144 人。

共 303 人。

然而报告上却显示只有 300 个人接受了调查。

179 水与酒

酒杯里的水和水杯里的酒相等。证明如下：

（1）假如每个玻璃杯里都有 100 个单位的液体，茶匙可以容纳 10 个单位的液体。

（2）珀西用茶匙从水杯取出 10 单位的水并倒入酒杯，然后搅拌均匀。

（3）现在酒杯里有 110 个单位的液体。当珀西从酒杯取出一匙液体后，两种液体他将各取出$\frac{1}{11}$。这样，茶匙里有 $9\frac{1}{11}$个单位的酒、有$\frac{10}{11}$个单位的水。然后，他把茶匙里的液体倒入水杯里。

（4）现在水杯里有 $90\frac{10}{11}$ 个单位的水、有 $9\frac{1}{11}$ 个单位的酒，总共有 100 个单位的液体。

（5）酒杯里现在有 $90\frac{10}{11}$ 个单位的酒、有 $9\frac{1}{11}$ 个单位的水，总共有 100 个单位的液体。

180 占卜写板

答案如下图所示。

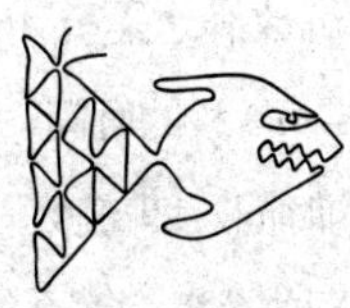

181 印度方块

如果这个大图的边长为 8 厘米，那么各尺寸的正方形个数依次为：

8×8 厘米 1 个

6×6 厘米 4 个

4×4 厘米 9 个

2×2 厘米 18 个

1×1 厘米 8 个

总共 40 个正方形。

182 可可豆盒

将盒子的一边沿着桌边放置，并在桌子上留出与盒子一样宽的长度（即，a 的长度与 b 的长度相等，如下图所示）。现在，拿起尺子，并将它放在桌子角的末端，然后，测量桌角与盒子后面左侧顶角的长度。而这个长度与盒子主对角线的长度相等。

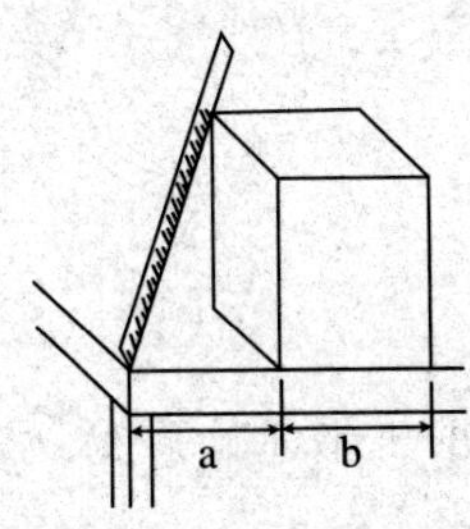

183 棋子

移动的步骤如下：

从2号移到6号、从1号移到5号、从8号移到2号、从7号移到1号、从4号移到8号、从3号移到7号、从10号移到4号、从9号移到3号、从6号移到10号、从5号移到9号。

184 浴缸

需要5分钟的时间。解决这个问题，首先要把时间转换成秒。

（1）打开凉水的水龙头，浴缸放满水需要400秒，即每秒进1/400的水。

（2）打开热水的水龙头，需要480秒的时间，即每秒进1/480的水。

（3）浴缸放完水需要800秒的时间，即每秒排1/800的水。

如果我们取4800作为它们共同的分母，便会得出以下等式：

$$\frac{12}{4800}+\frac{10}{4800}-\frac{6}{4800}=\frac{16}{4800}=\frac{1}{300}$$

这个值就是每秒放入浴缸的实际水量。这样，浴缸放满水就需要300秒，即5分钟。

185 接触

首先使2枚硬币在桌上相接触，然后，再把2枚硬币放在它们上面，使4枚硬币相接触。最后，将第5枚硬币竖立放置（如下图所示）。这样，所有5枚硬币都彼此接触。

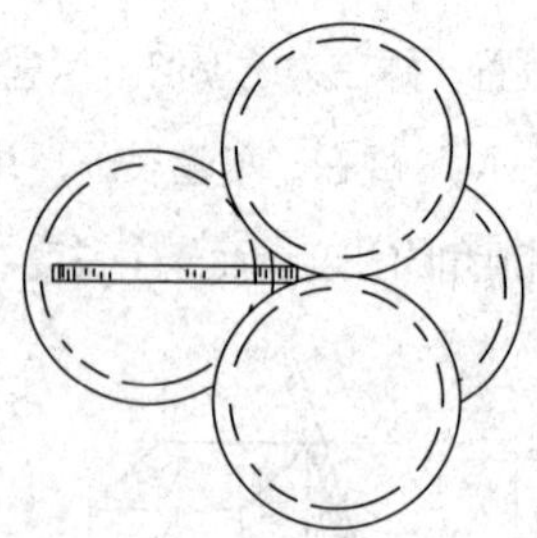

186 磨坊

如果想要带回100千克的玉米面，那么，需要带来$111\frac{1}{9}$千克的玉米

（111.111 千克减去 10% 等于 100 千克）。

187 数学

答案如下：

123−45−67+89=100

188 重新排列

第一行是 2、3、1；中间是 1、2、3；最后一行是 3、1、2。或者，第一行是 3、1、2；中间是 1、2、3；最后一行是 2、3、1。

189 雕刻品

答案如下图。

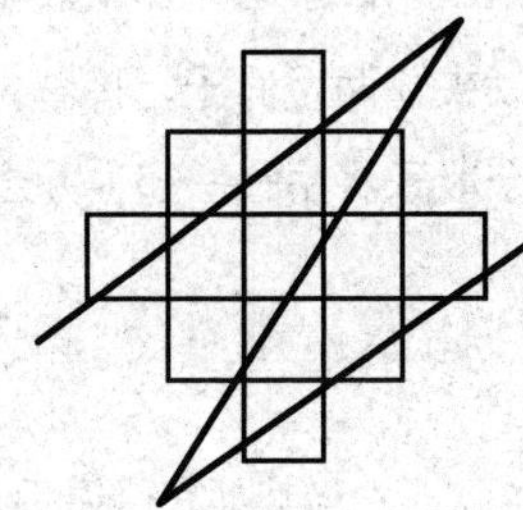

190 射击

这 3 只鸟是 25，6，19。

191 动物园

答案如下图。

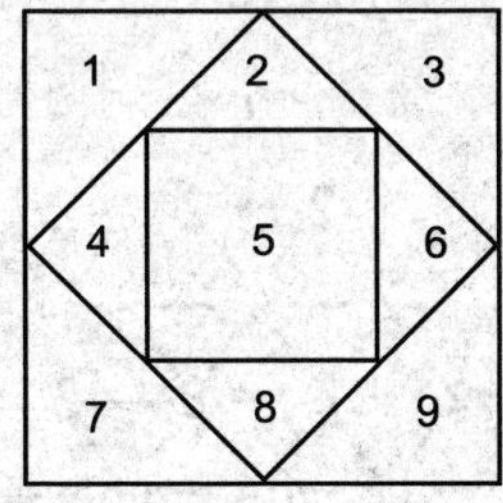

192 时钟（2）

答案如下图所示。

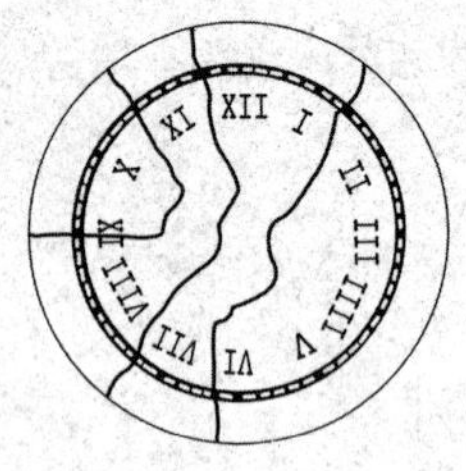

193 巨型鱼

这条鱼头长60米、尾巴长180米、身体长240米，鱼的总长度为480米。

194 骰子

当你拿起骰子之前，偷偷地把你的食指弄湿。接着，让这个手指将一个骰子的一个面沾湿。然后，把第二个骰子贴在那个骰子的沾湿面上，用拇指与食指将两个骰子夹住，这样持续夹住两个骰子，接着，把它们放在桌上那个骰子的上面，并把手指松开，两个骰子将粘在一起，并会稳稳地停在第下面的骰子之上。

195 握手

8位圣诞老人总共握手28次。A与其他7位握手，B因为已经与A握过手所以只需与其他6位握手，而C只需与其余5位握手，依此类推，握手的总次数为：7+6+5+4+3+2+1=28。

196 逻辑

三角形中每个处在内部的数字都是它上面与之紧密相连的两个数字的乘积。比如，数字8是2×4所得的结果，32是2×16所得出的结果，依此类推。

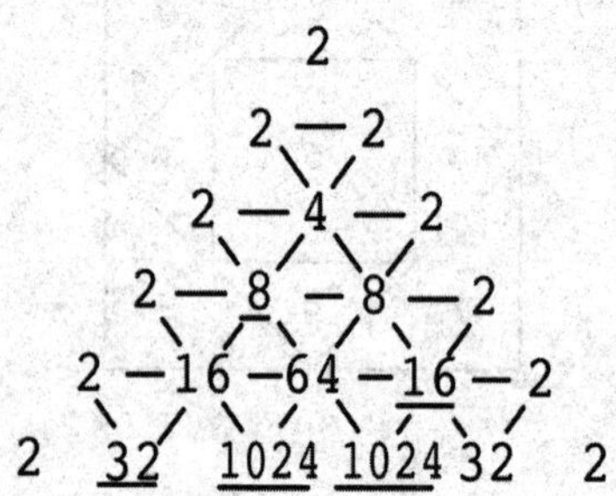

197 皇冠

答案如下图。

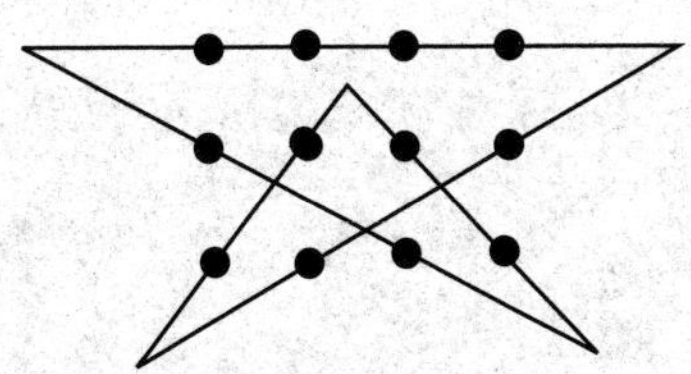

198 服务员

把脸靠近这枚硬币，然后吹。如果用力吹，那么风会把这枚硬币将从盘子上吹下来。你所挑选的盘子的边缘坡度要小。

199 心灵感应

任何两个三位数的差的中间位置上的数字都是 9（第二个三位数是第一个三位数颠倒之后的数字；所谓的差是指大的数字减去小的数字所得的结果）。同时，这个结果的第一位和第三位的数字之和也等于 9。所以，如果最后一位的数字是 8，那么，第一位的数字就是 1，而第二位的数字是 9。

200 H 到 O

（a—bc）是指 a 硬币从位置 a 移到另一个地方，它在那里可以与另外两个硬币 b 和 c 相接触。移动的步骤为：（1—56）（3—14）（4—58）（5—23）（2—54）。